한국 현대사 산책 1990년대 편 **3**권

한국 현대사 산책 **1990년대 편** (전3권)
3당합당에서 스타벅스까지 · 3권
ⓒ 강준만, 2006

초판 1쇄 2006년 6월 26일 펴냄
초판 11쇄 2017년 9월 13일 펴냄

지은이 l 강준만
펴낸이 l 강준우
기획 · 편집 l 박상문, 박효주, 김예진, 김환표
디자인 l 최진영, 최원영
마케팅 l 이태준
관리 l 최수향
인쇄 · 제본 l 제일프린테크

펴낸곳 l 인물과사상사
출판등록 l 제17-204호 1998년 3월 11일

주소 l 04037 서울시 마포구 서교동 392-4 삼양E&R빌딩 2층
전화 l 02-325-6364
팩스 l 02-474-1413

www.inmul.co.kr l insa@inmul.co.kr

ISBN 978-89-5906-034-4 04900   ISBN 978-89-5906-035-6 (세트)

값 12,000원

3당합당에서 스타벅스까지 **1990년대 편 3 권**

한국 현대사 산책

강준만 저

인물과
사상사

제8장

IMF 사태의 충격

한보사태와 '문민 황태자' 김현철 사건

1·7 연두기자회견 사건

1996년 12월 26일 새벽 국회에서 신한국당이 안기부법과 노동법을 날치기 통과한 파동을 더욱 악화시킨 건 1997년 1월 7일 대통령의 연두 기자회견이었다. 국민은 충격을 받았으며, 이는 기자회견 이후 각종 사회단체들이 발표한 성명서에도 그대로 나타났다. 대통령의 '독선', '오만', '무지', '무책임'을 질타하는 소리가 난무했다. 도대체 대통령이 무슨 말을 어떻게 했길래 야당의 정치 공세에서나 들을 수 있었던 그런 말을 평범한 시민들로부터도 듣게 되었던 걸까?

경제가 어렵다고 아우성치는 목소리가 높았는데도, 김영삼은 문민정부 4년의 치적을 자랑하느라 여념이 없었다. 그는 "문민정부 출범 뒤 만 4년 동안 우리가 이룬 것, 그것은 민주와 정의와 번영이었다"고 했지만, 그건 그의 열성적인 지지자들 앞에서 하더라도 듣기에 매우 민망한 말이었다.

92년과 96년의 각종 경제 통계를 비교해 보더라도, 경상수지적자는 45억 달러(세계 16위)에서 230억 달러(세계 2위)로, 순외채는 79억 달러에서 340억 달러로 늘어났다. 국민 1인당 조세부담액은 102만 원에서 181만 7,000원으로, 사립대학 납입금은 220만 원에서 450만 원으로 뛰었다. 30대 재벌그룹 GNP 점유율도 13.5%에서 16.2%로 커졌다.

무엇보다도 김영삼의 주장은 기본적인 사실관계에서 많은 문제를 드러냈다.

김영삼은 "우리나라의 미국과 일본 교역량이 70%를 차지하는데, 미국과 일본 경제가 어렵기 때문에 우리 경제도 어려운 것이다"라고 주장했는데, 한국의 대미·대일 교역량은 96년 10월 말 현재 36.9%에 지나지 않았다. 통계 수치야 어찌됐건 "정부가 잘못한 건 하나도 없다"는 식의 책임회피는 많은 사람들을 분노하게 만들었다.

김영삼은 또 "선거 공약으로 내건 교육 예산 5% 확보 목표를 실현하기까지 2년이나 걸렸다"고 했지만, 그의 임기 중 교육 예산이 GNP의 5%를 넘은 해는 한번도 없었다.

김영삼은 날치기로 통과된 노동법이 '선진국형'이며 "우리는 매일 노동쟁의를 벌이고 있으나 선진국 어느 나라에 노동쟁의가 있습니까?"라고 주장했지만, 선진국들의 모임이라는 경제협력개발기구 가입국 중 공무원·교사의 단결, 복수 노조, 제3자 개입 등 노동 기본권을 금지한 나라는 하나도 없었다.

김영삼은 "노동법을 43년 동안 안 바꾼 것은 어딘가 잘못된 것이다. 43년 전 옷을 입으라고 한다면 입을 사람이 있겠는가?"라고 말했지만, 노동법은 53년 첫 입법이 된 뒤 88년까지 여덟 차례나 바뀐 역사를 갖고 있었다.

"최근 북한 미그기 3대가 연습 도중 연료 부족으로 떨어졌다"는 김영삼의 주장에 대해선 국방부와 합동참모본부 관계자들이 아주 곤혹스러

1996년 말 신한국당 의원들의 날치기로 개정 노동법이 변칙통과되는 장면.

위했다. 합참 관계자는 기자들에게 "지난해 북한 군용기는 헬기 1대를 포함해 미그기 4대 등 모두 5대가 추락했다"며 "추락 원인은 아직 밝혀지지 않았으나 연료부족이라고 속단하기는 힘들다"고 조심스럽게 설명했다.

김영삼은 4·11 총선 직후 국가조찬기도회에서 "하나님께서 우리 여당에 안정의석을 주시면서도 한편으로 과반수 미만을 허락하신 것은, 대통령인 저에게 교만하지 말라는 경고인 줄 알고 오히려 감사드린다"고 말했지만, 이젠 "소수가 다수를 이기는 법은 지구상 어느 나라에도 없다"고 주장했다.

김영삼은 안기부법 개정이 권위주의로 회귀하는 것 아니냐는 한 외신 기자의 질문에 대해선 "과거 중앙정보부로부터 가장 피해를 입은 사람 중 한 사람이 나입니다"라면서 "그런 박해를 받은 입장에서 안기부법을 개악한다는 일은 절대 있을 수 없습니다"고 했다. 그는 부정부패에 대해서도 자신은 깨끗하다는 것만을 강조했다.

김현철은 '오뉴월 돼지고기'

그러나 김영삼에게 더 큰 위기는 아들 김현철 문제였다. 김현철은 김영삼 정권 출범 당시 겨우 34살의 젊은이였지만, 그간 '문민 황태자' · '리틀YS' · '보이지 않는 실세' 등으로 불려질 만큼 큰 정치적 영향력을 행사해 왔다. 94년 3월 『언론노보』가 정치부 기자들을 대상으로 실시한 여론 조사 결과, 정치부 기자들의 44.7%가 김현철 씨의 여권 내 비중이 대통령 다음이라고 대답했고, 91.8%가 당정개편 등에 영향력을 행사한다고 대답했다.

안기부 취재 전문가인 『월간조선』 부장 조갑제는 95년 김현철의 월권에 대해 "거듭남의 시작은 아들 김현철 씨의 국정 개입을 차단하는 데서 출발해야 할 것이다. 김현철 씨의 국정 개입은 단순한 부자간의 상담이나 건의 수준이 아니라 제도적 개입이 되고 있다"고 주장했다.

"정부 출범기에 김씨가 추천한 많은 인사들이 정부 내 요직에 들어감으로써 그들과 김씨 사이엔 자연스러운 유대관계가 형성되었다. 이 특수관계에 의하여 안기부의 정보는 김씨에게 흘러가고 있고 많은 요인들이 김씨를 찾아가 국정을 상담하고 있으며 김씨 또한 인사에 개입하고 있다. 대권을 쥔 사람의 아들에 의한, 이처럼 광범위한 국정 개입은 한국 역사상 어느 왕조에서도 찾아보기 힘든 사례이다. 공과 사를 구별하는 것을 공직자의 제1덕목으로 치고 있는 유교 정치 문화의 전통에 비추어도 이런 행태는 한국인 특유의 정의감정에 반하는 것이다."[1]

조갑제의 비판은 지극히 예외적인 것이었다. 『미디어오늘』 95년 8월 16일자는 "정치부 기자들은 김현철 씨 문제를 '오뉴월 돼지고기'로 부른

---

1) 조갑제, 〈이스라엘이 던지는 질문: '대한민국은 국가인가, 협회인가'〉, 『월간조선』, 1995년 8월, 108~130쪽.

다. '잘해봤자 본전'이라는 것이다. 그만큼 현철 씨 문제는 예민한 사안이다. 그를 다루는 것 자체가 상당한 위험부담을 각오해야 하는 데다 취재도 만만치 않기 때문이다"고 말했다.

"우선 현철 씨에 대해 '지극한 애정'을 갖고 있는 김 대통령과의 불편한 관계를 감수해야 한다. 현철 씨에 대한 문제 제기를 대통령 자신에 대한 도전으로 받아들일 가능성이 크다는 것이다. 최근 민주계 실세인 최형우 전 내무장관은 언론사 간부들과 만난 자리에서 현철 씨 문제와 관련해 '대통령은 자기 때문에 아들이 큰 고생을 했고 사회활동조차 자유롭게 할 수 없는 데 대해 미안해하고 있다'며 현철 씨에 대한 대통령의 '애틋한 감정'을 설명했다. 언론사로서는 몸을 움츠릴 수밖에 없는 대목이다."

아닌게 아니라 김영삼의 김현철에 대한 애정은 각별했다. 그걸 이해해야 김현철의 국정 개입이라고 하는 수수께끼가 풀릴 수 있었다.

전두환의 장남 전재국은 『월간조선』 96년 1월호 인터뷰에서 김현철에게 "당신이 바쁠수록 국가에 해를 끼친다. 대통령 아들은 사람들과 만나는 걸 피해야 한다"고 충고를 한 적이 있다고 밝혔지만, 사실 김현철의 그런 역할은 아버지의 뜻이기도 했다. 바로 이게 문제였다.

『윈』 96년 12월호에 따르면, "지난 10월 25일 김영삼 대통령의 얼굴에 모처럼 함박 미소가 번졌다. 이양호 전 국방장관 비리사건으로 연일 욕설에 가까운 신경질을 토해 내던 참이어서 청와대 비서진들이 좌불안석이었는데 24일 저녁 뉴스에 아들 현철 씨가 유엔청년협회 회장으로 선출된 사실이 보도되자 무척 흐뭇해했다는 소식이다. 아침 일찍 보고를 마치고 나온 이원종 정무수석은 '어른(김 대통령)이 현철이보다 더 기뻐하셨다'고 전했다."

김영삼의 현철에 대한 그런 각별한 애정이 오히려 부자 모두에게 큰 해가 되었다. 그런 부자관계를 잘 알기 때문에 언론은 현철이 도대체 무슨 자격으로 유엔청년협회 회장이 된 것인지 그것도 전혀 문제삼을 수 없었던 것이다.

'김영삼 대통령의 자기모순'

그런데 언론이 97년 들어 달라지기 시작했다. 97년 1월 한국의 재계 서열 14위이던 한보그룹의 부도를 발단으로 이와 관련된 권력형 금융부정과 특혜 대출 비리가 드러난 이른바 '한보사태'가 터지면서 김현철 문제가 본격적으로 불거졌기 때문이다.

한보사태는 부실대출의 규모가 5조 7,000억여 원에 달하는 엄청난 액수로 건국 후 최대의 금융부정 사건으로 기록되었다. 이 사건으로 인해 정태수 한보그룹 총회장이 97년 1월 31일 구속돼 5월에 공금횡령 및 뇌물수수 혐의로 징역 15년을 선고받았고, 한보로부터 돈을 받은 정치인과 전직 은행장 등 10명이 징역 20~5년을 선고받았다.

97년 1월부터 5월까지는 '한보 정국'이라고 해도 좋을 정도로 이 이슈가 모든 걸 압도했다. 언론을 관장하는 청와대 정무수석 이원종은 언론의 변화에서 배신감을 느꼈던 걸까? 그는 1월 말 청와대 출입기자들과 만난 자리에서 "언론이 한보사태를 지나치게 정치권 및 청와대 비리 문제로 몰고 가는 경향이 있다"며 "과거에는 김현철 씨 기사도 쓰지 못하던 언론이 정권이 약해지니까 속마음을 드러내고 있는 것 같다"고 불만을 토했다.[2]

그러나 그거야말로 이원종은 물론 김영삼 정부의 자업자득이었다. 언론을 언제까지 묶어둘 수 있다고 생각했던 걸까? 언론을 묶어두기엔 이미 드러난 게 너무 많았다.

---

2) 『미디어오늘』, 1997년 2월 10일.

1997년 1월 31일 정태수 한보그룹 회장은 한보 부도와 특혜금융 의혹
사건과 관련, 구속 수감되었다.

2월 11일 김영삼을 20년간 모셔온 핵심 측근인 신한국당 의원 홍인길
이 한보그룹 총회장 정태수로부터 10억 원을 받은 혐의로 구속됐다. 김
영삼 정권은 걷잡을 수 없이 무너져 내리고 있었다.

『한국일보』 97년 2월 12일자에 실린 '장명수 칼럼'은 〈김영삼 대통령
의 자기모순〉이라는 제목으로 한보사태를 다루었다. 장명수는 "대통령
이 신뢰와 지지를 잃고 있다는 것은 사태의 수습을 더욱 어렵게 하고 있
다. 자기모순을 깨닫지 못했거나 자기모순에 한없이 너그러웠던 대통령
의 국정운영과 안이한 낙관은 스스로를 함정에 빠뜨리는 결과를 빚었다"

고 지적했다.

"그는 측근들을 단속하지 않았고, 기업으로부터 돈을 안 받는 정치판이 어떻게 그처럼 윤택하게 돌아가는지 의문을 갖지 않았고, 과거의 TK(대구 · 경북) 정권을 능가하는 PK(부산 · 경남) 정권을 구축했고, 날치기 법안통과를 서슴지 않았고, 당을 사당화하여 비판력과 자생력을 죽였다. 그 모든 일들이 '문민정부'라는 드높은 자부심 아래 행해졌다. 많은 국민은 이제 대통령이 콩으로 메주를 쑨다 해도 시큰둥하고, '대통령의 후배들'로 가득 찬 검찰이 아무리 공정수사를 강조해도 믿을 마음이 없다. 김 대통령에게 지금 가장 시급한 일은 자기모순을 인정하고, 그 모순을 혁파하는 것이다. 자기모순을 그대로 둔 채 사건 관련자들을 엄벌하는 것으로 난국이 수습된다고 생각하면 오산이다. 그동안 위기에 빠질 때마다 구사해 온 '정면 돌파'와 '깜짝쇼'에 대해서는 국민이 식상한 지 오래다. 국민 앞에 백기를 들고 이해와 협조를 구하는 것 이외에 그가 선택할 카드는 남아있지 않다."

2월 13일엔 신한국당 의원 황병태, 전 내무장관 김우석, 국민회의 의원 권노갑 등이 특정범죄가중처벌법상 뇌물수수 등의 혐의로 구속됐다. 세 사람은 정태수로부터 각각 2억 원, 2억 원, 2억 5,000만 원을 받은 것으로 밝혀졌다.[3]

그러나 한보 사건은 그 정도로 가라앉을 스캔들이 아니었다. 『국민일보』 97년 2월 14일자는 "김영삼 대통령의 차남 현철 씨는 분명 한보사태의 한복판에 서 있다"며 "현철 씨를 둘러싼 숱한 의문점이 풀리느냐, 아니면 여전히 베일에 가려진 채 넘어가느냐 하는 문제가 이번 사건의 알파요, 오메가가 돼 버렸다"고 말했다.

---

3) 〈박재윤씨 극비 소환조사/검찰 지난 12일/한보수사 사실상 마무리〉, 『동아일보』, 1997년 2월 14일, 39면.

'이승만 정권의 1959년 상황'

김현철은 자신을 한보사태의 배후로 지목한 야당의원들에 대해 법적으로 대응하겠다고 큰소리쳤지만, 그간 김현철을 '성역'으로 여겨온 신문들마저 일제히 들고 일어섰다. 특히 기회 포착에 민감한 『조선일보』의 활약이 눈부셨다. 97년 2월 15일자 사설 〈김현철 씨 조사받아야〉는 다음과 같이 주장했다.

"시중에 떠도는 설만 갖고는 수사를 할 수가 없다는 것이 검찰 측 설명이지만 평소 설에도 오르지 않던 '깃털'들의 연루 사실이 속속 드러나고 있는 마당에 이른바 '몸체' 의혹을 받고 있는 김씨에 대해 검찰이 그같은 소극적인 자세를 취하는 것은 아무래도 석연치 않다."

언론의 그런 공세 때문이었는지 검찰은 그간의 '조사 불가'에서 '고소인 자격'으로 조사하겠다고 태도를 바꿨다. 『조선일보』 97년 2월 16일자 '류근일 칼럼'은 "김현철 씨의 '고소인 자격' 출두라는 방식을 보니사태가 극한점에 달했는데도 집권층은 아직도 정신을 덜 차린 것 같다. 김현철 씨를 조사하면 했지 '고소인 자격'일 뿐 '증거를 내보이면 하겠다'가 무엇인가. 증거를 수집하고 단서를 찾아 헤매야 할 주체는 바로 수사당국인 검찰이지 시정의 아저씨 아주머니가 아니다"고 비판했다.

또 『조선일보』 2월 16일자 사설은 "우리는 이런 일련의 파행적이고 비상식적인 과정을 보면서 도대체 대통령의 아들이 뭐길래, 김씨가 누구이길래, 그리고 지금 이 시대가 왕조시대도 아닌데 왜 이렇게 구차하고 치사한 편법들이 나오는지 개탄스럽다"고 했다.

한보사태가 터지자 뒤늦게 말썽이 된 김현철의 자서전 『하고싶은 이야기 듣고싶은 이야기』(고려원, 1995)는 한보그룹 창고에서 1만여 권이 발견됐다. 한보뿐만이 아니었다. 서울 그랜드백화점 직원들은 서울시내 대형 서점 4~5곳을 하루에 2~3차례씩 돌아다니며 그 책을 10권 이하

한보그룹 창고에서 발견된 1만여 권의 김현철 책.

씩 낱권으로 사간 것으로 밝혀졌다. 그렇게 해서 1만 권 이상을 사들였다는 것이다. 그랜드백화점 측은 "김현철 씨 책이 베스트셀러여서 고객 사은용품으로 선정했으며, 책을 사 달라는 외압은 없었다"고 해명 아닌 해명을 했다.

김영삼 정권의 출범에 큰 기대를 걸었고 한동안 김 정권을 긍정 평가를 했던 리영희는 『한겨레』 97년 2월 17일자에 〈김 대통령에 드리는 고언〉이라는 제목의 '특별 기고'에서 "말씀드리기 심히 괴롭지만 요즘 나라의 정황은 '말기 증세'적 징후로, 온 국민이 절망 상태에 빠져 있습니다. 해방 후 대통령과 동세대적 역사를 살아온 나에게는 지금의 상황이 이승만 정권, 박정희 정권, 전두환 정권의 말기 현상을 보는 것 같습니다. 무엇보다도 이승만 정권의 1959년 상황을 회상하게 합니다"라고 말했다.

"김 대통령을 반대했던 사람들은 물론, 집권 초기에 대통령을 지지했던 사람들의 입에서조차 한결같이 '나라의 앞이 안 보인다'는 말이 서슴없이 나오고 있습니다. 신문 보도나 사람들이 모이는 곳에서 나오는 이야기들은 대통령이 정부와 나라의 꼴에 관해서 과거의 이승만 대통령처럼 전혀 정확한 정보를 듣지 못하고 있다는 판단으로 일치합니다. 만약에 그렇다면 대통령과 나라를 위해서 정말 심각한 사태가 아닐 수 없습니다. 사실이 아니기를 바랍니다만, 지난 4년 동안 대통령의 초대로 청와대에서 자리를 같이했던 사람들은 '대통령은 자기 자랑만 늘어놓고 이쪽 말은 전혀 들으려 하지 않는다'고 전해 줍니다. 신문 보도나 간접적 소식들 역시 그러합니다. 대통령의 본의가 아니라고 믿고 싶습니다마는 최근 사태의 발단인 노동법과 국가보안법의 처리 방식은 대통령께서 혹시 힘의 논리에 너무 도취되어 있지 않나 하는 우려를 갖게 합니다. 비극으로 끝난 역대 대통령의 불행이 '호랑이 등에 탄 여우'들인 이른바 '강경론자'와 '과잉충성배'들의 현실 은폐의 결과였음을 그들 정권하에서 야당 생활을 하신 대통령께서 누구보다도 잘 아시리라고 생각합니다. 각별히 유념하시기 바랍니다."

김현철은 '1인 안기부'

1997년 2월 25일 김영삼은 취임 4주년을 맞는 대국민 담화에서 "국민 여러분, 지금 나라 전체가 한보사건으로 인한 충격에 휩싸여 있습니다"라면서 "저를 더욱 괴롭고 민망하게 하는 것은 이번 사건과 관련하여

제 자식의 이름이 거명되고 있다는 사실입니다"라고 말했다. 그는 "자식의 허물은 곧 아비의 허물"이라며 "제가 대통령으로 있는 동안에는 일체의 사회활동을 중단하는 등 근신토록 하고 제 가까이에 두지 않음으로써 다시는 국민에게 근심을 끼쳐드리는 일이 없게 하겠습니다"라고 말했다.

『한겨레』 정치부장 조상기는 97년 3월 1일자 칼럼에서 "지난 대선 직후부터 소나기 대출이 시작된 사실이 드러나면서 한보의 대선자금 제공설도 끈덕지게 나돌고 있다"며 "국민들은 검찰이 대출비리 외압의 실체를 밝히려는 의지 없이 짜맞추기 수사를 했다고 의심하고 있다. 한보도 PK고 은행장도 PK인데 PK 검찰이 진실규명을 할 수 있겠느냐는 한탄도 나온다"고 했다.[4]

3월 12일 김영삼이 고심 끝에 이회창을 신한국당 대표로 결정했다는 소식을 집에서 전해 들은 김현철은 허탈함과 분노를 이기지 못해 급기야 앞에 놓인 탁자를 주먹으로 내리치는 바람에 손등에서 피가 흐르는 등 한바탕 소동을 피웠다. 그는 이회창을 불신하기도 했지만 그 중요한 국사에 이제 자신이 아무런 영향력을 행사할 수 없다는 사실에 분노했던 것이다.[5]

『중앙일보』 97년 3월 13일자는 한 여당의원의 말을 인용, "현철 씨가 휘두른 권력은 자유당 정부의 이기붕 국회의장, 공화당 정권의 이후락 정보부장, 차지철 경호실장, 5공의 장세동 안기부장, 6공의 박철언 정무장관이 행사한 것보다 더 막강했다"고 했다.[6] 김현철이 모든 고급정보를 독식하는 '1인 안기부'로 군림했다는 평가도 나왔다.[7]

과장된 평가였을까? 그러나 놀랄 일은 더 있었다. 훗날 언론은 김현철

4) 조상기, 〈정치 9단의 '바둑'〉, 『한겨레』, 1997년 3월 1일, 4면.
5) 동아일보 특별취재팀, 『잃어버린 5년-칼국수에서 IMF까지: YS 문민정부 1,800일 비화 1』(동아일보사, 1999), 346~347쪽.
6) 〈거산 총애가 파워 소산 키웠다〉, 『중앙일보』, 1997년 3월 13일.
7) 한국일보 특별취재팀, 『대통령과 아들: 실록 청와대-문민정부 5년』(한국문원, 1999), 47쪽.

국회 청문회장에 증인으로 출두, 증언을 마치고 귀가하는 김현철.

이 군 장성들로부터 '충성서약'까지 받아내는 기막힌 일들을 저질렀다
고 보도했다. 김현철 측근의 증언에 따르면, "문민 군부에서 잘나갔던 3성
이상 장군들과 주요 보직의 소장급 장군들은 거의 예외 없이 현철 씨에
게 충성맹세문을 바쳤다고 보면 틀림없습니다. 충성서약이라고 해서 특
별히 정해진 양식이 있었던 것은 아니었고 A4 용지에 김영삼 대통령과
현철 씨에게 충성을 맹세한다는 내용을 위주로 개인별로 쓰고 싶은 대로
썼습니다. 개인약력과 친가, 처가, 외가 등 가족관계와 상벌사항 등도 충
성맹세문에 첨부됐지요."[8]

8) 동아일보 특별취재팀, 『잃어버린 5년-칼국수에서 IMF까지: YS 문민정부 1,800일 비화 2』(동아일보사,
   1999), 72쪽. 문민정부 시절 군 내부 비밀 사조직은 뿌리가 뽑힌 것처럼 알려졌으나, 실상은 사조직의 세력
   만 교체되었다. 하나회 이후에 등장한 사조직은 김현철과 결탁한 만나회였고, 그 다음으로 등장한 건 만나
   회 후신으로서 경남 위주의 지역색을 탈피한 나눔회였는데, 나눔회는 2004년 10월 군 인사비리 파동 때 문
   제가 되었다. 〈군검찰은 '사조직' 노렸다: '장성진급 비리' 수사 파동 전말(표지 기사)〉, 『시사저널』, 2005년
   1월 18일.

자유당 시절도 아닌데, 어떻게 그런 일이 가능했을까? 이는 한국 사회가 한 세대가 넘는 세월을 보내고서도 자유당 시절에서 조금도 진보하지 않은 점이 하나 있다는 걸 말해 주었다. 육군의 한 인사 담당자는 "현철 씨는 해병대 방위병 출신으로 문민정부 출범 직전까지는 군에 대해 별로 아는 것이 없었습니다. 오히려 처음에는 장성들에 대해 경외심까지 갖고 있었지요. 그러나 문민정부 출범 후 장성들이 경쟁하다시피 그의 곁에 다가서려 하자 점차 군을 쉽게 생각하기 시작했습니다"라고 말했다.[9]

한보 청문회

전 국회부의장 고흥문은 『중앙일보』 97년 3월 17일자에 기고한 칼럼에서 "왕조시대조차 의정(議政)과 전례(前例)를 소중히 여겼는데 민주 국가에서 법치가 아니라 인치라니 그건 도저히 용납될 수 없는 일이다"며 "김영삼 대통령의 실패는 이 나라가 바로 국민에 의해 통치되는 법치국가임을 망각한 데서 비롯된다"고 했다.[10]

『조선일보』 주필 김대중은 97년 3월 22일자에 〈'김현철' 안 썼나 못 썼나〉라는 제목의 칼럼을 썼다. 그는 김영삼이 대통령에 취임하기 4일 전인 93년 2월 21일자 초판 신문에 〈대통령의 아들〉이란 제목으로 "권력을 향해 달려가는 부나방의 세계에 대통령의 가장 큰 신뢰를 지닌 대통령의 아들을 방치한다는 것은 자칫 대통령 주변의 기강과 질서를 깨는 결과를 가져올 것"이라면서 "대통령은 5년 후의 아들을 생각해야 한다. 자신은 성공한 퇴임 대통령이 될 수 있을는지 모르지만 그 아들은 5년 후 무엇이 될는지 누구도 장담할 수 없다"고 썼다고 한다. 그는 그걸 밝

---

9) 동아일보 특별취재팀, 『잃어버린 5년-칼국수에서 IMF까지. YS 문민정부 1,800일 비화 2』(동아일보사, 1999), 75쪽.
10) 고흥문, 〈우리의 위대한 공화국〉, 『중앙일보』, 1997년 3월 17일.

히면서 다음과 같이 말했다.

"이 기사는 김 대통령의 강력한 '반발'로 앞에 쓴 대목이 모두 빠지고 제목도 '대통령의 친인척'으로 바뀐 채 다음날 아침 배달됐다. 그 이후 김 대통령은 아들에 대한 주변의 언급을 아주 싫어했고 그때부터 '김현철'은 권력 주변에서 확고한 금기가 돼 버렸다. 그 이후 필자는 '김현철'의 무소불위적인 행각과 간섭을 여러 차례 들었으나 더 이상 구체적으로 들여다보거나 글로 쓸 생각을 하지 못했다. …… 오늘의 '김현철 사건'이 귀결되는 데는 언론도 결과적인 방조자의 혐의가 있다. 만일 우리가 권력의 압력이나 대통령의 '심기'에 구애하지 않고 또 언론계의 이심전심적 분위기에 안주하지 않고 그의 행적과 간섭에 대해 심도 있게 문제 제기를 했더라면 어쩌면 오늘의 '김현철'은 없었을는지도 모른다."

『한국일보』 97년 4월 2일자 '장명수 칼럼'은 "비극과 희극 사이"라는 제목 아래 "그(김영삼)의 비극은 그가 한평생 그 가치를 신봉하며 그것을 위해 투쟁했던 민주주의를 이해하지 못한 데서 비롯됐다. 반독재 투쟁을 하다가 군사세력과 손을 잡고 3당합당을 할 때부터 비극이 싹텄다고 말하는 사람들도 있다"며 다음과 같이 말했다.

"그는 민주주의를 소리 높이 외쳤지만, 민주주의의 원칙에는 무감각했다. 상도동 자택에서 가솔을 통솔하던 방식, 연금상태에서 반독재 투쟁을 하던 방식, 선거 캠프를 조직하고 운영하던 방식을 그는 대통령이 된 후에도 계속 사용했다. 자기 아들이 청와대 비서실에 발령도 받지 않은 인물을 심었다 한들 아버지를 돕고 나라를 돕는다는데 무엇이 문제냐고 그는 생각했을 것이다. …… 김영삼 대통령은 지금 감옥에 갇혀있는 대통령들보다 한층 더 비극적인 대통령이다. 그래도 비극적인 대통령은 나은 편이다. 희극적인 대통령으로 끝나는 것만은 막아야 한다. 이제는 아들 문제가 아니다. 자신이 훼손한 민주주의를 온전하게 복원하여 국민과 역사 앞에 되돌리는 것, 그것이 비극적인 대통령의 마지막 할 일이다."

97년 4월 7일부터 5월 1일까지 증인 38명을 신문한 국회 국정조사특위 한보 청문회가 열렸다. 거짓증언이 난무한 가운데 이 청문회는 한국 사회 상층부가 얼마나 부패했으며 전근대적인가 하는 걸 여실히 보여 주었다.

최대 화제의 인물은 단연 한보 총회장 정태수였다. 그는 양복에다 하얀 머플러를 두른 다음 마스크와 운동화를 착용하고 나타났는데, 의원들은 이 튀는 복장에 대해 "검찰에서 다 불지 모르니 튀어라", "입을 자물통처럼 닫으라고 조언 받았느냐"는 질문을 던지기도 했다. 백지숙은 "몇 조 원의 돈을 주물렀던 정태수가 자기 직원을 거침없이 머슴이라고 부르고 사업의 90%를 점술에 의존했다고 고백하는 지점에서 우리는 곧바로 한국 천민자본주의의 '죄질'이 어느 정도인지 깨닫는다"고 했다.[11]

김현철의 YTN(연합텔레비전뉴스) 인사개입의혹 비디오테이프를 공개한 G남성클리닉 원장 박경식은 4월 21일 청문회에서 김현철과는 93년 이후 "100번도 더 만났다"며 "김 대통령의 측근이면서 심경의 변화는 왜 일으켰나"라는 질문에 대해 "주인집 아들이 나쁜 아이들하고 어울리면 그러지 말라고 해야 한다. 적게는 대통령, 크게는 국민에게 직언을 한 것이다. 이 심정을 알면 김 대통령이 나를 더 인정해 줄 것이다"라고 답했다.

박경식은 "국무총리나 신한국당 대변인 임명 사실을 김씨가 미리 얘기한 소리를 들은 적 있는가"라는 질문에 "이(홍구) 총리는 총리임명 하루 전에 알았고 김철 대변인도 하루 전에 알았다. 김현철 씨에게 직접 들었다. '김 대변인은 『조선일보』 출신으로 청와대 비서관을 지냈는데 언론사와 좋은 관계를 맺어야 하기 때문에 대변인에 임명키로 했다. 앞으로 『조선일보』에도 글을 잘 쓰라고 요구해야겠다'고 말했다"고 답했다.

---

11) 백지숙, 『짬뽕: 백지숙의 문화읽기』(푸른미디어, 1997), 19~20쪽.

박경식은 또 "YTN 사장 인선과 관련한 테이프를 공개했는데, 그 뒤 김현철 씨가 MBC 사장에 대해서는 대안이 없다면서 유임을, KBS 사장에 대해서는 열심히 했으니 유임시켜야겠다고 말하지 않았나"라는 질문에 대해선, "그런 말 했다. 특히 KBS 홍 사장에 대해서는 극찬했다"고 답했다. 그는 "현철 씨가 떡주무르듯 언론에 개입했다는 말에 동의하나"라는 질문에 대해선 고개를 끄덕이며 동의를 표시했다.[12]

최원식은 "한보 청문회는 막을 내렸지만 코미디와 CF 그리고 농담시리즈로 희화화되고 있고, 기업·금융·정치권 등 사회 상층부에 대한 전반적인 불신과 가치혼란, 절망감과 허무함이 전 사회적으로 확산되는 등 사회공황 사태에 이르고 있다"고 말했다.[13]

김현철 구속

1997년 5월 17일 김현철이 특정범죄가중처벌법상 알선수재 혐의 외에 조세포탈 혐의로 서울구치소에 구속 수감했다. 구속영장에 따르면 김현철은 6개 기업으로부터 총 65억 5,000만 원을 받았으며 이 중 32억 2,000만 원을 이권개입의 대가로 이성호 전 대호건설 사장과 김덕영 두양그룹회장에게서 수수한 것으로 드러나 알선수재 혐의가 적용됐다. 나머지 33억 3,000만 원은 현철 씨가 활동비와 선거자금 등의 명목으로 한솔제지 조동만 부사장 등 4개 기업대표로부터 수수한 것으로 검찰은 이에 대해 증여세포탈 혐의를 적용, 13억 5,000만 원을 추징키로 했다.

김현철이 지난 4·11 총선에서 자금 지원이나 여론 조사 지원 등의 방법으로 지원을 해 당선된 여당 후보는 수십 명에 이르며, 그들은 대부분

12) 이중근·김근철, 〈박경식 증언 속기록(한보 청문회)〉, 「경향신문」, 1997년 4월 22일, 4면.
13) 최원식, 〈한보청문회—도덕과 의회민주주의의 위기〉, 「황해문화」, 제15호(1997년 여름), 2쪽.

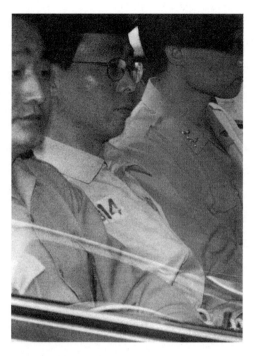

김영삼 대통령의 차남 김현철이 한보 부도사태 관련 혐의로 조사를
받기 위해 대검찰청으로 호송되고 있다.

'깨끗한 이미지'를 갖고 있다는 초선 의원들이었다. 그들은 행여 자신의
이름이 알려질까 봐 전전긍긍했다.

　세상 인심이라는 게 참 무서웠다. 김현철뿐만 아니라 한보그룹 회장
정태수도 언론에 의해 '악덕 기업인'의 표본인 양 매도되었다. 그러나
바로 얼마 전까지만 해도 대부분의 언론이 "수서사건에서 화려한 재기:
한보그룹 정태수 회장의 놀라운 변신" 등과 같은 제목의 기사로 그와 한
보그룹에 대해 긍정적인 평가를 내렸었다.

　한국언론연구원 객원연구위원 김창룡은 『신문과 방송』 97년 6월호에
기고한 〈보도자료 그대로 써줄 때는 언제고…한보사태 보도 검증〉이라
는 글에서 "보도자료를 별 검증 없이 충실하게 보도한 뒤 문제가 터지면

마치 분풀이라도 하듯 요란하게 몰아치기식으로 하는 보도는 한국 언론의 전통이 되고 말았다"고 개탄했다.

최원식은 『창작과 비평』 97년 여름호 서문에서 "지금 환멸이라는 요괴가 우리 사회 곳곳을 배회하고 있다"고 개탄했다.

"장사하는 사람은 장사하는 사람대로, 소비자는 소비자대로, 기업가는 기업가대로, 노동자는 노동자대로, 교사는 교사대로, 학생은 학생대로, 남자는 남자대로, 여자는 여자대로 살맛이 없다고 중얼거린다. 이 유례 없는 전 국민적 허탈감이 무엇보다 두렵다. 그 어떤 억압 속에서도 그어떤 절망 속에서도 활기를 잃지 않던 한국 사회를 엄습한 이 깊은 무기력을 우리는 무엇보다 먼저 엄중히 인식해야 한다."[14]

---

14) 최원식, 〈책머리에: 건국기의 책임〉, 『창작과 비평』, 1997년 여름, 2쪽.

"김현철, 비디오테이프 그리고 거짓말"

'울고 있는 경실련!'

"김현철, 비디오테이프 그리고 거짓말"

『말』지 97년 4월호에 실린 기사 제목 그대로, 정말 한 편의 영화 같은 이야기였다.[15] 김현철의 부상과 몰락도 영화 같았지만, 그를 둘러싼 파문의 와중에서 직격탄을 맞은 경제정의실천시민연합(경실련)의 운명도 영화 같았다.

언론매체를 통해 널리 알려진 이 영화의 주역은 경실련 사무총장 유재현과 경실련의 부정부패추방운동본부 사무국장 양대석이었다. 양대석은 김현철의 인사 개입 통화 내용을 담은 비디오테이프를 훔쳤고 그걸 정당화하기 위해선지 내부적으로 말 못할 사정 때문인지 하여튼 거짓말

---

15) 이 패러디의 원본인 〈섹스, 거짓말, 그리고 비디오테이프(SEX, LIES, AND VIDEOTAPE)〉는 1989년 스티븐 소더버그가 26세의 젊은 나이에 자신의 한 많고 죄 많은 과거를 토대로 만든 영화로, 칸영화제에서 대상과 남자주연상(제임스 스페이드) 및 국제비평가상을 받았고 아카데미 각본상 후보에 올랐다. 『한국일보』, 1994년 10월 17일, 19면.

경제정의실천시민연합(경실련) 측에서 김영삼 대통령의 차남인 김현철의 비리 의혹을 불러일으키고 있는 테이프 획득 경위 등에 대해 긴급 기자회견을 하고 있다.

을 여러 번 했다. 그리고 세인에겐 유재현으로 대표되는 경실련은 비디오테이프를 은폐했고 그걸 변명하는 과정에서 온갖 의혹과 불신을 가중시켰다. 심지어 그 테이프를 안기부에 넘겼으니 넘기지 않았으니 하는 공방 속에서 경실련과 안기부의 유착설까지 제기되기까지 했다.

97년 3월 16일 김현철의 언론사 사장 인사개입 의혹이 담긴 비디오테이프 도난사건의 수사를 맡은 서울 송파경찰서는 문제의 테이프는 경실련 사무국장 양대석이 2월 20일 김현철이 다니던 비뇨기과의사 박경식의 G남성클리닉에서 훔친 것으로 확인됐다고 발표했다. 김현철이 별 생각 없이 그 병원에서 한 전화통화 내용이 병원에 장치된 카메라에 그대로 녹화된 것이었다. 경찰에 따르면 이날 경찰에 출두한 양대석이 "지난달 박 원장 병원에서 비디오테이프를 훔친 후 녹번동 집에서 김현철 씨의 YTN 사장 인사개입 부분 등을 오디오테이프에 녹음해 보관해 왔다"

고 진술했다는 것이다. 그간 양대
석은 96년 12월경 신원을 알 수
없는 20대 여성으로부터 같은 내
용이 담긴 오디오테이프를 전달
받았다고 주장했었다.[16]

3월 17일 유재현은 이 사태에
대한 책임을 지고 사퇴하면서 기
자들 앞에서 눈물을 터뜨리고 말
았다. 신문들은 그의 우는 모습을
크게 실었다. 그 사진이 바로 경실
련이 처해 있는 현실을 상징했던
건 아니었을까? '울고 있는 경실
련!' 아니 한국의 시민운동이 울
고 있었던 건지도 모르겠다.

경실련 사무총장 유재현은 김현철 비디오 사태에
대한 책임을 지고 사퇴하면서 울음을 터뜨렸다.

언론은 그런 일련의 사건으로 경실련의 도덕성이 치명타를 입었다고
말했다. 도덕성을 생명처럼 알아야 할 시민운동단체가 스스로 도덕성을
헌신짝처럼 내던졌으니 이제 경실련은 끝났다고 말하는 사람들도 있었다.

김영삼 정권과의 유착

왜 그런 일이 벌어졌을까? 경실련은 '시민에 의한 시민을 위한 개혁
운동'을 내걸고 89년 7월에 창립됐다. 그로부터 8년도 안 돼 중앙본부
상근자만 65명에 전국 43개 지역 조직, 2만 5,000명의 회원을 확보하는
큰 성과를 거두었다. 96년 본부 예산만 16억 원이 넘었고, 지역을 포함

---

16) 「동아일보」, 1997년 3월 17일, 39면.

하면 40억 원을 사용하는 거대 조직으로 성장한 것이다.

그렇게 우리나라 시민운동을 대표할 만큼 큰 영향력을 행사하며 우리 사회의 개혁을 위해 적잖은 기여를 해 왔던 경실련이 왜 그런 어처구니없는 일을 저질렀던 것일까? 유재현은 사퇴를 밝히는 자리에서 "순수하게 시작된 시민운동이 그간 오만해지고 관료화됐으며 내부적으로 의사소통도 제대로 이뤄지지 않았다"는 반성의 말을 했다.[17]

경실련의 위기는 정치와 너무 가까워진 데에서 비롯되었다. 실제로 그간 경실련 출신으로 국무총리에서 여당 지구당 위원장에 이르기까지 정관계에 진출한 사람들이 여럿 나왔다. 정성철, 정태윤, 박세일, 이영희, 이수성, 안병영, 이각범 등이 바로 그런 인물들이었는데, 그들이 '친김영삼' 노선을 택함으로써 한때 경실련이 '정실련'으로 변질됐으며 아예 관변단체화되는 것 아니냐는 비판의 소리가 나오기도 했다.

그런데 문제는 경실련이 그런 비판에 대해 무감각했다는 사실이었다. 95년 12월 개각에서 이수성이 국무총리로, 안병영이 교육부장관으로, 이각범이 청와대 정책수석기획으로 기용되자 당시 경실련 기관지였던 『시민의 신문』은 그 사실을 1면에 〈경실련 인사 3명 입각〉이라는 제목의 기사로 다뤘는데, 그 사실이 경실련으로선 자랑스럽다는 듯한 느낌을 주었다.[18]

이와 관련, 『시사저널』 97년 4월 3일자는 "조직 상층부 인사가 정계에 진출하면서 마치 경실련 조직 자체가 따라 움직이는 듯한 인상을 심어준 것"이라며 "게다가 94년부터는 정무 제1장관실 주선으로 정부 자금을 지원받아 실무진이 해마다 해외 연수를 나가게 됨으로써, 순수해야 할 시민운동이 정부와 지나치게 유착된 것이 아니냐는 지적을 받았다"고

---

17) 정진황, 〈경실련 유재현 총장 '눈물의 사퇴'〉, 『한국일보』, 1997년 3월 19일, 35면.
18) 〈경실련 인사 3명 입각〉, 『시민의 신문』, 1995년 12월 25일, 1면.

했다.[19]

게다가 경실련 출신으로 정관계에 진출한 사람들이 자신의 경실련 경력을 적극 활용했으며 경실련은 그걸 방관했으니 경실련의 비극은 이미 이때부터 싹튼 것이었다. 예컨대, 93~94년에 정무 제1차관을 역임하고 신한국당 강남구을 지구당 위원장을 맡은 정성철이 4·11 총선을 앞두고 2월에 낸 선거용 책 제목을 "정성철과 경실련"으로 한 것도 다분히 속 뵈는 일이 아닐 수 없었다.[20]

유재현 이전에 경실련 사무총장을 맡다가 정계에 진출한 서경석도 4·11 총선을 앞두고 낸 『서경석 삶 이야기』는 책의 표지에 자신을 '언론이 뽑은 가장 영향력이 큰 시민운동가'니 '우리나라 제1의 시민단체, 경실련 탄생의 주역'으로 소개하였는데 이런 식의 이용이 바로 경실련에 위기를 초래한 것이었다.[21]

'준정치집단'에서 '순수한 시민운동단체'로

경실련 사태의 핵심은 유재현을 비롯한 몇몇 경실련 간부들이 '정치적 고려'를 앞세워 우왕좌왕했다는 데에 있었다. 물론 그 '정치적 고려'가 당파적이었다는 것도 문제였겠지만, 그것보다는 시민운동의 본분에서 벗어난 주제넘은 걱정 자체가 문제였다. 즉, 비리 제보가 들어오면 그것이 공익 수호의 관점에서 필요하다면 그런 고려 하나만으로 비리를 폭로하는 것이 시민운동단체의 본분일진대, 그런 비리를 폭로함으로써 일게 될 정치적 파장까지 염려하는 '거창한 사고'를 하면서 정치 흉내를 낸 게 문제였던 것이다. 그런 흉내와 그런 사고는 경실련의 리더십이 정

---

19) 정희상, 〈소산 유탄 맞고 '홀들' 각림길 서 경실련〉, 『시사저널』, 1997년 4월 3일, 44~45면.
20) 정성철, 『정성철과 경실련』(연이, 1996).
21) 서경석, 『서경석 삶 이야기: 꿈꾸는 자만이 세상을 바꿀 수 있다』(웅진출판, 1996).

관계에 진출하고 또 그걸 알게 모르게 당연시 한 경실련의 내부 풍토에서 비롯되었던 것이다.

4월 30일, 한 달 동안 공석이었던 사무총장에 유종성이 취임했다. 그는 경실련에 창립 발기인으로 참여했을 뿐만 아니라 정책실장, 조직국장, 기획조정실장을 역임한 정통 '경실련맨'이었다. 유종성은 취임 일성으로 '개혁'을 부르짖었다. 민주적 논의와 의사결정 구조의 확립, 건전한 재정 구조 확립, 내부의 낭비와 비효율 제거, 비파당적 시민운동의 위치 확립, 시민들의 참여 확대 등 5가지 개혁 과제를 제시했다. 경실련의 '군살빼기' 과제도 밝혔다. 1년 예산 18억 원을 12억 원대로 축소 조정하고 회비를 연회비에서 월회비로 바꿔 회원들의 참여도를 높이겠다고 했다. 그는 경실련 인사의 정계 진출에 대한 의견을 묻는 기자의 질문에 대해서도 다음과 같이 단호하게 말했다.

"서 목사가 무슨 정치적 야욕이 있어 영향력 있는 경실련 사무총장직을 버리고 일개 국회의원으로 출마한 것이라고는 생각지 않으나, 시민운동의 역사가 일천한 우리 실정에서 서 목사의 시기적절치 못한 정계 진출은 경실련의 최대 실수 중 하나입니다."

유종성은 7월 5일 창립 8주년 총회에서 발표한 '경실련의 현황과 과제'라는 발제문을 통해서도 과감한 자기 비판을 하였다. 그는 "이제 경실련이 준정치집단이라는 인상을 떨쳐 버리고 순수한 시민운동단체로 위상을 재정립할 때"라고 강조했다.

"간부들의 잇따른 정계 진출이 국민들에게 '경실련도 못 믿겠다'라는 인식을 심어줬습니다. 김씨 비디오테이프 사건으로 내부 어려움도 함께 노출했습니다. 경실련도 수많은 시민단체들 중 하나일 뿐인데 '지적 오만'에 빠져 국민의 현명한 목소리를 외면해 온 것입니다."[22]

---

22) 고현석, 〈경실련 창립 8주년 행사〉, 『경향신문』, 1997년 7월 6일, 21면.

황장엽 망명 사건

황장엽 망명 추진 작전

1997년 2월 12일 북한노동당 국제담당비서 황장엽(74)이 노동당 자료 연구실 부실장 김덕홍(59)과 함께 중국 북경(베이징)의 한국총영사관에 찾아와 한국으로의 귀순을 요청했다. 황장엽은 지난 1월 30일부터 일본을 방문하고 11일 귀국하기 위해 북경에 도착했다가, 자신의 심복인 김덕홍을 대동하고 한국총영사관에 찾아왔다. 정부 당국자는 "정부는 이들의 용기 있는 행동에 경의를 표한다"고 환영한 반면, 북한은 "상상할 수 없고 불가능한 일"이라고 부정한 뒤, 그는 납치됐을 것이라고 주장했다.[23]

황장엽의 망명은 이미 96년 9월경부터 남한 측 인사와의 교섭을 통해 이루어진 것이었다.[24] 한중(韓中) 간 협상을 통해 황장엽의 필리핀 경유

23) 『조선일보』, 1997년 2월 13일, 1면
24) 동아일보 특별취재팀, 『잃어버린 5년-칼국수에서 IMF까지: YS 문민정부 1,800일 비화 2』(동아일보사, 1999), 250쪽.

1997년 4월 북한노동당 국제담당비서 황장엽은 노동당 자료연구실 부실장 김덕홍과 함께 한국으로 망명했다.

서울행이 확정되었다. 황장엽 일행은 3월 18일 필리핀에 도착해 한 달 남짓 머무르다가 4월 20일 서울에 도착했다. 황장엽은 '서울도착 인사 말씀'에서 북한의 전쟁도발 가능성을 여러 차례 언급했다. 그는 남북의 대립을 '사회주의 대 자본주의'가 아닌 '전쟁 대 평화'의 대립이라고 규정하면서 "이제 북조선은 수십 년 동안 전력을 다하여 키워온 막강한 무력을 사용하는 길밖에 없다고 보고 있는 것 같다"고 경고했다. 그는 "남조선에서 북조선이 전쟁을 일으킬 수 있겠는가라고 의심하는 사람이 있으면 머저리라고 단언하고 싶다"는 말도 했다. 또 그는 북한을 '봉건독재', '봉건적 군국주의'라고 규정하면서 "사회주의 지상낙원을 건설해 놓았다고 호언장담하던 나라가 빌어먹는 나라로 전락됐다"고 북한을 비난했다.

이는 그가 중국에 머물 때 쓴 자술서에서 남북한에 대한 '균형적 시각'을 잃지 않으려 했던 것과는 달라진 태도였다. 그는 자술서에서 "조선노동당과 그 영도자들에 대해서는 감사의 정이 있을 뿐 사소한 다른 의견도 없다. 공화국(북한)이 경제적으로 좀 난관을 겪고 있다 하지만 정치적으로 잘 단결돼 있기 때문에 붕괴될 위험성은 없다고 생각한다"고 밝혔었다.[25]

『조선일보』 4월 22일자는 황장엽이 96년 8월 작성한 〈조선문제〉라는 논문을 빌려 "북측은 남한을 불바다로 만들 수 있는 핵무기·화학무기·로케트 무기를 마련"하고 있으며, 남한에 대한 공작을 통해 학생 소요를 조종해 왔다고 보도했다. 황장엽은 또 "남조선의 군대와 경찰, 국가기관에 잠입해 있는 적대분자를 색출하기 위해 면밀한 대책을 세워야 한다"고 말하고 "북측이 개혁개방으로 나가면 더 큰 우환거리가 될 수 있다"면서 "북측의 경제를 약화시키기 위해 일체의 경협을 봉쇄해야 한다"고 밝혔다는 것이다.

4월 22일 오후 통일부총리 권오기는 국회 통일외무위에서 이른바 '황장엽 리스트'가 황장엽 전 북한 노동당 비서에 대한 조사과정에서 나올 가능성이 있다고 밝혔다. 정부의 한 고위 관계자는 황장엽이 자신의 논문 〈조선문제〉에서 남한 내 친북 지하조직의 존재를 주장한 것과 관련해

---

25) 문철, 〈자유인 황장엽-도착성명 분석/북 격렬 비판… '주체' 포기는 아닌 듯〉, 『동아일보』, 1997년 4월 21일, 4면.

"관계기관이 조사해 사실 여부를 확인하게 될 것"이라고 말했다. 이 관계자는 "앞으로 안기부 등 관계당국에서 조사해 실제로 우리 사회 내부에 그런 조직이나 사람이 있다면 찾아내 조처를 취해야 할 것"이라며 "황씨를 정치적으로 이용하지 않겠다는 것은 남북관계에서 북한을 비방하지 않겠다는 뜻이지 친북세력 문제까지 다루지 않겠다는 것은 아니다"라고 말했다.[26]

안기부가 연출한 '황풍'

이에 리영희는 『한겨레』 97년 5월 2일자 '특집좌담'에서 황장엽에 대해 경고를 하고 나섰다. 그는 "세밀하게 분석한 결과 이 분(황장엽)은 남북 간의 평화를 도모하기 위해 왔다기보다는 오히려 전쟁의 위기를 촉진할 위험성이 크다는 느낌을 받았다"며 "만약 '조선문제'가 황씨가 직접 쓴 논문이라고 한다면 그는 남북 간의 평화와 위기 구조 해소가 아니라 오히려 전쟁 위기를 촉발할 주장을 하고 있다"고 말했다.

"또 그는 남한에 대해서 너무 모르고 있다. 그는 논문에서 남한을 파시스트적 체제로 바꿔야 한다는 결론을 내리고 있는데 이는 남한의 민주화와 자유, 자발, 다양, 문민정부와 자본주의적인 다양성이 존재하는 이 사회를 너무나 모르고 파시스트적 정권만이 가능하다는 논리다. 나는 이것이 본인이 쓴 것 같지 않다는 확신 비슷한 것이 들지만, 만일 그가 썼다면 1962년 이후 수없이 반공법 등으로 조사받고 하면서 느낀 안기부 등 내부의 철학과 사상과 논리가 같다는 느낌을 받았다. 용어가 다른 점으로 보아 동시에 여러 사람이 파트마다 맡아서 쓴 것 같다."[27]

---

26) 박찬수·이태희, 〈황 리스트 조사하겠다〉, 『한겨레』, 1997년 4월 23일, 2면.
27) 리영희 외, 〈특집좌담: 북녘 동포를 도웁시다〉, 『한겨레』, 1997년 5월 2일, 22~23쪽.

리영희는 그런 진단을 내리면서 "이러한 세태에서 남한의 지식인들과 시민, 국민, 일반인, 개개인은 모두 굉장히 예리한 비판의식을 가지고, 굉장히 깊은 경각심을 가져야 한다"고 역설했다.

아니나 다를까, 5월 9일 안기부장 권영해는 국회 정보위에서 황장엽이 "김정일은 김일성이 사망하기 2년 전 '3일 만에 부산까지 점령한다'는 전쟁 시나리오를 작성, 이를 시행하려 했으나 김일성이 '경제문제 해결이 우선'이라고 해 유보된 바 있다"는 내용의 진술을 했다고 밝혔다. 황장엽은 또 "북한은 전쟁이 발발하면 인간어뢰 항공기 등 자살특공대로 미국항공모함을 격침시켜 미국 내 반전여론을 조성하고 장거리 미사일로 일본에 대해 '초토화' 위협을 가하는 등의 계획을 수립해 놓고 있다"는 진술을 했다는 것이다.[28]

97년 5월 10일자 신문들의 1면은 〈김정일 '3일 만에 부산 점령' 기도〉라는 큼지막한 제목이 장식했다. 이른바 '황풍'으로 일컬어진 '황장엽 바람'을 그런 식으로 보도했던 것이다.

전쟁의 가능성을 염두에 두고 국가안보에 유념하는 건 절대적으로 필요한 일이겠지만, 그러나 황장엽 한 사람 때문에 전혀 몰랐던 걸 뒤늦게 알게 되었단 말일까? 전에는 국가안보가 그렇게 중요한 줄 몰랐는데 황장엽 덕분에 그게 중요하다는 걸 깨달았단 말일까?

'선거철 신드롬'

'황풍 효과' 때문이었을까?

『한겨레21』 1997년 5월 15일자는 기자가 서울의 한 초등학교 학생들

---

28) 정용관, 〈김정일 '3일 내 부산점령' 기도/김일성 사망 2년 전 시나리오 작성〉, 『동아일보』, 1997년 5월 10일, 1면.

한겨레신문사에서 대담하는 황장엽(좌)과 리영희(우).

에게 북한돕기운동과 통일에 대한 질문을 던진 결과를 실었는데, 그 결과는 놀라웠다. 반 수 이상의 아이들이 '통일이 싫다'고 답했다. 그 이유가 기가 막혔다. "통일되면 거지떼가 몰려올까 봐 싫어요." 반세기에 걸친 반공교육이 만들어 낸, 온몸이 빨갛고 머리에 뿔 달린 괴물은 이제 '거지떼'로 변했다. 한국의 반공 교육이 그만큼 진일보했다는 걸 말해 주는 것이었을까?

『월간조선』편집장 조갑제는 『조선노보』 97년 6월 5일자에 쓴 글에서 "한반도의 통일은 1975년 4월 30일 월맹군의 전차가 사이공 독립궁의 철문을 밀어버리면서 돌입했던 장면처럼 우리 국군이 평양의 주석궁에 탱크를 진주시킬 때 비로소 성취되는 것이다"고 주장했다.

『월간조선』 1997년 7월호의 〈통일원의 이상한 통일캠페인〉 기사는 통일원이 주관해 초등학교 학생들을 대상으로 삼아 95년에 출간한 『나는야 통일 1세대』라는 책의 저자인 한국외국어대 교수 이장희를 '용공'으로 몰고 통일원의 사상까지 의심하고 나섰다.

7월 11일 황장엽은 기자회견에서 남한 동포들의 전쟁 불감증이 가슴

아프다고 했다. 『조선일보』 주필 김대중은 97년 7월 12일자에 쓴 〈'황장엽 씨의 답답함'〉이라는 제목의 칼럼에서, 자신의 주장에 고마워하고 감격하지 않는 일부 남한 사람들에 대해 느끼는 황장엽의 답답함에 가슴아파하면서 "김(정일)의 통치하에 있는 북은 우리와 결코 대화하지 않을 것이며 어떤 본질적이고 공개적인 교류도 하지 않을 것이 점차 분명해지고 있다"고 주장했다.

그러나 군사평론가 지만원은 『윈』 97년 8월호에 기고한 글에서 황장엽의 '전쟁 임박설'에 대해 "황 비서 일행이 남한에 온 지 80여 일이 지났다. 정부가 해야 할 일이 있었다면 그가 망명하기 이전이나 망명 후 기자회견시까지의 80일 동안에 했어야 했다. 황장엽 회견을 시점으로 해서 새삼스럽게 불안감을 확산시키는 것은 그래서 선거철 신드롬으로 오해받기 쉽다. 여기에 군까지 나서서 '황풍'에 앞장서는 듯하다"고 비판했다.

"황 비서 일행의 망명 동기와 배경이 석연치 않다. 황 비서 일행은 민족을 전쟁의 위험으로부터 구하기 위해 9명의 직계가족을 죽음으로 몰아넣었다고 한다. 그 정도라면 그들은 전쟁이 임박했다는 논리를 제공했거나, 전쟁을 막을 수 있는 확실한 방안을 제시했어야 했다. 그러나 그들은 아무것도 내놓지 못했다. …… 북한에서는 부자지간에도 '남한 탈북'과 같은 '천기'는 누설하지 못한다. 더구나 두 사람이 가족을 희생시키겠다는 결심을 동시에 한다는 것은 잔디밭에서 바늘을 찾는 확률에 비유될 수 있다. 이들의 기회는 누군가에 의해 만들어졌을 수 있다. 바로 공작일 수 있는 것이다. 이러한 의구심을 더욱 짙게 하는 것은 선거철마다 나타나는 안보 신드롬 때문이다."[29]

---

29) 지만원, 〈황장엽 기자회견 심층분석: 전쟁 임박설은 일방적 판단인 듯/맹복석 '봉닐시상문' 긴징 부를 수도〉, 『윈』, 1997년 8월.

도올 김용옥은 『전통과 현대』 97년 여름호에 기고한 글에서 "황장엽이라는 존재는 남한의 집권세력과 북한의 집권세력 사이의 협잡으로 이루어진 흥정의 산물에 불과하며, 그의 망명 과정을 둘러싼 여러 가지 의혹은 이러한 추측을 정당케 하는 많은 소지를 안고 있다"며 "황장엽 사건이 터진 시점이, 그 시점이 그의 망명 프로그램에 있어서 분명히 의도적으로 선택된 타이밍이라는 것을 감안할 때, 한보사태·김현철 사건 등등의 너무도 숙명적인 사건들과 맞물려 있었다는 위기일발의 상황을 우리는 상기해 볼 수가 있다"고 말했다.

"'깜짝쇼만 있고 철학이 없다'라는 巷談(항담)처럼 황장엽 사건도 그 또 하나의 깜짝쇼의 일환이었다면, 예기치 못했던 사태의 진행은 그 깜짝쇼를 정회시켜버린 것이다. 다시 그 쇼를 열 기회를 엿보기 위해 황장엽의 존재가치를 잠재태로 보관하고 있는 느낌을 받는다. …… 길거리에 내걸리는 자유총연맹 운운하는 단체들의 플래카드 속에서도 황장엽의 가치는 극우적 표상이다. 남한의 극좌파의 대부가 남한의 극우의 구실을 대변하는 데 그 존재가치가 발현된다는 역사적 아이러니가 황장엽이라는 존재의 모순을 구성하고 있는 것이다. 왜 황장엽은 이러한 우둔한 짓을 자처하고 나선 것일까? 그의 판단력이 이미 노망의 환상의 단계로 접어든 것일까?"[30]

---

30) 김용옥, 〈황장엽이 말하는 주체사상의 올바른 이해와 비판을 위하여: 통일론의 한 초석〉, 『전통과 현대』, 1997년 여름, 250~281쪽.

이회창 대선후보 선출

『중앙일보』의 '이회창 밀어주기'

김영삼은 96년 12월 7일 CBS 회견에서 "당 대선후보에 대해 당 총재로서 분명한 내 입장을 밝히겠다"며 차기 후보 지명권 행사 의지를 밝혔지만, 97년 봄 한보사태, 김현철과 측근들의 비리가 터지면서 모든 게 수포로 돌아가고 말았다. 오히려 영입 거물들은 식물 대통령이 된 김영삼을 제치고 이른바 '9룡의 쟁투'를 시작했다.

『내일신문』 97년 3월 19일자는 "『중앙일보』는 홍석현 사장이 경기고 출신이라는 점 때문에 이회창 후보와 가까운 것으로 분석하고 있다. 이 고문 비서실장으로 간 고흥길 전 편집국장도 경기다"고 보도했다.

『바른 언론』 97년 3월 22일자 7면에 실린 〈중앙일보, '이회창 대세론' 확산 앞장〉이라는 제목의 기사는 "『중앙일보』의 '이회창 밀어주기'가 지면을 통해 두드러지게 나타나고 있다"며 "92년 대선 당시 『조선일보』의 '대통령 만들기'를 연상케 하는 기사가 신한국당 대표에 이회창

신한국당 대선후보로 선출된 이회창이 김영삼과 함께 대의원들에게 답례인사를 하고 있다.

고문이 선임되면서 『중앙일보』지면을 통한 '이회창 대세론'의 확산으로
작용하고 있다"고 보도했다.

"이런 판단의 근거는 여타 신문들이 정도의 차는 있지만 이 고문의 대
표직 취임을 기회이자 위기로 보면서 위기를 불러오게 될 여러 변수에도
주목하고 있는 데 반해 중앙만 유독 기회의 측면을 강조하면서 그것을
토대로 한 전망 기사를 싣고 있기 때문이다. …… 『중앙일보』의 여권 대
선 경쟁 관련 기사 중 눈길을 끄는 것 중의 하나가 신한국당 내 최대 세
력인 민주계를 종속 변수쯤으로 치부하고 있다는 점이다. '9룡에서 4각

체제로 중심 이동' 등의 기사에서 알 수 있듯이 다른 신문들이 민주계를 '이회창 대세론'에 맞서는 세 개의 중심 축에 하나로 대등하게 올려놓고 있는 것과 비교된다. 『중앙일보』의 이회창 대세론 확산을 위한 행보는 여기서 멈추지 않고 있다. 과거의 사실을 상황이 비슷하다는 이유로 현재의 당위로 만들려는 노력도 서슴지 않고 있는 것이다."

신한국당 대통령 후보 경쟁에서 후보들이 가장 신경을 썼던 게 바로 언론인 영입과 기자 관리였다. 『미디어오늘』 97년 4월 21일자는 "각 캠프에 합류한 언론인들 가운데는 프로야구 스타급 수준의 대우를 확약받고 자리를 옮긴 경우도 적지 않다. 논설위원에서 모 후보 진영에 합류한 A씨의 경우 아카디아승용차 제공, 월 500만 원 지급, 판공비만도 수천만 원대에 달한다는 루머가 나돌기도 했다"고 보도했다.

"물밑 로비도 치열하다. 단적으로 이들 정치인과 언론인들의 골프 모임이 부쩍 늘었다. …… 자택 초청도 효과적인 무기. …… 정치인들이 기자들에게 건네주는 용돈은 통상 30만 원에서 50만 원 선. 그것도 확실한 자기 사람이라는 확신이 서야 봉투를 찔러준다. 일부는 상품권 등으로 대신하기도 한다. …… 각 정치인들 입장에서 보면 기자들은 자신에 대한 정치적 평가를 내리는 '관찰자'이기도 하지만 일상적인 정보 수집 창구인 측면도 무시하지 못한다. 정치권 정보는 물론 언론사 내부 정보의 주요한 통로이고 언론대책을 마련하는 데 기초적인 자료를 제공해 주는 소중한 존재. 하다 못해 자신들과 관련, 어떤 기사가 나가는지 어떻게 다뤄지는지 사전에 정보를 입수하기 위해서도 이들의 도움은 필수적이다."

이회창 60%, 이인제 40%

이회창은 "국정 공백과 여권 분열을 막기 위해 후보를 조기에 가시화해야 한다"며 김영삼을 압박했고, 그 결과 7월 21일 전당대회에서 신한국당의 대선후보로 선출됐다. 결선투표에서 이회창은 참석 대의원 1만 1,544명 중 60.0%인 6,922명의 지지를 얻었고, 이인제는 40.0%인 4,622명의 지지를 얻었다.

그에 앞서 1차투표에서는 이회창이 40.9%의 득표율로 1위를 차지했고, 이인제가 14.7%의 득표율로 2위를 차지했다. 이한동은 이인제보다 8표가 적은 14.6%의 지지를 받아 간발의 차이로 결선에 오르지 못했다. 1차투표에서 김덕룡은 13.8%로 4위, 이수성은 13.6%로 5위를 해 2위부터 5위까지가 치열한 혼전을 벌였다. 최병렬은 1.9%를 얻어 최하위를 기록했다. '반 이회창' 노선을 분명히 한 이인제, 이한동, 김덕룡, 이수성 후보 등 '4인연대'의 1차투표 득표율을 산술적으로 합산하면 56.7%(6,869명)로 이회창의 득표율보다 15.8%가 많았으나 결선투표에서 산표로 역전은 일어나지 않았다.[31]

이회창이 신한국당의 대통령 후보로 결정되자 『중앙일보』는 7월 22일자 9면 전면에 걸쳐 〈부친 강직 · 청렴성이 '대쪽' 밑거름〉이란 제목의 기사를 게재했다. 논설실장 송진혁의 7월 23일자 칼럼 〈'대쪽'을 넘어서〉는 이회창에 대해 다음과 같이 말했다.

"지금 정치, 경제, 사회 할 것 없이 부패와 무질서, 혼미와 방황, 퇴폐와 타락이 판치는 우리나라의 상황에서 이 후보와 같은 '겁나는 지도자'가 절실히 필요하다고 할 수 있다. 강력한 지도력으로 원칙을 세우고, 대쪽 같은 강단으로 악과 부패를 몰아내야 한다는 데는 누구도 이론이 있을 수 없다. 이 후보가 국민의 높은 지지를 받고 경선에서 압도적 승리를 거둔 것도 그런 기대가 크게 작용했기 때문일 것이다."

송진혁은 그러나 그것만으론 부족하다고 했다. 송진혁은 국가 중심과

---

31) 『동아일보』, 1997년 7월 22일, 1면.

제를 역설하고 그걸 해결하는 데에 왜 이 후보가 필요한지 그걸 밝혀야 하는 동시에 "대쪽을 넘어 누구에게나 푸근한 '느티나무 이미지' 같은 것을 보여 주면 좋겠다고 생각한다"고 말했다.

『중앙일보』 뉴미디어본부장 김영배는 7월 30일자 칼럼 〈정치권의 빅뱅이 필요하다〉에서 "외국 신문들은 이회창 후보를 '미스터 클린'이나 '경골한'이라고 부른다. 아마도 '대쪽'이라는 말을 한마디로 표현할 수가 없어 청렴 쪽을 강조하거나, 아니면 강직성 어느 한쪽으로 해석하는 모양이다. 그의 정치적 이미지는 이와 같은 원칙성과 도덕성에 바탕을 두고 있다. 그가 대선자금 문제에 대해 타협적인 발언을 하거나 경선 과정에서 자금을 살포한 혐의를 받았을 때 지지도가 흔들리거나, 아들의 병역 문제가 지나치게 클로즈업되는 것도 그 탓으로 보인다"며 다음과 같이 주장했다.

"그러나 경선의 세몰이가 가능했던 것은 대표로서의 권위 때문만도 아니고, 정치적 지략으로서만 가능했던 것도 아니다. 그의 '법대로'라는 원칙성에 대한 국민적 기대감, 진짜 개혁을 이룰 것이라는 기대감이 그것을 가능케 했던 것이다. …… 이와 같은 국민적 기대감을 충족시키기 위해서는 외부의 신세력을 끌어들여서라도 신개혁 주체를 만드는 작업이 정치권의 재편성이라는 차원에서 구상되지 않으면 안 되는 것이다."

『중앙일보』 한남규 미주총국장은 97년 8월 9일자 칼럼 〈정책 위주 선거를〉에서 이회창 자녀의 병역 논란에 대해 "병역 논란은 지금까지로도 충분하다. 유권자들 나름대로 이 대목에 대한 채점을 끝냈다. 유권자는 다음 채점 채비를 갖추고 있다. 이제 후보들의 정책을 평가해야 하는 단계다. 유권자를 진정으로 위한다면 각 당은 정책 대결 위주의 선거전을 본 궤도에 올려야 할 것이다"고 주장했다.

조순의 대통령 출마 선언

1997년 8월 11일 이회창은 신한국당 당직자회의와 의원총회에서 당 안팎의 상황 대처방식과 관련, 두 가지 의미심장한 메시지를 던졌다. 하나는 "당내 계파나 그룹의 독자행동이 계속될 경우 해당 행위 차원에서 조치하겠다"는 경고이고, 다른 하나는 "3김 정치와는 차별화한 모습으로 야권의 공세에 대처하겠다"며 대야강공을 예고한 것이었다. 이회창은 특히 "나는 야권 두 김씨와 김영삼 대통령의 대리전을 치르려고 대선에 나선 것이 아니다"라는 점을 두 차례나 강조하며 자신만의 '차별화한' 색채로 정국을 돌파하겠다는 의사를 분명히 했다.[32]

그러나 신한국당 안팎엔 이른바 '9월 위기설'이 계속 떠돌았다. 두 아들의 병역면제 파문으로 인한 지지율의 급락에 따라 이회창의 대선승리 가능성이 줄어들면서 점증하고 있는 여권 내의 불안감과 불협화음이 '9월 위기설' 확산의 배경이 되었다. 김영삼의 행보도 그런 위기설을 가중시켰다.

8월 13일 김영삼은 경기지사 이인제를 만났는데, 이인제 측근들은 "김 대통령이 이 지사에게 독자출마 자제를 요청하지 않았다"고 주장했다. 또 8월 16일 서울시장 조순의 요청으로 이뤄진 비공개 회동에서 조순은 김영삼에게 자신의 대선출마 동기를 밝혔다. 그에 대한 김영삼의 반응은 정확하게 알려지지 않았으나 조순은 "김 대통령이 나의 대선출마를 만류하지 않았다"고 주장했다.[33]

8월 20일 조순은 민주당에 입당한 데 이어 공식 기자회견을 열고 15대 대선 출마를 선언했다. 그는 이날 대국민 발표문을 통해 "그동안 우리가

---

32) 『한국일보』, 1997년 8월 12일, 7면.
33) 『동아일보』, 1997년 8월 21일, 3면.

민주당 임시전당대회에서 대선후보로 선출된 조순.

자랑해 온 경제가 침몰하고 있다"며 "경제대국의 허황된 꿈을 팔기보다
는 오늘의 위기를 국민에게 호소하고 국민의 지력을 모아 위기를 극복하
겠다"고 말했다. 그는 "서울시장직을 중도에 그만두는 것은 정말로 죄송
하다"며 "앞으로 중앙정치를 통해 지방자치제도 개혁을 이룸으로써 지
방자치 발전을 적극적으로 돕겠다"고 말했다.[34] **(참고: 자세히 읽기, 유시민
의 '김대중 당선 불가론')**

---

34) 『한겨레』, 1997년 8월 21일, 1면.

『중앙일보』 뉴미디어본부장 김영배는 97년 8월 27일자 칼럼 〈정치의 진정한 세대교체〉에서 우리 정치가 얼마나 감성적인지 그걸 개탄한 뒤에 "최근 여당 후보에게 치명적인 타격을 준 병역문제도 마찬가지다. 그것이 후보의 도덕성이나 혹은 그 과정에서 있을 수 있는 부정 문제로 추궁되는 것이 아니고, 내 아들은 사선에서, 침투 훈련장에서 낮은 포복을 하는데 왜 네 아들은 안 가느냐는 것이다. 여성들이 이 문제에 더욱 분노하고 있다는 것도 그런 감성적 연유다. …… 그러나 이번에는 좀 이성적인 문제로 눈을 돌려야 할 때가 아닌가 싶다"고 주장했다.

97년 8월 한국기자협회가 600여 명의 기자를 상대로 벌인 여론 조사 결과에 따르면, 언론사의 대선후보 줄서기가 대부분 진행되었다고 생각하는 응답자는 전체의 79.2%에 달했다. 그런 응답자 가운데 85.3%는 그 줄이 이회창에 닿아 있다고 지목했으며, 줄서기가 두드러진 방송사로는 KBS와 SBS, 신문사로는 『조선일보』와 『중앙일보』가 꼽혔다.

자세히 읽기

유시민의 '김대중 당선 불가론'

"유시민의 '게임의 법칙' : 'DJP연합은 승률 0%'", "'DJP 단일후보 내
도 대선 못 이긴다", "'DJP론 힘들어요' : 전 평민당원 'DJ 한계' 책 펴
내, 조순 시장 내세워 대리전 권유", "'DJ '게임의 법칙'에 긴장", "'DJ 대
권 전략 정면 비판 눈엣가시처럼 얄미운 책 한 권", "'DJ는 왜 안 되는지
썼어요…대안은 제3후보입니다.'"

베스트셀러 『거꾸로 읽는 세계사』의 저자이자 한때 국민회의 의원 이
해찬의 보좌관을 지낸 바 있고, 97년 5월 현재 독일 유학생으로 경제학
을 공부하고 있는 유시민이 펴낸 『97년 대선 게임의 법칙』(돌베개)에 대
해 보도한 기사의 제목들이었다. 언론은 유시민의 유명세 탓인지 이 책
을 크게 홍보해 주었다. 이 책의 신문 광고는 다음과 같이 주장했다.

"97 대선, 게임의 법칙이 결정한다! DJ의 당선은 '낙타가 바늘귀를
지나가는 것'만큼이나 어렵다. DJP연합은 득표 효과가 거의 없으며 '정
치적 자해 행위'가 될 수도 있다. 국민회의가 조순 시장을 제3후보로 세
우면 승산 있다. DJP연합이 제3후보를 단일후보로 밀면 야권의 승률은
가장 높다. 신한국당 후보 누가 돼도 선거 결과는 크게 달라지지 않는다.
YS가 미치지 않는 한 내각제 개헌은 없다."

왜 독일 유학생이 이런 책을 썼을까? 유시민은 정치를 떠난 게 아니었
다. 그는 독일 유학 중에도 방학 중 귀국하면 노무현의 '경제 가정교사'
노릇을 하곤 했다.[가] 그래도 의문은 남았다. 진보적 지식인인 유시민이
왜 하필 보수 인사인 조순을 밀었을까? 유시민과 조순의 특수관계 이외
에 달리 설명할 길이 없었다. 유시민은 자신의 서울대 경제학과 은사인
'선생님 조순'을 존경한다고 했으며, 자신의 오랜 정치적 동지이자 국회
보좌관 시절 보스이기도 했던 이해찬이 조순의 서울시장 선거총본부장

을 맡았었는데, 이와 관련된 것이었을까?

유시민의 책이 조순의 대권 도전을 부추겼던 걸까? 아니면 유시민의 책은 원래 '조순 대통령 만들기' 용으로 기획되었던 걸까? 유시민의 책이 나온 지 3개월 후 조순은 실제로 서울시장에서 민주당 총재로 변신하면서 대권 투쟁에 뛰어들었다.

그러나 조순은 그간 쌓아 온 좋은 이미지를 한순간에 무너뜨리고 말았다. 조순의 '정치실험 1개월' 은 '3김 뺨친다' 는 평가를 받았다.[나] 조순은 97년 10월 8일 『한국논단』의 '대통령 후보 사상검증 대토론회' 에서 실망스러운 행태를 보인 데 이어, 영남지역 유세에서는 "경상도가 가는 곳으로 우리나라가 간다"며 지역주의를 부추기는 행태마저 보였다. 그래도 지지율이 오르질 않자 11월 이회창과 손을 잡고 이회창은 대권 후보, 자신은 신한국당 총재 자리에 오르게 된다.

가) 유시민은 2003년 10월 20일 딴지일보 김어준과의 인터뷰에서 노무현과의 관계에 대해 다음과 같이 말했다. "유시민씨 시간 좀 내주이소. 예, 내지요. 그래서 가면 중국집에서 점심 먹고 나서 한 네 시간씩 물고 늘어져요. 네 시간씩 물고 늘어지는데 뭘 물고 늘어지느냐면 자기가 잘 이해를 못하는 정책적인 문제에 관해 가지고 특히 경제정책. 나 같으면 독일 갔다 중간에 들어오니깐 사회적 시장경제는 뭐냐? 그게 사회주의하고는 어떻게 다르냐? 그게 우리나라 시스템하고는 어떻게 다른 거냐? 미국하고는 왜 다르냐? 이런 거 가지고 하는 거라. 뭐에 관심 있다 그러면 내가 준비해 가 가지고 오후 내내 세미나를 하는 거야. 둘이 앉아 가지고."
나) 유창선, 〈3김 뺨치는 조순의 정치 실험 1개월〉, 『말』, 1997년 10월, 80~83쪽.

자세히 읽기

이석현 명함 파동

1997년 8월 15일 전 천도교 교령이자 평통 자문위원, 국민회의 고문인 오익제가 북한에 망명하는 사건이 벌어졌다. 오익제는 평양으로 들어가기 전 8월 4일 미국 로스앤젤레스에서 쓴 〈나의 독백〉이라는 글에서 "북에 두고 온 아내와 딸에 대한 그리움 때문에 북한으로 갈 결심을 했다"고 밝혔다.

북에 두고 온 딸 오천녀에게 보내는 편지 형식으로 된 5쪽 분량의 〈나의 독백〉에서 오익제는 "아버지는 연어와 같은 미천한 생명의 회귀 본능에서 여생이 많지 않은 지금, 기왕에 죽으려면 고향을 찾아 사랑하는 너의 어머니도 만나 보고 고향 땅에 묻히고 싶다"고 밝혔다. 그는 이어 "그리운 고향 땅을 밟아 보고 사랑하는 처자식을 만나만 보면, 언제 죽어도 여한이 없을 것 같다"면서 "특히 지금 고향에서는 홍수가 나고 가뭄이 겹쳐 기아에 허덕인다고 하는데 더 주저할 것이 없이 굶어죽어도 같이하고 싶을 뿐"이라고 말했다.

오익제는 3년 전 북의 딸로부터 편지를 받고 "너의 어머니에 대한 그리움과 죄책감 그리고 고마움과 부끄러움과 착잡한 마음 가눌 길 없었다"고 밝히고 "서울의 처자식을 생각하면서 한편 고향의 처자식에 대하여 한층 더 깊은 그리움을 금할 수 없는 이중인격의 자신이 부끄럽다"고 말했다. 그는 북의 딸에게서 편지를 받은 뒤 방북을 결심하고 통일원에 방북허가 신청을 여러 번 했으나 거부당했다고 밝혔다.[가]

며칠 후인 8월 20일엔 이른바 '이석현 명함 파동'이 벌어졌다. 이는 국민회의 의원 이석현이 외국인(중국인)용으로 만든 명함에 '남조선'이

가) 「한겨레」, 1997년 8월 20일, 1면.

문제가 됐던 이석현 명함의 앞뒷면.

라는 글이 들어가 있다는 걸 용공으로 몰아붙인 사건이었다. 신한국당은 "남조선이라는 호칭은 북한 공작 요원이나 반한, 친북 인사만 사용하는 것"이라면서 색깔 공세를 취했으며, 대부분의 언론은 기사, 사설, 가십, 만평 등을 총동원해 일주일 가까이 이석현에 대해 융단 폭격을 가했다.

이석현의 명함은 세계 어느 곳에서나 쓸 수 있도록 앞뒷면에 7개 국어로 인쇄돼 있었다. 이석현은 "중국, 베트남 등 한자권 공산국 사람들은 남조선이라고 해야 잘 알기 때문에 이해를 돕기 위해 남조선을 괄호로 부기했다"며 "이 명함을 LA에서 쓸 때 '남조선' 부분을 먹선으로 그어 지우고 썼다"고 밝혔다. 이석현이 이 명함을 사용한 건 아주 오래됐다. 그런데 그게 왜 8월에서야 문제가 됐을까? 당시는 대선 분위기가 무르익은 상황에서 오익제 월북 사건이 터진데다 안양 만안 보궐선거를 앞두고 있었다.

당시 언론 가운데 가장 공격적인 비판을 퍼부었던 신문은 『조선일보』였다. 『조선일보』는 97년 8월 21일자에서 "우리는 명색이 대한민국 국회의원이란 사람이 혹 아무 의식 없이 이런 짓을 저질렀다면 그 무식과 몰상식에 놀라고 이런 사람을 국민의 대표로 뽑은 사실에 수치감을 떨칠수 없으려니와, 혹 그가 고의로 그런 짓을 했다면 그 사상과 그 노골성에 기가 막히지 않을 수 없다"고 보도한 후, 사설에서 "우리를 '남조선'이라 호칭하는 것은 북한이나 친북 성향의 해외 교포들만 한정돼 있다. 이 의원은 대한민국 국회의원으로서의 긍지를 헌신짝처럼 버렸다"고 비난했다. 또 이 신문은 "도대체 국호를 어찌 편의적으로 바꿔서 부를 수 있으며 그것도 왜 굳이 '남조선'이라는 것인지, 국회는 마땅히 이런 무자격 의원의 제명도 불사하는 단호한 징계를 내려야 할 것이다"고 주장했다.

이 사건의 진상은 10개월 후 '안기부 공작'으로 밝혀졌다. 『시사저널』 98년 6월 4일자에 실린 〈정치권과 언론의 '북풍 커넥션': '남조선 명함' 파문은 안기부·구여권 합작품… '조선일보'는 색깔논쟁 초강경 보도〉라는 제목의 기사는 "서울지검이 5월 22일 발표한 '소위 북풍 사건 수사 결과'에 따르면 오익제 편지 공작말고도 지난해 8월 국민회의 이석현 의원의 이른바 '남조선 명함' 파문도 당시 권영해 부장의 지시로 이루어진 북풍 공작의 하나였다는 사실이 확인되었다"고 보도했다.

"검찰에 따르면, 권씨는 지난해 8월 18일 안기부 로스앤젤레스 파견관이 국적을 '韓國(南朝鮮)'이라고 표기한 이 의원의 명함을 입수하자 당시 신한국당 강삼재 사무총장에게 전화해 입수 경위를 설명하고 정치적 활용 방안을 논의했다. 검찰에 따르면, 권씨는 다음날인 8월 19일 당시 임 실장(안기부 102실장)에게 '명함을 신한국당에 전달하고 언론 활용 방안을 강구하라'고 지시했으며, 공안검사 출신인 이사철 신한국당 대변인은 안기부로부터 받은 명함을 공개하면서 '남조선이라는 호칭은 북한 공작 요원이나 반한, 친북 인사만 사용하는 것'이라고 '색깔 공세'를 폈다. 이로써 북풍 사건과 관련해 구안기부 수뇌부와 구여권이 연계된 사실이 처음으로 확인되었다."

이 기사는 또 "북풍 수사 발표에서 드러난 또 다른 중요한 사실은, 구 안기부 및 구여권과 『조선일보』의 커넥션이다. 지난해 8월 '남조선 명함' 파동이 일어났을 때 이 의원은 신한국당과 극우 단체들 그리고 언론 으로부터 가혹하게 응징당했다. 그러나 이는 안기부가 '이 의원의 용공 성을 부각 전파함으로써 8월 15일 오익제 씨의 밀입북으로 야기된 색깔 논쟁을 증폭시켜 국민회의와 김대중 총재를 비난하는 여론을 조성할 목 적으로 언론을 활용'한 데서 말미암은 것이다. 당시 안기부와 여당의 색 깔 공세보다 더 강경했던 것은 『조선일보』였다"고 말했다.

"그런데 이 신문은 이 의원의 외국인에 대한 '과잉 친절'에 대해 '제 명도 불사'해야 한다며 마녀사냥식으로 몰고 간 인상이 짙다. 이 의원은 5월 20일 '언론개혁, 지금이 기회다'라는 주제의 심포지엄 석상에서 자 기가 겪었던 남조선 명함 파문의 경위를 설명하고, '안기부와 여당의 정 치 공작에 놀아난 『조선일보』등 일부 언론이 사실을 제대로 확인하지 않고 왜곡 보도했다'라고 주장했다. 명함 파문 자체가 안기부 북풍 공작 의 일환이었다는 사실을 『조선일보』가 몰랐을 수 있다. 그러나 평소 안 기부 공작 정보에 정통한 이 신문의 정보력에 비추어 볼 때 이것이 안기 부와 신한국당의 합작품이라는 것을 알면서도 색깔 공세를 부추긴 혐의 로부터 자유로울 수 없을 듯하다. 이 같이 추론하는 근거는 이 신문이 평 소에 견지해 온 '국가안보 상업주의' 성향과 이 신문이 안보 상업주의를 뒷받침하는 데 곧잘 인용해 온 '안기부 제공 정보'이다."

제15대 대통령선거 ①

이인제의 독자출마 선언

1997년 8월 27일 경기지사 이인제가 대통령 김영삼과의 단독 오찬회동에서 대선 독자출마와 관련한 자신의 구상을 굽히지 않은 것으로 전해짐에 따라, 여권의 대선구도가 큰 폭의 변화를 겪을 가능성이 더욱 높아졌다.[35]

97년 8월 28일 민주당은 여의도 63빌딩 국제회의장에서 전당대회를 열고 서울시장 조순을 대의원 1,500여 명의 만장일치로 당 총재로 추대했다. 조순은 이날 수락연설에서 "정권교체와 21세기를 향한 새로운 변화의 정치를 열망하는 국민들의 여망이 도도히 흐르고 있다"며 "이 나라 정치판을 새로 짜서 21세기의 위대한 선진조국을 만들겠다"고 밝혔다.

97년 9월 1일 신한국당 고문 박찬종은 김영삼과 청와대 오찬회동을

---

35) 『한겨레』, 1997년 8월 28일, 3면.

1997년 9월 13일 이인제는 기자회견을 갖고 대선 독자출마를 공식 선언하였다.

하는 자리에서 우회적으로 이회창의 '후보 부적격론'을 제기했다. 이인
제와 당내 민주계에 이어 박찬종도 '이회창 때리기'에 가담한 셈이었다.
박찬종은 이날 청와대 회동이 끝난 뒤 기자들을 만나 "이 대표를 도와 달
라"는 김 대통령의 부탁을 받고 "물이 새는 독을 때운다고 괜찮아질 수
있는가", "민심과 순리에 거스르는 일을 어떻게 할 수 있는가"라고 답변
했다고 밝혔다.[36]

97년 9월 5일 자민련 총재 김종필의 내각제 개헌 발언이 나왔다. 그
는 "김영삼 대통령 임기 만료 전에 내각제 개헌을 할 수 있는 시간적 여

---

36) 『한겨레』, 1997년 9월 2일, 4면.

유는 충분하다. 김 대통령이 내각제를 결심하고 선두에 나서 정계개편을 시도하면 협조할 용의가 있다"고 했다. 이 발언 이후 신한국당과의 물밑 교섭이 이루어졌다.[37]

97년 9월 13일 이인제는 독자출마 선언을 하고 나섰다.

"세대교체만이 30년의 낡고 병든 3김 정치구조를 청산하고 신뢰받는 생산적인 정치의 틀을 창조할 수 있습니다. 이 땅에 정치명예혁명을 완수해 국민정치시대를 열어야 한다는 소명감 때문에 출마를 결심했습니다. 경선결과에 무조건 승복하겠다는 약속을 지키지 못해 당원과 국민 여러분에게 진심으로 사죄합니다."

신한국당 당직자들은 '개인 성명'을 통해 격한 반응을 보였다. "경악에 찬 분노와 심한 배신감을 느낀다(강삼재 사무총장)", "정치적 패륜의 길을 택한 배신자다(강재섭 대표정치특보)", "한국 민주주의를 역행시킨 죄인이다(이사철 대변인)"[38]

'대통령의 건강과 세금' · '이인제의 난'

9월 17일 이회창 쪽은 그간 병역기피 의혹을 받아 온 이회창의 큰아들 정연이 지난 15일부터 소록도 나환자촌에서 사회봉사 활동을 시작했다고 밝혔다. 이정연은 그동안 자신의 병역 문제로 아버지가 정치적 곤경에 처하자 사회봉사 활동을 하겠다는 뜻을 밝혔지만 이회창이 반대해 온 것으로 알려졌다. 한 인사는 "측근들 사이에서도 정연 씨의 행동이 여론에 어떻게 비칠지에 대해 의견이 팽팽히 맞섰다"며 "이 대표도 고민 끝에 정연 씨의 뜻을 받아들이기로 했다"고 말했다.[39]

---

37) 동아일보 특별취재팀, 『잃어버린 5년-칼국수에서 IMF까지: YS 문민정부 1,800일 비화 2』(동아일보사, 1999), 262·263쪽.
38) 『한겨레』, 1997년 9월 14일, 5면.
39) 박찬수, 〈정연씨의 소록도 선택/언론 접촉 피해 '잠행'〉, 『한겨레』, 1997년 9월 18일, 5면.

97년 9월 18일 공표된 『조선일보』-한국갤럽 여론조사에서 대선후보별 지지율은 김대중 29.9%, 이인제 21.7%, 이회창 18.3%, 조순 11.6%, 김종필 3.3%였다.

『조선일보』 주필 김대중은 97년 9월 20일자 〈대통령의 건강과 세금〉이라는 제목의 칼럼에서 대통령 후보의 납세 자료 및 건강에 관한 자료를 공개하자고 주장했다. 김대중의 칼럼이 나온 그 다음날로 『조선일보』는 〈대선 새 이슈 건강-납세〉라는 기사를 내보냈다. 그 후 다른 매체들까지 가세하여 후보의 건강 문제가 뜨겁게 달아올랐다.

『한국일보』 편집위원 장명수는 9월 24일자 칼럼 〈이인제의 난(亂)〉에서 "세대교체도 좋고 정권교체도 좋다"며 "그러나 그보다 더 중요하고 시급한 것은 과거의 정치 악습을 가져온 의식의 부패와 폭력성을 청산하는 것이다"고 말했다.

"정권이 바뀌고 인물이 바뀌고 대통령의 나이가 젊어진다 해도 의식이 바뀌지 않는 한 정치 행태가 달라지지는 않는다. 경선에서 선출된 후보의 인기가 자기보다 뒤진다고 해서 경선 자체를 부인하는 사고방식으로 세대교체를 이룬다 한들 무엇이 크게 달라지겠는가. 소신도 원칙도 내팽개친 채 우선 대통령이 되고 보자고 뛰는 사람들이 어떻게 나라를 바꾸겠는가."[40]

9월 30일 김영삼은 이회창에게 신한국당 총재직을 이양했다.

---

40) 이 칼럼은 나중에 신한국당의 선거운동 자료로 활용돼 논란을 빚었다. "한나라당의 전신인 신한국당이 지난 10월 31일과 11월 6일자 당보에 '장명수 칼럼'의 일부 내용을 임의로 삭제하고 자신들에게 유리한 부분만을 발췌, 게재해 장 위원을 비롯한 『한국일보』의 강한 항의를 받았다. '신한국당보'는 특히 11월 6일자에서 장 위원이 신한국당을 비판한 내용을 삭제하고 제목까지 바꿔 달아 저작권 침해 시비마저 불러일으켰다. 문제의 당보가 뿌려진 이후 장 위원에게는 일반 시민들의 항의 전화가 쇄도했으며 국민신당은 장 위원이 『한국일보』를 대표해 신문협회와 방송협회가 공동 주관한 TV 토론회 질문자로 선정되자 장 위원의 자격까지 문제삼았다는 후문. 장 위원은 '당보가 나온 후 신한국당에서 이를 알려와 뒤늦게 글이 실리는 것을 알았다'며 '정치부에서 한나라당에 엄중 항의한 것으로 알고 있다'고 전언." 『미디어오늘』, 1997년 12월 17일.

다시 터진 김대중의 '20억 원+α' 사건

이회창의 지지도가 10%대까지 추락한 뒤 좀처럼 반등 기미가 보이지 않던 97년 10월 7일 신한국당 사무총장 강삼재는 기자회견을 자청해 김대중의 소위 '20억 원+α'의 명백한 증거를 확보했다며 '평화민주당'이라고 배서된 1억 원짜리 자기앞수표의 사본까지 제시했다. 이에 대해 『동아일보』 특별취재팀은 다음과 같이 말했다.

"강 총장의 'DJ 비자금' 폭로는 곧바로 중요한 의문점 하나를 제기했다. 강 총장이 제시한 자료에 담긴 내용은 안기부나 검찰, 국세청 등 국가사정기관이 아니고는 도저히 파악할 수 없는 것들이었기 때문이다. 따라서 여권의 계획적이고 조직적인 '김대중 압박작전'이 시작되는 것 아니냐는 의심을 낳았다. 게다가 강 총장은 김영삼 대통령의 뜻을 정확하게 읽는 김 대통령의 심복이었다. 결국 김 대통령이 폭로의 배후라는 추측이 강하게 제기됐다."[41]

10월 9일엔 신한국당 대변인 이사철이 'DJ 비자금' 제2탄을 터뜨렸다. 그러나 효과는 없었다. 10월 11일 공표된 『중앙일보』 여론조사에서 지지율은 김대중 35.8%, 이인제 27.2%, 이회창 17.8%였다. 10월 14일에는 국회 법사위 국정검사장에서 친인척 비자금 관리자료가 3차로 공개됐으며, 10월 16일 신한국당은 그동안 폭로한 자료를 근거로 대검찰청에 김대중을 고발했다.[42]

10월 14일 이인제가 추진하는 '국민신당'이 대구에서 창당준비위 결성대회를 열었다. 이인제는 이날 인사말을 통해 "보스 중심의 정당·권

---

41) 동아일보 특별취재팀, 『잃어버린 5년-칼국수에서 IMF까지: YS 문민정부 1,800일 비화 2』(동아일보사, 1999), 291쪽.
42) 동아일보 특별취재팀, 위의 책, 294쪽.

김대중은 92년 대통령선거 기간 중에 노태우로부터 20억 원을 받은 사실을 고백하여 정치적 어려움에 처하였다.

력정당의 시대를 마감하고 진정으로 국민들의 염원을 담아 국민을 위해
봉사하는 국민정치시대를 건설해야 한다"며 "국가위기를 극복하고 번영
의 21세기를 열기 위해서는 젊고 용기 있는 지도자가 나서야 한다"고 역
설했다. 창당준비위원장 장을병은 "이번 대선은 우리 역사가 전진과 후
퇴 중 어느 길로 가느냐를 가늠하는 중차대한 선거"라며 "희망찬 미래를
열기 위해 젊고 패기 있는 이인제 후보를 대통령으로 만들자"고 말했
다.[43]

　『중앙일보』 논설위원 권영빈은 97년 10월 17일자 〈'적'은 내부에 있
다〉라는 제목의 칼럼에서 "DJ 지지는 많아야 35% 선이라는 한계를 지

43) 『한국일보』, 1997년 10월 15일, 5면.

닌다. 남은 65%를 두 이씨와 조씨가 나눠선 누구도 35%를 넘을 수가 없다. 해답은 자명하다. 같은 뿌리의 여권 후보 두 사람이 어떤 형태로든 연대하지 않고서는 3김시대 청산은 허공에 치는 메아리일 뿐이다"라고 주장했다.[44]

『중앙일보』 논설실장 송진혁은 97년 10월 22일자 〈후보들은 빨리 결심하라〉라는 제목의 칼럼에서 "후보들은 거취를 빨리 결정해야 한다. 어차피 당선 가능성이 없으면 가급적 빨리 결단을 내리는 것이 옳다. …… 지지율·당의 세력 등 여러 가지 객관적 여건에서 누가 봐도 무망한 후보라면 빨리 마음을 비우는 처신을 보여 주는 것이 옳을 것이다. 만약 신한국당이 이(회창) 후보의 결단을 얻어낼 수 있다면 이인제 후보의 복당과 새로운 전당대회 경선이라는 방법도 생각해 볼 수 있을 것이다"고 주장했다.

김대중 비자금 수사 사건

97년 10월 21일 검찰총장 김태정은 '긴급 기자회견'을 통해 "DJ 비자금 수사를 15대 대선 이후로 유보한다"고 밝혔다. 김태정은 "어느 누구와도 협의하지 않고 검찰이 독자적으로 결정한 것"이라고 했지만, 검찰이 DJ 비자금을 조사하게 되면 선거판 전체가 혼탁해지고 페어플레이가 되지 않는다고 판단한 김영삼의 결단 때문이었다는 설이 유력했다.[45]

97년 10월 22일 이회창은 긴급 기자회견을 갖고 전날에 나온 김대중의 비자금 의혹에 대한 검찰의 수사유보 결정을 정면으로 비판하며 당

---

44) 민주언론운동협의회에서 발행하는 『민주언론운동』(97년 9·10월)은 2개월 만에 한 번씩 뽑는 '최악 칼럼'에 이 칼럼을 선정했다.

45) 동아일보 특별취재팀, 『잃어버린 5년-칼국수에서 IMF까지: YS 문민정부 1,800일 비와 2』(동아일보사, 1999), 294~295쪽.

명예총재인 김영삼의 당적 이탈을 요구하고 나섰다. 이회창은 "당당하게 수사하겠다고 밝혔다가 하루 만에 선거 이후로 연기한 것은 검찰 스스로 국가공기관으로서의 권위와 책무를 포기한 행위이며 3김정치의 압력에 굴복해 구시대 정치의 검은 실체를 감추고자 하는 것이라고 의심받아 마땅하다"고 비난하고 김대중 비자금 의혹에 대한 수사를 거듭 촉구했다. 이회창은 또 "김 대통령은 이번 대통령선거가 그 어느 때보다 깨끗하고 공명정대한 선거가 되도록 엄정관리하겠다고 천명한 만큼 당적을 떠나 공정하고 객관적인 입장에서 이번 선거를 관리해 줄 것을 요청한다"며 김영삼과의 결별을 선언했다.

이회창의 탈당요구에 대해 청와대는 즉각 거부의사를 밝힌 데 이어 당내 민주계를 비롯한 비주류 측이 반발했다. 민주계를 비롯한 당내 비주류는 김영삼과의 결별선언에 대해 "이성을 잃은 처사"라고 강력히 반발하고 이회창의 후보교체를 주장하고 나섰다. 서청원은 당무회의에서 "작금의 어려움은 이 총재의 지도력 부재에서 기인한 것"이라며 "명예총재에게 책임을 미루는 것은 용납될 수 없다"고 말했다.[46]

'김영삼의 사람'이면서도 이회창 체제에서 당 사무총장으로 '김대중 비자금 파일' 폭로 역할을 맡았던 강삼재는 더 이상 마음 고생을 견뎌내지 못해 다음날 사무총장직을 내놓고 "김대중 비자금 폭로는 이 총재 지시로 이뤄졌다"고 밝히고 지역구인 경남 마산으로 내려가 칩거에 들어갔다.[47]

97년 10월 23일 저녁 선대위원장 김윤환을 중심으로 한 범민정계 원내외위원장 61명은 서울시내 한 호텔에서 긴급 회동, '이회창 사수'를 결의했다. 김윤환은 "YS가 당을 위해 뭘 했느냐"며 "YS는 공정한 경선

46) 『한국일보』, 1997년 10월 23일, 1 · 3면.
47) 동아일보 특별취재팀, 『잃어버린 5년-칼국수에서 IMF까지: YS 문민정부 1,800일 비화 2』(동아일보사, 1999), 281~282쪽.

관리 이후 결과를 승복시키는 데 실패했으며 우리가 뭉치면 반드시 역전극을 확신한다"고 김영삼을 강도 높게 비난했다.[48]

같은 날 김수한 국회의장과 신상우, 서석재, 서청원, 김덕룡 의원 등 민주계 중진 9명은 서울 여의도 63빌딩의 한 음식점에서 모임을 가졌다. 김덕룡 선대위원장을 비롯, 박종웅·이신범 의원 등 원내외위원장 24명도 여의도 대산빌딩의 사무실에서 모여 향후 대응책을 논의했다. 민주계가 주축이 된 '반 이회창' 측은 "이젠 후보를 바꿀 수밖에 없다"는 입장을 보였다.[49]

『조선일보』 논설주간 류근일은 97년 10월 25일자 〈신한국당의 갈림길〉이라는 제목의 칼럼에서 신한국당의 내분에 대해 안타까워하면서 "그러나 정작 더 중요한 것은 이러다가 나라가 어떻게 될 것이냐 하는 것이다. 세상에 북한을 앞에 둔 사람들이 안에서 이렇게 척을 지고 싸워도 괜찮은 것인가. 미국이 북한에 들어가고 중국이 북한과의 '혈맹'을 끊지 않겠다고 하는 가운데 미국·중국 정상들은 지금 동북아시아 지형을 어떻게 다시 짤 것인가를 의논하리라는 소식이다"면서 다음과 같이 주장했다.

" '내가 대통령 안 돼도 좋으니 제발 대한민국은 깨지지 않았으면 좋겠다'고 말하는 후보는 정말 없을까? 그런 후보만 있다면 그 사람이야말로 진짜 큰그릇이고 대통령 감인데. …… 그런데 이런 가장 확실한 대통령 되는 비결을 왜 그렇게 모른다는 것인지 참으로 안타깝고 답답할 따름이다."

---

48) 왜 김윤환은 김영삼에게 등을 돌린 걸까? 김윤환은 "알다시피 나는 김 대통령의 킹메이커였다. 그러나 김 대통령은 집권 후 한번도 나와 상의한 일이 없다. 정치적인 일이든 뭐든 적어도 형식적이나마 나와 협의한 적이 없다. 내가 당대표였을 때도 그랬다. 그게 섭섭했다. 그리고 내가 지금껏 이렇게 구걸하다시피 해 가며 정치하기는 처음이다. 돈이 없어 친구들에게 구걸하다시피 했다. 킹메이커를 이렇게 대접해도 되는 거냐? 민주세들은 이땠나? 정말 이런 수가 있는 거냐?'라고 말했다. 이용호, 『권력의 탄생』(새로운사람들, 1997), 21쪽.
49) 『동아일보』, 1997년 10월 24일, 4면.

DJP연합, 이회창의 김영삼 공격

1997년 10월 27일, 김종필은 밤늦게 청구동 자택을 찾아온 김대중에게 이른바 'DJP(DJ+JP) 후보단일화'를 약속했다. 김영삼과의 제휴론이 불발로 끝나자 김대중과 손을 잡은 것이었다.[50]

『중앙일보』 뉴미디어본부장 김영배는 10월 29일자 〈DJP연합—두 김 야합?〉이라는 제목의 칼럼에서 "3김정치가 연장되고 내각제 개헌이 되면 YS도 득 보는 쪽일 것이다. 그러나 그가 진정 정치 개혁을 이루고자 한다면 3김정치 청산의 돌파구를 뚫는 역할을 해내야 할 것이다. 구정치의 폐습을 솔직하게 인정하고 구세력의 역할 종료를 선언해야 할 것이다. 그것은 YS의 탈당과 정치적 중립 선언으로 시작될 수 있을 것이다"고 주장했다.

『조선일보』 주필 김대중은 97년 11월 1일자에 쓴 〈'3김'으로 보낸 33년〉이라는 제목의 칼럼에서 자신의 33년 기자 인생이 "3김으로 인해 찌들고 퇴색하고 재미없어졌다"고 주장했다.

11월 3일 김대중과 김종필은 단일화 합의문 서명식을 갖고 '여야 간의 정권교체를 위한 새정치국민회의, 자유민주연합의 대통령 후보단일화 등에 관한 합의문'에 서명했다. 다음날엔 박태준이 자민련에 입당했다. 이후 이 세 사람의 나이가 모두 70대임을 들어 '쓰리 세븐(7·7·7)'이라는 비아냥이 나오기도 했다.

11월 4일 국민신당은 서울 올림픽공원 펜싱경기장에서 중앙당 창당대회 및 제1차 전당대회를 갖고 이인제를 대통령 후보로 선출했다. 국민신당은 또 이만섭 전 국회의장을 당총재로, 장을병 의원을 최고위원으로

---

50) 동아일보 특별취재팀, 『잃어버린 5년—칼국수에서 IMF까지: YS 문민정부 1,800일 비화 2』(동아일보사, 1999), 263쪽.

1997년 11월 3일 김대중과 김종필은 단일화 합의문 서명식을 갖고 '여야 간의 정권교체를 위한 새정치국민회의, 자유민주연합의 대통령 후보단일화 등에 관한 합의문'에 서명했다.

각각 선출했다. 이인제는 후보수락 연설을 통해 "국민신당은 국민의 마음을 담아 권력을 창출하는 정당이 될 것"이라며 "세대교체를 통한 진정한 세대통합과 국민통합을 이룩할 것"이라고 말했다. 이인제는 "낡은 가치와 질서에 집착하는 정치인들이 내각제를 매개로 과거로 돌아가려 하고 있다"고 말하고 "국민의 신성한 주권을 유린하는 이들의 야합이 현명한 국민을 결코 속이지 못할 것"이라며 DJP연합을 비난했다.[51]

　　11월 4일 신한국당의 대구 필승결의대회에서 김윤환과 강재섭은 연사로 나서 이인제의 배후가 김영삼이라면서 김영삼을 직접 공격했다. 11월 6일 포항에서 열린 신한국당의 경북지역 필승결의대회에선 '국민'이란 이름을 단 마스코트가 '03'이란 마스코트를 마구 내려치는 퍼포먼스가 연출되었다. 신한국당 대구·경북 의원과 당직자들은 "TK를 짓밟은 YS

51)『한국일보』, 1997년 11월 5일, 1면.

에게 보복해 줄 사람은 이회창뿐이다"라는 논리를 폈다.[52]

DJP연합 논쟁

『한겨레』 논설위원 정운영은 97년 11월 4일자 칼럼에서 새정치국민회의를 "정권을 잡기 위해 무슨 짓이라도 하려는 정당"으로 규정하면서 DJP의 "밀실 결탁이 자행할 '무슨 짓'은 권력 배급에서 내각제 개헌까지 어지럽기 한량없다"고 비난했다.

『중앙일보』 논설실장 송진혁은 97년 11월 5일자 칼럼을 통해 "DJP가 집권에 성공한다고 해도 그것이 곧 3김 청산과 세대교체라는 국민적 염원이 해소된 것으로 볼 수는 없다"며 "21세기엔 21세기에 가장 적합한 인물이 나와야 하고 그런 인물을 굳이 양당 테두리 안에서만 찾아야 한다는 법도 없다"고 주장했다.

반면 고려대 교수 최장집은 『신동아』 97년 11월호에 기고한 글에서 민주세력 중 DJP연합을 비판하는 사람들의 논리에 대해 "주장의 핵심은 정권교체가 진보적인 것, 발전적인 것을 담아야 한다는 것이다. 이들에 의하면 최고의 가치가 정권교체라고 한다면 그것은 형식 논리에 지나지 않으며 DJP연합에 의해 더 보수적인 정부가 수립되는 것은 아무 의미가 없을 뿐만 아니라 오히려 여당이 그대로 집권하는 편이 낫다는 비판이다"며 다음과 같이 말했다.

"이러한 비판에도 불구하고 DJP연대가 비난의 대상만은 될 수 없는 면이 존재한다. 한국은 민주주의 경험이 일천하고, 정당정치의 저발전과 서구와 다른 정치문화의 영향 또한 간과할 수 없기 때문이다. 한국의 정당정치는 아직 정책과 이익의 조직화를 중심으로 활성화되지 못했다. 지

---

52) 박철언, 『바른역사를 위한 증언: 5공, 6공, 3김시대의 정치비사 2』(랜덤하우스중앙, 2005), 522~523쪽.

역동질성, 지역정서, 대의명분 등의 영향력은 다소 약화되는 추세에 있지만 여전히 강력한 영향력을 갖고 있다. 이 때문에 강력하게 존재하지도 않는 정책이나 이념 대결을 상정하고 정당 간 연대를 불온시하는 것은 정당정치의 발전에 긍정적으로 기여하기보다는 정치불신과 냉소주의를 강화시킬 가능성이 있다."[53]

이회창과 조순의 연합

1997년 11월 7일 신한국당 명예총재인 김영삼 대통령은 "엄정한 대선 관리와 국정수행에 전념하겠다"며 신한국당을 탈당했다. 신우재 청와대 대변인은 "김 대통령은 정치권이 청와대를 정권 쟁탈전에 끌어들이고 청와대와 대통령 비방을 득표전략에 악용하고 있는 여러 행태에 대해 강한 불쾌감을 표시했다"고 전했다.[54]

바로 그날 저녁 신한국당 이회창 총재와 민주당 조순 총재는 여의도 63빌딩에서 전격 회동, 당 대 당 통합원칙에 합의했다. 이회창과 조순은 회동에서 "3김정치를 청산하고 정치혁신을 주도해 깨끗한 정치, 튼튼한 경제를 이뤄나갈 건전 정치세력 형성을 위해 힘을 모으기로 했다"고 밝히고 △당 대 당 통합 △권력 나눠먹기식 DJP연합 반대 △새로운 당명과 당헌·당규 제정 △3김정치 청산을 위한 범국민추진위원회 구성 등 4개항의 합의문을 발표했다.

이회창과 조순은 공동선언문에서 "3김정치를 연장시키고 나라를 혼란에 빠트릴 무원칙한 권력 나눠먹기식 DJP연합에 단호히 맞서고 총체적 위기에 빠진 경제를 살리기 위한 구국적 차원에서 우리는 자신을 비우는 상호 양보의 원칙 아래 이번 대통령선거에 임한다"고 밝혔다.

---

53) 최장집, 〈이합집산의 정치〉, 『신동아』, 1997년 11월, 88~93쪽.
54) 『한국일보』, 1997년 11월 8일, 1면.

1997년 11월 13일 이회창 신한국당 총재와 조순 민주당 총재가 후보단일화 합의문에 서명하였다.

민주당은 대혼란에 빠졌다. 마포당사에서 열린 서울지역 지구당 위원장 회의에선 "신한국당과의 물밑접촉을 조 총재의 아들이 했다는데 그렇다면 김현철과 뭐가 다르냐", "5·6공세력이 득실대는 신한국당이 건전세력이냐" 등등의 비난이 잇따라 터져 나왔다.[55]

일부 당직자와 지구당 위원장들은 "당내 공식 의결을 거치지 않은, 조 총재의 일방적 선언"이라며 원천무효를 주장했다. 현역의원 11명 가운데는 이부영 부총재와 권기술 원내총무, 이수인, 이미경, 김홍신 의원 등 5명이 합당을 반대했다.[56]

일부 언론은 조순이 자신이 3개월 전 "성은 이씨지만 습성은 3김과 그대로"라고 혹평했던 이회창과 손을 잡았으며, 합당은 경기고 및 가족 인맥을 중심으로 가동된 밀실 회동의 결과 이루어진 '연대' 또는 '야합'

---

55) 『서울신문』, 1997년 11월 8일, 1·6면.
56) 『서울신문』, 1997년 11월 10일, 4면.

이라고 보도했다.[57]

장명수의 생각, 이문열의 생각

『한국일보』 97년 11월 12일자 '장명수 칼럼'은 "판단중지"라는 제하에 "지난주 칼럼에서 소위 DJT연대의 문제점을 지적했지만, 이회창·조순의 연대도 석연치 않다. 그들은 '깨끗한 정치, 튼튼한 경제'라는 발빠른 새 슬로건으로 지지율을 끌어올리면서 3김청산을 외치고 있는데, 우선 그들이 언제부터 3김청산의 소신을 갖게 되었는지, 그 이유는 무엇인지 분명치 않다"고 말했다.

"조순 씨는 불과 2년 전인 95년 김대중 씨의 권유와 지원으로 서울시장이 될 수 있었고, 이회창씨 역시 크고 작은 갈등이 있었으나 김영삼 대통령과 손을 잡고 오늘에 이른 사람이다. 그들이 어느 날 갑자기 3김청산을 외치는 것은 아무리 선거전략이라 해도 국민이 마음속 깊이 동감할 수 있는 처사는 아니다. 이회창 씨가 5·6공세력에 둘러싸여서 김영삼·김대중 청산을 주장하는 것은 더구나 설득력이 없다. 두 김씨는 군사독재에 맞서 민주화 투쟁을 한 사람들인데, 어떻게 5·6공세력으로 그들을 극복하고 대치한단 말인가. 호랑이를 잡으러 호랑이 굴에 들어갔다는 주장을 다시 펼 생각인가."

소설가 이문열은 『조선일보』 97년 11월 12일자 〈까마귀 날자 배가…〉라는 제목의 칼럼에서 청와대의 국민신당 창당자금 지원설에 대해 이야기하면서, "공직자 재산등록 때 밝혀진 이인제 후보의 재력으로 막대한 창당자금을 감당하기 어렵다는 것은 불 보듯 뻔하고, 그래서 거기서도

---

57) 박제균, 〈이 丆 연대 문제점: 'DJP 그렇게 욕하더니…'〉, 『동아일보』, 1997년 11월 14일, 4면; 조한규, 〈'이-조 연대는 가족 야합'〉, 『세계일보』, 1997년 11월 15일, 5면; 김주선, 〈'이회창-조순 연대' 뒤엔 이런 내막 있다〉, 『일요신문』, 1997년 11월 16일, 12면.

그가 믿는 것이 무얼까 국민들은 궁금했다. 그런데 주머니돈 꺼내 쓰듯 아무 잡음 없이 창당이 끝나자 의심은 절로 청와대로 돌아가지 않을 수 없었다"고 주장했다.

"이번에 문제가 된 주장이 낭설에 불과할지라도 그게 국민 일반의 그 같은 의심에 편승하고 있다는 점은 주목할 만하다. 옛말에는 또 '오얏나무 아래서는 갓을 고쳐 쓰지 않고 외밭에서는 신발 끈을 다시 묶지 않는다' 는 게 있다. 하지만 불행히도 청와대는 갓도 고쳐 쓰고 신발 끈도 다시 묶은 격이 되었다. 특별담화와 뒤이은 국무회의가 강경한 부인을 대신했지만 그걸로 모든 것이 다 해명되었다고 믿어서는 안 된다. 어떤 외국인의 말에 따르면 우리 국민은 지난 수십 년의 격동기를 거치면서 국내 정치에 관한 한 모두가 정치평론가 수준에 올라있다고 한다. 그 중에는 진작부터 신한국당의 경선 이후에 벌어진 일련의 사태를 단수 높은 정치지도자의 기발하기는 하지만 한편으로는 신물나고 역겹기까지 한 정치 술수로 의심하고 관찰하는 사람도 있음을 알아야 한다."[58]

한나라당의 탄생

1997년 11월 13일 신한국당 이회창 총재와 민주당 조순 총재의 합당 서명식과 공동기자회견이 열렸다. 두 총재가 2장씩 나눠 읽은 4장짜리 '이회창 · 조순 후보단일화 선언문' 은 "합당절차를 통해 통합된 당의 대통령 후보는 이회창 신한국당 총재로 하고, 조순 민주당 총재는 통합당

---

58) 그러나 이 칼럼은 자신이 지지하는 조순을 밀기 위한 것이었다는 의혹을 받을 만했다. 이문열은 이미 1997년 9월 조순에 대한 지지의 뜻을 밝혔기 때문이다. 이와 관련, 『세계일보』 97년 9월 18일자는 다음과 같이 보도했다. "민주당 조순 총재의 한 측근은 17일 …… 우리 시대 대표적 작가인 이문열씨가 민주당 조순 총재를 적극 돕겠다는 의사를 피력했다고 말했다. 이씨는 추석인 16일 소설가 여러 명과 함께 봉천동 자택으로 조 총재를 찾아와 하루 종일 머물며 여러 얘기를 나눴는데, '조 총재를 적극 돕겠다' 는 의사를 피력했다고 조 총재의 한 측근이 전했다." 그러나 그 후 조순의 '거품 인기' 가 빠지면서 한 자리 수 지지율로 전락할 때까지 이문열은 굳게 침묵했다. 그러다가 신한국당과 민주당이 합당을 한다는 소식이 알려지자마자 이문열은 즉각 그 문제의 칼럼을 썼다. 이거야말로 까마귀 날자 배 떨어지는 꼴이었다.

대선후보 이회창, 김대중, 이인제 간의 TV 3사 합동 토론회 모습.

의 총재직을 맡아 함께 제15대 대선을 승리로 이끌어 깨끗한 정치, 튼튼
한 경제를 이룩해 나간다"고 밝혔다.[59]

97년 11월 15일 세 후보 간의 TV 3사 합동 토론회가 끝난 직후 실시
된 한국갤럽의 여론조사에선 김대중 34%, 이회창 24.4%, 이인제 23.7%
로, 이회창이 이인제를 처음으로 앞서기 시작했다. 일주일 전인 11월 8일
『조선일보』−MBC−한국갤럽의 합동 여론조사에선 김대중 35.7%, 이인
제 28.0%, 이회창 21.4%였다.[60]

97년 11월 21일 민주당과 합친 신한국당은 한나라당으로 당명을 바꿨
다. 11월 22일 한국갤럽은 3일간에 걸쳐 실시한 여론조사 결과를 발표했
다. 이는 선거 개시일 전 허용된 마지막 발표로 김대중 33.1%, 이회창
28.9%, 이인제 20.5%였다.[61]

59) 『국민일보』, 1997년 11월 13일, 6면.
60) 박철언, 『바른역사를 위한 증언: 5공, 6공, 3김시대의 정치비사 2』(랜덤하우스중앙, 2005), 523, 528쪽.
61) 박철언, 위의 책, 528쪽.

'대통령 후보 사상검증 대토론회'

1997년 10월 8일 방송 3사는 월간지인 『한국논단』이 주최한 '대통령 후보 사상검증 대토론회'를 7시간 동안 내내 텔레비전으로 생중계했다. 이 토론회는 김대중 국민회의 총재에 대해선 집중적으로 용공 의혹을 제기하고 이회창 신한국당 총재와 조순 민주당 총재에 대해선 노골적 지지를 보내 논란을 빚었다.

이 토론회의 사회자는 『한국논단』의 발행인이자 편집인인 이도형이었다. 토론자들이 김대중 총재에게 집요하게 용공 혐의를 씌우려다 실패하면 이도형이 끼어들었다. 그는 "김 총재의 말은 그럴 듯해서 국민들이 잘 넘어간다"느니 "그러나 그럴 듯하면서도 어딘가 이상하다"느니 "내가 납득할 수 있게 설명해 보라"느니 "나는 아직 설득이 안 됐다"느니 하는 발언을 했고, 토론회를 끝내면서도 그는 "이것으로 사상 검증을 다 받았다고 생각하면 곤란합니다"라고 말했다.

이 토론회에선 자민련 김종필 총재도 사상 검증의 대상이었다. DJP연합 때문이었다. 젊은 시절 좌익 전력이 있어서 기본적으로 정서가 통하기 때문에 DJP연합을 하는 건 아니냐는 질문이 나왔던가 하면, DJ와의 연합을 겨냥해 조선노동당과도 연립할 수 있단 말이냐는 질문까지 나왔다.

토론회는 점심시간 이후에 계속되었다. 점심시간 중에 시청자들의 빗발치는 항의가 있었다는 이야기를 들은 이도형은 이회창 신한국당 총재의 토론회를 시작하면서 이렇게 말했다.

"사회자가 불공정하다는 시청자들의 지적과 항의가 있었습니다. 그런데 『한국논단』은 북한의 조선노동당이 제일 싫어하는 잡지 중의 으뜸입니다. 조선노동당에 동조하는 사람들에겐 편파적으로 보일 수도 있을 겁니다. 그러나 대한민국 체제를 지키기 위해 대통령 후보들의 반공 이념을 검증해야 한다고 믿는 사람들은 편파적이라고 생각하지 않을 겁니다. 제 스타일대로 밀고 나가겠습니다."

사회자와 토론자들은 이회창에 대해선 180도 달라진 논평을 선보였다. "이회창 총재의 발언이 마음에 듭니다", "기조 연설을 듣고 처음으로 분명한 대북자세를 가진 후보가 있구나라고 느꼈습니다", "이 총재님의 성격으로 보아 자제분들의 병역 문제에 법적 하자가 없으리라 확신합니다."

민주당 조순 총재는 『한국논단』에 찬사까지 바쳤다. "자유민주주의의 수호를 위해 헌신해 오신 여러분과 함께 검증 토론회를 갖게 되어 뜻깊다"느니 "거짓말하고 사상검증 안 된 자가 대통령이 될까 봐 국민들은 떨고 있다"는 등의 말을 했다. 조순은 이런 발언으로 높은 점수를 얻어 사회자로부터 "점수를 밝히면 공정성에 문제가 있는 것 같아 밝히진 않겠지만 사상 문제가 제일 없는 것 같다"는 칭찬을 들었다.

이 토론회를 관람한 정지환은 "97년 10월 8일, 한국의 민주주의는 능욕당했다"고 말했다.[가] 한국 민주주의뿐만 아니라 한국 방송도 스스로 능욕을 당했다는 주장도 제기되었다.[나] 이와 관련, 『시사저널』은 다음과 같이 보도했다.

"토론회를 주최한 『한국논단』에 따르면, 애초에 방송 3사는 중계 요청을 거절했다고 한다. 그런데 '무슨 연유에서인지' 막바지에 마음을 바꿨다는 것이다. 이에 대해 청와대 · 안기부 압력설, 방송 3사 사장단 합의설 등 온갖 추측이 난무하는 가운데 한국기자협회 · 방송 3사 노조가

가) 정지환, 〈한국논단 사상검증 토론회 관람기: 97년 10월 8일, 한국의 민주주의는 능욕 당했다〉, 『말』, 1997년 11월, 52~59쪽.
나) 백승권, 〈밀썽 빚은 한국논단 '사상검증 토론회' : 극우세력 7시간 동안 방송점령〉, 『미디어오늘』, 1997년 10월 22일, 3면; 김창석, 〈토론이 아니었다, 농락이었다: 생방송 대접받은 마녀사냥 '대통령 후보 사상검증 대토론회'〉, 『한겨레21』, 1997년 10월 23일, 26~27면.

한국논단이 주최한 '대통령 후보 사상검증 대토론회'는 많은 문제점을 드러냈다.

토론회를 방영한 배경을 밝히라고 촉구하고 나섰다."^{다)}

　참여연대 사무총장 박원순은 『한국논단』을 고소했으며, 방송 3사도 고소하겠다고 했다.^{라)} 시청자들의 항의 전화는 물론이고 시민단체와 언론노조의 격앙된 비판이 쏟아져 나왔다.

　"오늘 하루 종일 진행된 '대선후보 사상검증 대토론회' 생방송을 지켜보며 우리가 살고 있는 자유민주주의 체제에 대해 깊은 회의를 갖게 되었습니다."(시민단체 공동성명서)

　"한마디로 이번 토론회는 토론을 빙자한 극우 파시스트 세력의 야당 및 민주화세력에 대한 테러였고 국민들에 대한 협박이었다."(언론노련)

다) 김은남, 〈방송 3사 '사상검증 토론회' 생중계: '최악의 토론' 알고도 강행,〉, 『시사저널』, 1997년 10월 23일, 10면.

라) 박성준·박원순, 〈인터뷰: '한국논단' 고소한 '참여연대' 박원순 사무총장/ '방송 3사도 고소하겠다'〉, 『시사저널』, 1997년 10월 23일, 36~37면.

"비상식적인 일개 극우집단의 매카시즘적 사상몰이에 아까운 방송 전파를 낭비하도록 압력을 가한 자는 누구인가."(KBS 노조)

"극우 패권집단의 선전·선동지에 불과한 일개 잡지가 대선후보 토론회를 개최할 자격이 있는가."(KBS 보도제작국 뉴스 PD 일동)

MBC 노조는 〈정신병자가 '사상'을 검증한 생중계: 용공몰이 말장난 방송사 이미지 먹칠〉이라는 제목의 『노조특보』를 통해 그 전말을 보도하면서 "또다시 모욕당할 수 없다: 대선후보 토론회 중계 똑바로 하라"는 제목의 성명서를 발표했다.

"우리는 『한국논단』이라는 시대착오적인 '극우 패권주의자', '극우 파시스트'들의 집단이 우리 사회에서 당당하게 존재한다는 사실이 서글플 뿐이다. 게다가 공영방송이라고 자처하는 MBC가 이러한 집단의 선전장으로 전락하여 철저히 농락당한 것에는 심한 모욕감을 느낀다. 도대체 이런 저질의 함량 미달 토론회가 어떤 기준 아래 생방송으로 중계될 수 있었단 말인가? 우리는 이번 토론회가 비록 방송사 주최의 토론회가 아니었더라도 이것이 전파를 통해 전국의 시청자들에게 그대로 전달되었다는 점에서 방송사에도 책임이 있다고 믿는다. 따라서 우리는 이번 생중계 방송이 잘못됐음을 국민 앞에 사과하고 다시는 이런 일이 되풀이되지 않도록 제도적 장치를 만들어 공개할 것을 요구한다. 이것만이 국민의 방송으로서 앞으로의 대선 보도를 떳떳하게 할 수 있는 길이며 특히 공영방송 MBC의 위상을 지킬 수 있는 유일한 방법이다."

'6 · 25 이후 최대 국난': IMF 구제금융 신청

부정하기 바빴던 경제위기론

96년 7월 1일 코스닥이 시작되면서 97년에 이르러 '강남 불패' 신화
는 정점에 이르렀다.[62] 그 정점의 파탄은 97년 1월 한보사태로 드러나기
시작했다. 한보사태는 금융공황을 터뜨리는 뇌관 역할을 했다. 한보가
금융기관에 안겨 준 부실채권은 6조 원이었지만, 신용경색 현상이 나타
나면서 연쇄효과로 재벌들이 줄줄이 무너지기 시작했다. 97년 3월 삼미,
4월 진로, 5월 대농과 한신, 7월 기아, 11월 해태와 뉴코아, 12월 고려증
권과 한라가 무너졌다.[63]

사회 일각에선 경제위기론이 대두되기도 했지만, 한보사태가 난 뒤에

---

62) 코스닥(KOSDAQ: Korea Securities Dealers Automated Quotation)은 미국의 나스닥시장을 벤치마
킹하여 96년 7월 주식장외시장을 조직화한 증권시장으로, 고부가가치 산업인 지식기반 중소 · 벤처기업에
게 장기 · 안정적인 자금을 공급하고 투자자에게는 고위험 고수익의 투자기회를 제공하기 위한 것이다.
63) 최용식, 『경제역적들아 들어라』(자인, 2001), 67~68쪽.

도 보수와 진보 진영을 막론하고 모두 경제위기론을 부정하기에 바빴다.

『조선일보』는 97년 3월 8일부터 '한국 경제 위기 아니다' 라는 기사를 내보내는 것을 시작으로 내내 경제 위기 가능성을 부정했다. 9월 11일자는 "한국 경제, 대기업 부도 견딜 수 있다"고 했고, 9월 18일자도 "한국 경제 위기 아니다"고 했다.[64]

『창작과 비평』 97년 가을호 좌담은 '한국 경제의 활로를 모색한다' 는 주제로 7월 4일에 이루어졌다. 이 좌담에서 전문가들은 모두 '위기론' 을 부정했다.

서울대 경제학과 교수 정운찬은 "안타까운 것은, 사회 일각에서 한국 경제위기론을 펼치고 있다는 것입니다"라며 "경제가 어려운 것은 사실이지만 위기라고 진단하는 것은 조심해야 하지 않나 생각합니다"라고 했다.

한국노총 기획조정국장 이정식은 "한국 경제가 현재 처한 상황을 보면 한마디로 구조적인 요인과 경기적인 요인이 결합된 것이라고 생각되는데, 위기라고 보기는 어려울 것 같습니다"라고 했다.

재정경제원 제1차관보 안병우는 "정부가 이 상황을 위기로 인식하고 그런 표현을 하고 강조했다는 데 대해서는 오해가 있는 것 같습니다. 정부는 결코 위기라는 표현을 스스로 쓴 일이 없고, 이 상황을 위기로 보고 있지도 않습니다"라고 했다.

사회를 맡은 인하대 경제학과 교수 김대환은 "96년에 들어서면서 갑자기 위기론이 나왔단 말예요. 합리적인 설명이나 논리보다는 단정적이고 극적인 규정이 사회적으로 먹히는 분위기가 있는 거죠"라고 했다.[65]

64) 최용식, 『경제역적들아 늘어라』(사인, 2001), 65~66쪽.
65) 〈좌담: 한국 경제의 활로를 모색한다〉, 『창작과 비평』, 1997년 가을, 8~12쪽.

국가개조론에만 몰두한 경제부총리

　대부분 경제위기를 부정했고, 국민은 OECD 회원국 국민다운 자세로 외화를 다루었다. 97년 7~8월 여름 휴가철에 해외여행(유학·연수 포함) 경비로 쓴 돈만 15억 3,000만 달러였다.[66]

　97년 3월 5일에 취임한 부총리 겸 재경부장관 강경식은 국가개조론에만 사로잡혀 있었다. 그는 외환 문제는 아랑곳하지 않고 '21세기 국가과제'라는 보고서와 비디오까지 만들어 10월부터 30개 지방도시를 순회하는 지방강연회에 나섰다. 『한국경제신문』 외환대란 특별취재팀은 그 모습을 다음과 같이 기록했다.

　"당시 열기를 내뿜기 시작하던 대통령선거전을 방불하는 강행군이었다. 지방의 관료들과 재계 인사들이 강 부총리의 말씀을 듣기 위해 억지 춘향식으로 동원됐고 재경원 측에서는 경제정책국장을 비롯한 간부들이 대거 동원돼 지방출장을 다녔다. 지방에 따라서는 버스투어도 계획됐다. 부총리는 이 도시 저 도시를 순회하기 위해 버스를 타고 다녔다. 버스 안에서 도시락을 먹어가며 강연회를 밀어붙였다."[67]

　이에 대해 강경식은 자신의 '환란 일기' 10월 12일자에 다음과 같이 썼다.

　"조간신문에 경제 난제를 제쳐두고 한가하게 강연이나 하러 다닌다는 비난성 글이 실렸다. 또 청와대 비서관들과 현지에서 올라오는 보고가 '선물도 없이 무엇하러 내려왔느냐'는 비판성이라고 한다. 정부의 정책을 두고 시비를 가릴 일이지, 시간을 어떻게 보내는가를 두고 왈가왈부하는 것은 상식 밖의 일이다. 업무 지장 유무는 내가 판단할 문제다."[68]

---

66) 정창영, 『IMF 고통인가 축복인가』(문이당, 1998), 265쪽.
67) 외환대란 특별취재팀(정규제·김성택), 『이 사람들 정말 큰일내겠군: 실록 외환대란』(한국경제신문사, 1998), 353~354쪽.
68) 강경식, 『강경식의 환란일기: IMF 관리 체제 이후 최초의 환란보고서』(문예당, 1999), 144쪽.

『강경식의 환란일기』 책 표지.

10월 28일 강경식은 국회 답변에서 금융가에 나도는 '금융 대란설'에 대해 "한국 경제는 펀더멘털(기초)이 튼튼하기 때문에 문제가 없다"고 답했다.

언론도 마찬가지였다. 11월 들어서도 언론은 '위기론'을 부정하기에 바빴다. 훗날 『한겨레21』은 〈무식한 언론에 책임을 묻는다: 언론개혁 없이 경제회복도 없다〉는 제목의 표지 기사를 다음과 같이 시작했다.

"'경제위기감 과장 말자(중앙일보, 11월 1일치 사설)', '경제 비관할 것 없다(조선일보, 11월 3일치 기고)', '외신들의 한국 경제 흔들기(동아일보,

11월 10일치 사설)' …… 'DJ의 양심수론(조선일보, 11월 2일치 사설)', '국민신당 청와대 자금지원(중앙일보, 11월 5일치 1면)', '김대중 씨의 양심수 석방론(동아일보, 11월 2일치 사설)' …… 이것이 한국 언론의 현실이다. 경제위기로 한국 경제가 침몰하기 시작하던 시점인 지난해 11월 초 국민들은 언론에서 위기의 징후를 발견하지 못한 대신 대통령 후보를 둘러싸고 벌어지는 '이상한 양심수 논쟁'을 지켜봐야 했다."[69]

11월 21일 IMF행 결정

김영삼이 강경식으로부터 "최악의 경우 IMF에 갈 수도 있다"는 보고를 받은 건 11월 5일이었지만, "그러나 아직도 대통령의 관심은 주가폭락 등 정치적이고 대중적인 문제에 쏠려 있었다."[70] 그로부터 9일 후인 11월 14일 한국 경제의 IMF행이 결정되었고, 이틀 후인 11월 16일 IMF 총재 미셸 캉드쉬 일행이 비밀리에 입국해 한국인 이름으로 서울 강남구 삼성동 인터컨티넨탈호텔에 들었다. 이들은 강경식과 한국은행 총재 이경식으로부터 한국의 외환상황에 대해 브리핑을 받았다. 이경식은 300억 달러를 요청했고, 캉드쉬는 대통령 후보들의 동의서를 요구했다.[71]

11월 19일 오전 11시 통상산업부장관 임창열이 신임 부총리로 임명되었다. 오후 5시 임창열은 금융대책을 발표했다. 20일 안기부가 서울대 명예교수 고영복 간첩사건을 발표하기 때문에 하루 일찍 앞당긴 발표였다. 기자들은 "IMF에 지원을 요청할 계획은 없느냐"고 물었지만, 임창열은 "필요하다면 검토하겠다"고 답했다. IMF 측은 깜짝 놀랐다. 이미

69) 송현순, 〈무식한 언론에 책임을 묻는다〉, 『한겨레21』, 1998년 2월 12일, 50면.
70) 동아일보 특별취재팀, 『잃어버린 5년-칼국수에서 IMF까지: YS 문민정부 1,800일 비화 2』(동아일보사, 1999), 219쪽.
71) 동아일보 특별취재팀, 위의 책, 221~224쪽.

16일에 IMF행을 약속해 놓고 한국 정부가 딴소리를 하고 있었기 때문이다.

어찌된 일이었을까? 업무 인수인계가 이루어지지 않았다. 김영삼은 임창열에게 임명장을 주면서 "IMF행을 잘 챙겨보라"고 지시했을 뿐 당일 발표해야 한다는 말은 하지 않았다. 강경식은 "물러난 사람이 신임 부총리에게 어쩌고저쩌고 얘기하는 것은 주제넘은 일로 생각"해 부총리 경질 통보를 받고는 바로 집으로 가버렸다.[72] 『한국경제신문』 외환대란 특별취재팀은 강경식에 대해 다음과 같은 평가를 내렸다.

"강 부총리팀은 환투기 세력과 국가의 명운을 걸고 싸워야 하는 '절박한 순간' 들을 모두 국내 정치가들과 싸우는 데 고스란히 갖다 바쳤다. 1997년 위기의 한국 경제를 관리했던 사람이었다기보다는 자신이 80년대부터 꿈꾸어왔던 개혁 프로그램을 펴는 데 더 많은 정열을 쏟았고 '외환위기를 오히려 국내 개혁을 가속화하는 좋은 기회(강 부총리의 일기)'라고 생각했으니 과연 누구를 탓할 것인가?"[73]

11월 21일 대선후보들의 동의를 받기 위한 청와대 모임이 열렸다. 이회창은 "나라 살림을 어떻게 했기에 이 지경이 된 겁니까"라고 역정을 냈고, 김대중은 "필요하다면 가야지요"라고 담담하게 반응했다. 김영삼이 캐나다에서 열리는 아시아태평양경제협력체(APEC) 정상회의 참석을 위해 출국하기 하루 전날 열린 이날 회동에서 이회창은 "오늘의 경제위기는 대통령이 책임을 져야 한다. 이런 상황에서 APEC에는 왜 가느냐"고 몰아붙였다는 이야기도 나왔다.[74]

---

72) 동아일보 특별취재팀, 『잃어버린 5년-칼국수에서 IMF까지: YS 문민정부 1,800일 비화 2』(동아일보사, 1999), 225~227쪽.
73) 외환대란 특별취재팀(정규제 · 김성택), 『이 사람들 정말 큰일내겠군: 실록 외환대란』(한국경제신문사, 1998), 202쪽.
74) 동아일보 특별취재팀, 위의 책, 227~228 · 300~301쪽.

임창열은 IMF 지원요청 계획을 이날 밤 10시 50분 발표했다. 이날 밤 신문사에는 "IMF가 도대체 무엇이냐?"는 시민들의 전화가 빗발쳤다.[75] 한국 정부의 IMF 구제금융 신청은 나중에 '6 · 25 이후 최대 국난'의 시작으로 불려졌다.

대선후보들의 각서 제출

1997년 11월 28일 IMF 협상단이 서울에 도착했다. 12월 3일 아침 서울을 다시 방문한 캉드쉬는 청와대로 들어가 김영삼에게 시장경제에 대해 장황한 설명을 늘어놓았다. 그는 청와대를 나와선 "한국은 믿을 수 없으니 대통령 후보들이 모두 IMF 협상 결과를 받아들인다는 각서를 자신에게 제출하라"며 대통령 후보들을 한자리에 모아달라고 요구했다. 오전 내내 이 문제가 쟁점이 되었다.

재경부차관 강만수의 증언에 따르면, "김 대통령이 대안을 냈다. 대통령 후보들로부터 각서를 받되 IMF에 제출하는 형식은 문제가 있으니 IMF가 아닌 자신에게 내는 형식으로 하면 되지 않겠냐는 것이었다. 3일 오후 내가 직접 서류를 들고 공항으로, 당사로 후보들을 찾아 뜀박질해가며 각서를 받았다."[76]

이날 저녁 10시 임창열과 이경식이 공동 서명한 이행각서가 세계 언론이 지켜보는 가운데 캉드쉬에게 전달되었다. TV를 통해 협상 타결 소식을 들은 수많은 시민들이 신문사 편집국으로 전화를 했으며, 언론은 이날을 '국치일'이라고 썼다.

75) 외환대란 특별취재팀(정규제 · 김성택), 『이 사람들 정말 큰일내겠군: 실록 외환대란』(한국경제신문사, 1998), 153쪽.
76) 외환대란 특별취재팀(정규제 · 김성택), 위의 책, 227쪽.

캉드쉬 IMF 총재가 지켜보는 가운데 자금지원을 받기 위한 의향서에 서명하고 있는 임창렬 경제부총리와 이경식 한은 총재.

『한국경제신문』 외환대란특별취재팀은 IMF와의 협상은 사실상 미국과의 협상이었으며 "우리나라가 구제금융의 대가로 추진하기로 약속한 이행계획에는 통상적으로 IMF가 요구했다고 보기에는 이상한 조건들이 많았다"고 했다.

"한은법 개정이나 금융감독기구 통합법도 그렇지만 IMF와는 아무런 관계도 없는 조건들도 많았다. 수입선 다변화 제도나 무역 관련 보조금 폐지, 수입승인제 폐지, 수입증명절차의 간소화 등이 그런 항목들이다. ······ 이런 이상한 이행조건들은 우리가 위기에 직면해 IMF와 시간을 다투는 협상을 하고 있다는 점을 기화로 미국과 일본이 끼워 팔았던 것들이다."[77]

---

77) 외환대란 특별취재팀(정규제 · 김성택), 『이 사람들 정말 큰일내겠군: 실록 외환대란』(한국경제신문사, 1998), 227~228쪽.

또 『한국경제신문』 외환대란특별취재팀은 "결국 한국의 경제관료들은 마지막 1년 동안 '큰 정책과 큰 그림' 만을 쫓아다녔다. 작은 정책들은 늘 의식적이건 무의식적이건 도외시되고 무시되었다. '국가를 근본적으로 개조해야 한다' 는 과대망상적 집착은 강 부총리와 그를 지지하는 일단의 관료들을 끝까지 물고 늘어졌다"며 다음과 같은 결론을 내렸다.

"말하자면 1997년 한국 경제를 주물렀던 경제관료들은 누구랄 것 없이 모두가 근본주의자(펀더멘털리스트)들이었다. 그런 점에서 그들은 정신적으로 미숙아들이나 다를 바 없었다. 하룻밤에도 공화국을 몇 개씩 세웠다 부수었다 하는 그런 '청년의 방법론' 을 고집한 결과였다. …… 취재과정에서 일부 전문가들은 정권 말기에 원론주의자(래디컬)들을 기용한 것 자체가 근본적으로 잘못된 것이었다고 말하기도 했다. 이는 김 대통령을 두고 하는 말이었다. 역시 용병술이 문제였다."[78]

그러나 강경식은 여전히 자신이 옳다고 믿고 있었다. 모든 걸 정치인 탓으로 돌린 그는 자신이 직접 정치인이 되기로 마음먹었다. 그는 훗날 검찰에 압수된 자신의 비망록(98년 1월 작성)에서 "오는 2000년 국회의원 선거에 대비해 새로운 당을 만들고 자신은 5년 후에 대통령선거에 출마하는" 계획을 밝혀놓기도 했다.[79]

IMF 사태의 원인

김용환은 IMF행이 결정된 1997년 11월 21일을 "1910년 경술국치와 1950년 6 · 25전쟁 중 군사작전권을 미군에 넘긴 사건과 더불어 민족 수

---

78) 외환대란 특별취재팀(정규제 · 김성택), 『이 사람들 정말 큰일내겠군: 실록 외환대란』(한국경제신문사, 1998), 343 · 345, 376쪽.
79) 외환대란 특별취재팀(정규제 · 김성택), 위의 책, 355쪽.

치를 온 국민에게 안겨 준 날"로 규정했다.

"IMF로부터 구제금융을 긴급 지원받지 않으면 모라토리움(지불유예)을 선언해야 할 정도로 국가가 부도사태에 직면하였고 결국 김영삼 정부는 나라 경제권을 IMF의 관리하에 넘겨주어야 했다. 앞의 두 사건이 국민들이 모르는 사이에 몇몇 정치가의 손에 의해 저질러진 것과 마찬가지로 경제적 종속 역시 국민에게 실상이 제대로 알려지지 않은 채 숨겨져 오다가 졸지에 당한 꼴이 되었다. 대통령은 말할 것도 없고 대통령선거에 나선 세 후보들조차 IMF 총재에게 불려가 각서를 써야 했을 정도로 수모를 당했다. 이것은 단지 대통령과 그 후보들만의 수치가 아니었고 온 국민이 당한 수모였다."[80]

김용환은 김영삼 정권 5년의 국정운영은 이미 93년 정권의 출발부터 예견되었다고 했다.

"세계화 이데올로기는 국민을 호도하는 속임수였다. 세계화는 일반 국민들에게 조기영어 교육열을 더욱 부채질하고 무분별한 해외여행으로 내몰았다. 1994년부터 출범한 WTO 체제는 국제무역 환경의 질적인 변화를 초래했다. 이에 대한 국민홍보와 대비책도 마련하지 않은 채 WTO의 요구를 수용한 한국 경제는 이미 실패를 잉태하고 있었다. 문민정부라 일컬어지던 김영삼 정권의 무지와 무능은 국민을 착각 속에 빠뜨렸을 뿐이다. 국민소득 1만 달러의 환상은 호화 외국여행을 부추겼고 해외송금의 자유화, 해외 부동산의 매입 장려 등 외화의 해외유출을 방조했다."[81]

박길성도 김영삼 정부의 세계화는 열망적이고 구호적인 수준에서 벗어나지 못했으며, 그런 어설픈 세계화가 정책으로 집행되면서 외환위기는 이미 예약돼 있었다고 말했다.[82]

---

80) 김용환, 〈위기의 한국 사회를 위한 실천적 제안〉, 『사회비평』, 1999년 봄, 150쪽.
81) 김용환, 위의 글, 155~156쪽.
82) 박길성, 『한국 사회의 재구조화: 강요된 조정, 갈등적 조율』(고려대학교출판부, 2003), 4~5쪽.

IMF 구제금융 신청은 IMF 사태로 불려졌다. IMF 사태의 직접적 원인은 유동성 위기였다. 동남아시아가 위기에 빠지자 외국 투자자들은 국내에서 대출 회수에 혈안이 되었다. 97년 10월부터 12월, IMF 구제금융을 받기까지 모든 투자자들이 한국의 대출에 대해 이자와 원금을 모조리 갚을 것을 요구했으며, 일본 투자자들은 11월 한 달 동안 70억 달러나 인출해 갔다.

김진일은 "한국의 외환위기는 준비되지 않은 자본자유화로 지식과 기술이 부족했던 금융기관들이 동남아시아 시장에 잘못 투자함으로써 예견된 것이었다. 동남아시아 시장의 투자는 동남아시아 국가들이 외환위기로 큰 손실을 입은 뒤에 국제투자자들이 앞 다투어 그들의 투자를 회수한 것으로 이어졌고, 한국은 외환위기의 상황에 봉착한 것이다"고 분석했다.[83]

IMF 사태는 부동산 투기 중심의 기업활동과도 무관치 않았다. 우성, 건영, 진로, 삼미, 기아, 동아건설 등 여러 그룹들이 땅 때문에 부도를 냈는데, 바로 이런 비정상적인 기업활동이 "자승자박의 자산 디플레이션 현상을 일으켜 수치스런 IMF 사태를 불러온 것"이었다는 진단도 나왔다.[84]

IMF 환란 당시 대통령 경제수석비서관으로 강경식과 더불어 IMF 환란에 대한 주요 책임자로 지목된 김인호는 "우리나라의 외환위기는 정확히 이야기하면 국가부도라기보다는 기업과 금융의 부도였다. 당시 정부가 스스로 지고 있는 대외 채무는 불과 20억 달러에 불과했다"고 항변했다.[85]

83) 김진일, 〈자본자유화와 외환위기〉, 이찬근 외, 『한국 경제가 사라진다』(21세기북스, 2004), 51쪽.
84) 김정호, 〈땅부자의 흥망〉, 김형국 편, 『땅과 한국인의 삶』(나남, 1999), 296쪽.
85) 김인호, 〈끝나지 않은 외환위기: 왜곡된 진실과 아이러니〉, 박관용·이충길 외, 『공직에는 마침표가 없다: 장·차관들이 남기고 싶은 이야기』(명솔출판, 2001), 209~210쪽.

손호철은 "사실 여러 실정에도 불구하고 하나회 해체로 상징되는 군에 대한 문민통제와 전두환, 노태우 구속 등 YS의 업적도 많다"며 "그러나 임기 말의 경제위기로 YS는 '한국 경제를 망쳐 먹은 대통령'이라는 오명을 벗어날 수 없게 됐다"고 주장했다.[86]

'졸부의 예견된 몰락'?

한국이 IMF 관리 체제에 들어갔다는 발표가 나오자, 영국의 한 유력 일간지는 '졸부의 예견된 몰락'이라고 비꼬았다. 박영규는 그런 표현은 곧 국내 언론에서도 그대로 사용되었고, 많은 식자들이 그 표현을 빌리며 비통한 얼굴로 자책하는 말들을 쏟아 놓았지만, 어느 누구도 한국인에게 '졸부'라는 표현을 붙이는 것이 옳은 것인지 되묻는 사람은 없었다고 꼬집었다. 그는 졸부란 갑작스럽게 부자가 된 사람을 의미하며, 그것도 자신의 노력과 관계없이 그야말로 횡재한 경우를 일컫는데, 이게 과연 오늘날 한국인을 지칭할 수 있는 표현이냐고 항변했다. 그는 "단언컨대 한국인을 벼락부자라고 표현하는 것은 어불성설이며, 근거 없는 비난이며, 추잡한 욕지거리이며, 국가 모독에 다름 아니다. 한국의 과거를 아무리 살펴봐도 벼락부자가 된 흔적은 없다"고 주장했다.

"오늘날 한국이 누리고 있는 대단치 않은 부(富)는 피와 고통과 눈물의 대가다. 조선의 망국과 일제에 의한 국토 유린이 모두 세상을 제대로 알지 못한 데 원인이 있다고 판단한 우리 아버지, 어머니들은 영양실조에 시달리면서 자식들을 교육했다. 다시는 나라 잃은 설움을 겪지 않겠다고, 가난과 무지로 손가락질받는 민족이 되지 않겠다고, 어금니를 깨물며 반백 년을 살았다. 덕분에 겨우 가난을 면하고, 약간의 경제적 여유

---

86) 손호철, 〈김영삼과 노무현〉, 『한국일보』, 2006년 4월 17일, 30면.

를 누리게 되었다. 그런 한국인에게 졸부라니, 정말 가당치 않는 소리요, 망발이다. 피와 눈물과 한으로 가난을 극복한 사람들을 향해 졸부라고 부르는 것보다 심한 욕이 어디 있단 말인가."[87]

IMF 사태는 '믿을 수 없는 정부와 공공영역'이라는 한국인의 기존 신앙을 강화시켰고 기존 가족주의를 심화시키는 결과를 초래했다. IMF 난국을 돌파하기 위한 과정에서 기존 빈부격차는 더욱 심해졌으며, 또 그래서 내 자식을 잘 교육시켜야 할 필요성은 더욱 커졌다. 악순환의 연속이었다. 최준식은 이렇게 개탄했다.

"현금의 우리나라 교육 환경에서 가장 문제되는 것을 한마디로 표현한다면 내 새끼 위주의 무한경쟁 체제이다. 다른 집 아이가 성적을 비관해 숱하게 떨어져 죽어도 교육 현실을 바꾸려는 생각보다는 내 새끼만 죽지 않으면 된다고 생각하는 게 한국인이다. 한국의 어머니들의 지상목표, 아니 자신의 인생을 실현하는 고유의 수단은 새끼가 공부 잘해 좋은 대학에 들어가는 것밖에 없는 것처럼 보인다. 고3 학생들을 자식으로 둔 어머니들을 대상으로 한 조사에서 85% 이상이 어떤 수단을 쓰든 내 자식만 좋은 대학에 들어가면 된다고 하는 결과가 나온 것이 그것을 말해준다."[88]

---

87) 박영규, 『특별한 한국인: 박영규의 속 시원한 우리역사, 우리문화이야기』(웅진닷컴, 2000), 17~18쪽.
88) 최준식, 〈한국 사회의 종교: 현 상황과 그들이 해야 할 일을 중심으로〉, 국제한국학회, 『한국문화와 한국인』(사계절, 1998), 121~122쪽

제15대 대통령선거 ②

'경제 살리기' 운동

1997년 11월 21일 IMF 구제금융 신청 이후 선거전은 '경제 살리기'로 돌아섰다.

11월 23일 이회창은 조순과 함께 '비상 경제 선언'을 발표했다. 25일 이회창은 "집권하면 온몸을 던져 경제를 살려내겠다. 경제를 발목 잡고 있는 규제를 대폭 철폐해서 기업 하기 좋은 나라를 만들겠다"고 역설했다.

김대중 측은 이회창이 "IMF의 구제금융과 APEC 참가를 반대"했다며 그의 행보를 '정략적 행위'라고 비난하는 동시에 '한나라당=국가부도당'으로 규정하고, '1당원 1달러 모으기 운동'을 전개하고 나섰다.

이인제는 '경제 살리기 버스투어'를 하면서 소비 10% 절감, 저축 10% 증대 등을 촉구했다. 그는 또 "경제를 살립시다, 나라를 살립시다"라는 전단을 배포하면서 시민들에게 '경제의병운동' 참여를 호소했

달러 모으기 운동에 동참하는 시민들.

다.[89]

11월 29일 국민신당은 "『중앙일보』가 한나라당 이회창 후보의 선거운동을 돕고 있음을 입증하는 『중앙일보』 내부 보고서를 이 신문 내부 제보자로부터 입수했다"면서 A4용지 4장 분량의 보고서 사본을 제시했다. 이에 『중앙일보』는 "이회창 후보 진영에서 설왕설래된 내용을 신한국당 출입기자가 정보보고 차원에서 수집해 작성한 것"이라고 해명했다.

이에 『한겨레』는 "『중앙일보』는 11월 4일 국민신당이 창당하자마자 '청와대 지원설' 등 옛 신한국당과 국민회의 쪽의 근거 제시가 약한 주장을 연일 1면 머리기사로 보도함으로써 '이인제 죽이기'와 '이회창 살리기'를 꾀했다며 국민신당으로부터 언론중재위에 제소당한 바 있다. 또 이회창 후보가 이인제 후보에게 뒤진 여론조사 결과를 묵혀 두었다가 두

---

89) 전태일을 따르는 민주노조운동연구소, 『경제대공황과 IMF 신탁통치: 과학적 인식과 주체적 대응을 위하여』(한울, 1997), 123~124쪽.

후보의 지지율 순위가 바뀌자 '이회창 대약진'이란 제목으로 한꺼번에 보도하기도 했다"며 『중앙일보』의 해명에 강한 의문을 표했다.[90]

오익제 편지 사건

12월 5일 국가안전기획부는 월북한 전 천도교 교령 오익제가 11월 말 국민회의 김대중 총재에게 사신을 보냈다며 법원에서 압수수색영장을 발부받아 수사에 나섰다. 안기부는 영장청구이유서에서 "오씨가 김 총재에게 보낸 편지가 지난달 말 서울 양천구 목동 국제우체국에 도착했으며 이 편지에는 평양우체국 소인이 찍혀 있고 북한 우표가 붙어 있다"면서 "오씨의 월북 경위와 월북 관련자 수사에 대한 단서가 될 수 있을 것으로 판단해 압수할 필요가 있다"고 밝혔다.[91] 국민회의는 이를 조작이라고 반박했다.

12월 6일 국가안전기획부의 대공수사실장 고성진은 "오익제 편지 사건은 정치적 음모"라고 국민회의 쪽이 주장한 데 대해 기자회견을 열어 편지 전문을 공개하면서, 오익제 월북사건과 관련해 김대중에 대해서도 의혹과 심증을 갖고 있다고 주장했다. 고성진은 편지에 "서울을 떠나기 전에 여러 번 전화를 하면서도", "미국에 와서 편지를 선생님께 보냈는데", "지난번 선거 때 모든 것이 여의치 못하여 저에게 보내주신 양해의 편지에서도", "선생님께서도 이북의 영도자와 합의하여 통일을 성취하겠다는 소신을 표명하였다는 것을" 등 오익제 월북사건과 김대중의 관련성을 의심케 하는 대목들이 담겨 있다고 주장했다.[92]

이에 대해 국민회의는 "김영삼 대통령이 북풍을 이용해 이회창 한나

---

90) 박창식, 〈'언론-권력 유착' 비판 거세질 듯〉, 『한겨레』, 1997년 11월 30일, 5면.
91) 『동아일보』, 1997년 12월 6일, 2면.
92) 『한겨레』, 1997년 12월 7일, 19면.

라당 대표를 도우려 하고 있다"며 "국민은 경제 파탄의 책임자인 김 대통령과 권영해 안기부장의 이 후보 당선 돕기를 엄중히 심판할 것"이라고 주장했다. 대변인 정동영은 "안기부가 법을 어기면서까지 수사 기밀 사항을 언론에 낱낱이 공개한 것은 수사행위가 아니라 김 후보에 대한 색깔론을 부추기기 위한 정치행위이자 선거운동"이라며 "안기부의 선거 개입에 대한 책임 추궁을 분명히 해 나가겠다"고 말했다. 국민회의·자민련 공동선대회의 의장 김종필은 이날 기자회견을 열어 "국민은 김 대통령과 한나라당이 북풍을 이용해 정권을 재창출하려 할 경우 김 대통령의 남은 임기마저 보장되지 못하는 상황이 초래될까 우려하고 있다"고 주장했다.[93]

'조선일보의 후안무치'

『조선일보』 논설주간 류근일은 1997년 12월 6일자 칼럼 〈IMF를 넘어서…새로운 리더십을 창출하자〉에서 "오늘의 시련은 왜 왔는가? 한마디로 정치 지도력의 빈곤과 무지와 혼매 탓이다"며 "지도자가 24시간 어떻게 하면 미운 사람 골탕 먹이고, 내 권좌나 강화하고, 내 '식구'들 요직에 갖다 앉히고, 내 이름이 신문에 크게 나고, 샅바싸움에서 어떻게 기발하게 기선을 제압하느냐에만 온통 신경을 곤두세운다면 그것은 나라 망쳐먹기 딱 좋은 상황이다"고 주장했다. 그는 대통령의 자질을 쭉 늘어놓은 뒤 "법과 질서를 우습게 알아 제멋대로 파괴하는 규칙 위반자들에게는 추상 같은 응징을 주저하지 않는 단호한 인물"이 필요하다며 "대통령 한번 잘못 뽑으면 세상이 거덜난다"고 주장했다.

---

93) 『한겨레』, 1997년 12월 7일, 19면. 훗날 밝혀진 바에 따르면, 이는 안기부장 권영해의 주도하에 벌어진 안기부의 총체적인 '김대중 낙선 공작'의 일환이었다. 『한겨레』, 1998년 3월 9일, 3면; 『한겨레』, 1998년 3월 21일, 7면.

『한겨레21』은 목차 다음에 실리는 '세상보기'라는 코너에 류근일이 92년에 쓴 '정주영 변수'라는 제하의 칼럼과 류근일의 위 칼럼을 대비시켜놓고 〈조선일보의 후안무치〉라는 제하에 다음과 같이 말했다.

"부끄럽다. 그럴 자격만 있다면 이 땅의 언론과 언론인들을 대신해서 망연자실해 있는 국민들에게 무릎꿇고 용서를 빌고 싶다. 나라가 거덜난 것은 순전히 '언론' 때문이었다고. 사회의 공기로서 현실을 제대로 진단하지 못했던 잘못과 5년 전 그때 국민들에게 '잘못된 선택'을 강요하고 이끌었던 원죄를 말이다."[94]

IMF 재협상 논란

김대중은 12월 3일 IMF가 요구한 서약서에 서명하면서 다른 후보들과는 달리 대량실업과 연쇄도산 방지를 위한 추가협상의 의지를 밝히는 공문을 대통령에게 보냈다. 12월 4일 국민회의 정책위의장 김원길은 논평을 통해 "IMF 협상의 기본 틀을 부인하는 것은 아니나 태국·멕시코 등 다른 국가에 비해 지나친 면이 없지 않다"며 추가 협상이 필요하다고 지적했다.

이런 추가협상론에 대해 별말이 없었으나, IMF 지원에도 불구하고 금융시장이 더욱 악화되자 이게 갑자기 선거 쟁점이 되었다. '추가협상'이냐 '재협상'이냐 하는 논란이 인 가운데, 보수 신문과 한나라당은 '재협상'으로 몰고 가면서 김대중을 비판하고 나섰다.

『조선일보』는 97년 12월 9일자 사설 〈'IMF 재협상'의 위험성〉에 이어,[95] 12월 11일자 1면 머리기사 〈정치권 'IMF 재협상' 발언 외화난 악화 부채질〉을 통해 김대중을 비판했다. 11일자 5면에선 논설실장 최청림

---

94) 김종철, 〈조선일보의 후안무치〉, 『한겨레21』, 1997년 12월 18일, 4~5면.

이 "IMF 재협상 운운하면서 국제사회의 신뢰를 손상시키는 발언을 하는 것은 정말 무책임하기 짝이 없다"고 주장했다.[96]

12월 11일 한나라당은 "김대중 후보는 국민 감정에 편승해 IMF와의 재협상론을 끊임없이 주장, 대외 신인도를 크게 떨어뜨려 상황을 더 악화시켰다"고 주장하고 나섰다.

『중앙일보』는 12월 12일자 1면 머리기사로 "국가부도 '발등에 불' IMF 재협상론에 대외신용등급 급락"이라고 때리고 3면에선 "IMF 지원 불구 외국선 '싸늘' : '재협상' 발언까지 겹쳐 신뢰회복 안 돼"라고 때렸다.

『경향신문』까지 나서서 12월 12일자 1면 머리기사로 "IMF 재협상론 외환확보 적신호"라고 했다.

『동아일보』도 12월 12일자 7면에 대외경제정책 연구원장 양수길의 '특별기고: 재협상 발언, 국제신뢰만 훼손'이라는 제하의 칼럼을 실었다.

서강대 교수 손호철은 『중앙일보』 12월 12일자에 쓴 칼럼에서 김대중을 겨냥해 "모 후보가 집권하면 IMF와 재협상하겠다느니 하는 '감언이설만 늘어놓음으로써 국제 시장의 불신을 가속화시키고 위기를 증폭시키고 있다"며 다음과 같이 주장했다.

"국가를 생각한다면 설사 재협상 의지가 있더라도 외환 위기가 어느 정도 진정될 때까지 그 같은 의도를 공개적으로 밝히지 않는 것이 올바른 처신이다. 오죽했으면 외국 언론이 귀와 눈과 입을 막고 현실을 회피

---

95) 그러나 이 신문은 일주일 전인 12월 2일자 〈IMF 한파〉라는 제하의 사설에선 다음과 같이 주장했었다. "지금 우리가 겪고 있는 경제 위기는 자금 순환의 위기이며 신용과 믿음의 위기이기 때문에 은행 융자에 대한 직접적인 통제는 우리 경제의 숨통을 끊는 결과를 빚을까 염려되는 것이다. 정부 당국자와 IMF 측의 추후 협상이 요구되는 대목이다. 경제정책은 그 나라의 특수 사정과 현실을 바탕에 깔고 실시해야 실효를 거둘 수 있다는 점을 설득한다면, 국제적인 금융 위기 해결사 역할을 해 온 IMF도 무리한 정책 권고를 강행하지는 않을지 모른다."

96) 미국의 『워싱턴포스트』지는 1997년 12월 11일자에서 IMF 문서를 『조선일보』가 그대로 보도해 "투자자들의 한국에 대한 의심과 혼란을 결정적으로 부채질했다"고 보도했다. 이 신문은 "이 언론의 보도로 한국의 가용 외환 보유고가 정부가 설명하는 것보다 현저히 낮고 단기 채무는 월등히 높다는 사실이 밝혀졌다"며 "보도가 투자 심리에 큰 타격을 미쳤으며 투자가들도 정보의 보안 체제에 대해서도 의심을 갖게 되었다"고 말했다.

하고 있는 무책임한 정상배들로 묘사하며 힐난했겠는가."

캉드쉬에게 전화를 건 조순

조순은 대선 막판인 1997년 12월 11일 새벽 6시 미셸 캉드쉬 IMF 총재에게 전화를 걸었다. 그는 기자회견을 자청해 "오늘 아침 이뤄진 전화통화에서 캉드쉬 IMF 총재도 '협상의 기본 내용은 재협상의 대상이 될 수 없다'는 점을 강조했다"며 "캉드쉬 총재는 정치지도자들이 재협상 발언을 함으로써 한국의 대외 신인도를 떨어뜨리고 있으며 이것이 한국 금융위기의 기본요인이 되고 있다고 말했다"고 주장했다. 그러나 그는 "재협상 문제를 누가 먼저 꺼냈느냐"는 기자들의 물음에 우물쭈물 명백한 답변을 하지 못했고, 결국 캉드쉬가 직접 그런 언급은 하지 않았다고 털어났다.[97]

국민회의는 "한나라당 조순 총재가 IMF 캉드쉬 총재가 언급하지도 않은 IMF 재협상 불가 발언을 정략적으로 뺑튀기하여 조작했음이 드러났다. 이번 일은 조 총재 인생의 최대 오점이자 이완용의 매국 행위와 비견될 역사적 수치가 될 것이다"고 비판했다.

『한겨레』 정치부장 김효순은 97년 12월 13일자 칼럼에서 조순이 "캉드쉬 국제통화기금 총재에게 전화를 걸어 재협상 발언 때문에 한국 경제가 더 어려워졌다는 '증언'을 받아내려고 애를 쓴 것을 보면 서글픔마저 느끼게 된다"고 했다.

12월 13일 3당 후보는 김영삼과 함께 청와대에서 IMF 협약 이행을 재천명했다. 이 자리에서 이회창은 "후보 중 어느 분의 언동 때문에 문제가 생겼다면 재협상하겠다고 말한 분이 책임지고 사과해야 문제가 해결

---

97) 박제균, 〈캉드쉬와 직접 통화 조 총재 '친분' 과시〉, 『동아일보』, 1997년 12월 12일, 4면; 유상규, 〈캉드쉬 통화한 조순 총재 재협상 벼랑몰이 '뺑튀기'〉, 『한겨레』, 1997년 12월 12일, 5면.

진통 끝에 자금지원협상에 합의한 (왼쪽부터) 이경식 한은 총재, 임창열 부총리, 캉드쉬 IMF 총재. 이후 대선정 국에서 '추가협상'이냐 '재협상'이냐 하는 논란이 일었다.

되는 것이 아닌가?"라고 말했다. 이에 김대중은 "원칙적으로 내 입장은 IMF 합의 사항을 지지하지만 구체적 문제, 보완적 문제에 대해 다시 논의하겠다는 것이다. 언어의 혼선이 있었다. 추가적 협상을 의미하는 것이지 IMF와의 합의를 전면 부인하고 뒤집고 다시 한다는 것은 아니다"고 했다.

이인제는 "IMF 협상 타결 당시보다 지금 무엇이 어떻게 나빠졌는가? 정부가 외환에 문제가 없다고 해 놓고 나빠진 외환 사정의 원인이 정치권에 있는 듯이 말하는 것은 유감이다. 임 부총리, 후보들이 말을 잘못해서 신인도가 나빠졌다는 것인가?"라고 물었다. 이에 임창열은 "특별히 (상황이) 불리해진 것은 없습니다"라고 답했다.[98]

『중앙일보』 논설고문 강위석은 12월 15일자 칼럼에서 "세 유력 대선

후보 가운데 둘은 당선되면 IMF와 이행조건 재협상에 나서겠다는 것을 공약으로 삼아 우렁차게 외쳤다"며 "이런 사람이 당선되면 대통령과 투표자인 국민이 리스트럭처링에 합심해 반대한다는 것으로 비치진 않을까? 이래서 신뢰성은 점점 더 떨어지고 태풍의 힘은 더 강력해지고 있다. 우리는 마침내 국가부도(대외지급 불능) 속으로 침몰하게 되는 것은 아닐까"라고 주장했다.[99]

12월 16일, 이미 외신 기자들을 불러 놓고 캉드쉬에게 했던 식의 발언을 반복했던 조순은 또 국내 기자들을 불러 놓고 "국제금융계 인사들은 만약 김대중 후보가 당선될 경우 한국민들 사이에 IMF와의 재협상에 대한 기대가 다시 확산될 가능성이 있다고 보고 투자를 꺼리고 있다"며 "말을 자주 바꾸는 인물은 국제사회가 결코 신뢰하지 않으며, 신뢰할 수 없는 인물을 대통령으로 선출하면 우리의 대외신인도를 결코 회복할 수 없을 것"이라고 주장했다.[100]

『조선일보』· 『중앙일보』의 활약

1997년 12월 16일 밤 9시 20분경부터 국민신당 당원 500여 명은 서울 중구 태평로 조선일보사 사옥 1층 발송부 앞에서 『조선일보』 17일자 1면의 〈이회창-김대중 선두 각축〉이란 제목의 기사가 자당의 이인제 후보를 배제하고 대선을 양자구도로 몰아가려는 불공정한 보도라며 항의

---

98) 한국일보 특별취재팀, 『대통령과 아들: 실록 청와대-문민정부 5년』(한국문원, 1999), 313~314쪽. 한국일보 특별취재팀은 "협상 주역 임 부총리의 발언은 반(反)재협상론자에겐 의외였다. IMF 초기 권고는 1998년 3월 3·4분기 협의에서 대폭 수정됐다. '재협상론자'의 판단이 옳았던 셈이다. 또 임 부총리의 설명처럼 재협상 자체가 주범이 아니었다. IMF 합의사항의 파장을 예상하지 못한 채 이행하느냐 마느냐만을 놓고 벌인 말꼬리잡기 경쟁이 문제라면 문제였다. 또 재협상론을 지나치게 이슈화한 정치권, 이런 소모전을 조기에 매듭짓지 못한 정부와 언론의 잘못이었다"고 결론내렸다.
99) 그러나 『중앙일보』 1997년 12월 5일자의 사설과 기사 제목들은 "IMF 국치 책임 가려야", "경제 신탁하의 대선 운동", "IMF급전에 무릎꿇은 정치권", " '제2국치일' 울분·침통·불안" 등이었다.
100) 주용중, 〈조순씨, '재협상론' 또 비판〉, 『조선일보』, 1997년 12월 17일, 7면.

시위를 벌였다. 이들은 국민신당 유세 트럭 10여 대를 동원, 1층 발송부 차량 출입구를 봉쇄하고 신문발송 차량의 출입을 저지한 채 구호를 외치고 국민신당 로고송을 부르며 시위를 벌였다.[101]

국민신당 당원들의 항의시위 도중 『조선일보』 주필 김대중이 나타났다. 『기자협회보』는 "어디선가 갑자기 나타난 김 주필은 경찰 병력과 국민신당 당원 사이에서 '너네들 뭐하는 거야'라며 불쾌함을 드러내기 시작했다"고 보도했다.

"취기가 오른 것으로 보인 김 주필은 긴장감이 가득한 군중 사이를 오락가락하다 국민신당 당원들을 향해 또 한번 외쳤다. '너네들, 내일 모레면 끝이야. 국민회의·국민신당 너희는 싹 죽어, 까불지 마', '내일 모레면 없어질 정당이……'라며 한나라당 이회창 후보의 당선을 확신하는 자세를 보였다고 당원들은 전했다. 이에 시위에 참석한 국민신당 당원들은 어이없어 하면서도 '권력감시라는 본연의 자세를 넘어 권력 만들기를 주도하겠다는 『조선일보』의 오만함을 느낄 수 있었다'고 입을 모았다. 국민신당 측은 시위대 앞에서도 당당했던(?) 김 주필의 모습을 사진으로 담아 당내 게시판에 전시했다."[102]

『중앙일보』논설위원 문창극은 선거 당일인 12월 18일자 칼럼 〈10%의 결심을 위해〉에서 유권자들에게 바람직한 투표의 기준을 두 가지 역설했는데, 하나는 명분에 집착하지 말고 자기 이익을 생각하라는 것이고 또 다른 하나는 대내외적으로 신뢰를 회복할 수 있는 인물을 고르라는 것이었다.

"우리는 며칠 전 신용질서의 붕괴가 어떤 사태를 빚어내는가를 눈으로 보았다. 국제적으로는 한국 정부와 정치권을 믿지 못해 외국이 투자

---

101) 이승재, 〈국민신당 조선일보 앞 심야시위/500여명 "기사 불공정" 주장 발송막아〉, 『동아일보』, 1997년 12월 17일, 38면.
102) 『기자협회보』, 1997년 12월 20일.

97년 대선에서 중앙일보는 이회창 후보를 암암리에 지지, 편파보도를 일삼았다.

금을 회수해 가고 내부적으로는 정부와 금융기관을 불신해 예금 인출 사태가 빚어졌다. 공동체에서 신뢰라는 줄이 끊어지고 나면 모든 것이 혼돈에 빠진다는 것을 실감했다. 따라서 이번 투표는 대내외적으로 신뢰를 회복할 수 있는 인물이 누구냐에 초점이 맞춰져야 한다. 선거 결과가 한국에 대한 믿음을 의심하게 만드는 것이라면 우리의 위기는 가속화할 것이다. 결심을 못한 10% 유권자는 누가 나라의 신뢰를 회복시키고 자신의 이익을 지켜줄 것인가를 최후의 기준으로 삼아 투표장에 나가야 한다."

김대중의 대통령 당선

1997년 12월 18일에 치러진 대통령선거는 김대중의 승리로 끝났다. 전국 평균 투표율 80.6%를 기록한 가운데 김대중은 총 유효투표 2,564만 2,438표의 40.3%인 1,032만 6,275표를 얻었으며, 한나라당 후보 이회창은 김대중보다 1.6%(39만 557표)가 적은 38.7%, 993만 5,718표를 얻었으며, 국민신당 후보 이인제는 19.2%인 492만 5,591표를 얻었다.

15대 대선은 충청권에서 승부가 났다. 이회창 후보는 영남지역에서 421만 표를 얻어 95만 표를 얻은 김대중 후보와의 표차가 326만 표였다. 반면 김대중 후보는 호남지역에서 306만 표를 얻어 10만여 표의 이회창 후보를 294만여 표 차이로 따돌렸다. 영남과 호남의 대결에서 두 후보의 표차는 32만 표로 이회창 후보 우위였던 셈이다. 이런 결과는 두 지역의 인구 격차 때문에 나타난 것이다.

그러나 김대중은 텃밭대결에서 뒤처진 부분을 서울·인천·경기 등 수도권에서 벌충했다. 유권자의 45%가 몰린 이 지역에서 김대중은 이회창보다 43만 표를 더 얻었다. 결국 수도권과 영·호남에서는 두 후보가 10만여 표 차에 불과한 박빙의 승부를 벌인 것이다.

이런 가운데 충청지역은 김대중에게 승리를 결정짓는 표를 행사했다. 대전·충남은 김대중에게 이회창보다 35만 표를 더 얹어주었고 충북에서조차 5만 표 이상의 민심이 김대중을 선택했다. 충청지역은 지난 92년 대선에서는 김대중보다 김영삼에게 더 많은 표를 줬었는데 이번에는 반대로 표를 행사함으로써 승부를 갈라놓은 셈이었다.[103]

대한민국 역사상 최초의 평화적·수평적 정권교체였다. 절대적으로 불공정한 환경에서 이룬 정권교체였다. 최장집은 그 어려움을 다음과 같

---

103) 공영운, 〈김대중 시대─대선 득표분석/최종승부 충청권서 갈렸다〉, 『문화일보』, 1997년 12월 20일, 9면.

김대중 대통령 당선에 감격해하는 지지자들.

이 표현했다.

"그동안 여당은 막강한 행정관료조직의 선거개입을 포함하는 국가권력의 영향력, 재벌을 중심으로 하는 재계가 여당에 쏟아 붓는 자금력, 여론을 주도하고 보수적 담화의 구심력을 제공하는 엄청난 언론의 지원을 향유해 왔다. 광범한 관권동원, 천문학적 선거비용의 사용, 지역감정과 색깔논쟁, 이른바 북풍 등은 정재관언(政財官言)의 4자연합이 대선과정에서 추출해 내는 위력을 표현하는 말들이다. 야당이 선거를 통하여 이렇듯 강력한 여당과의 경쟁에서 승리하겠다고 시도하는 것은 마치 풍차에 도전하는 돈키호테의 모습을 연상시킬 정도였다."[104]

12월 20일 대통령 당선자 김대중은 외환위기 극복을 위해 전면에 나서기 시작했다. 그는 대통령 김영삼과 만나 IMF 외환위기 극복을 위한 6가지 항목에 합의했다. 그 핵심은 양측(현 정부와 당선자 측)에서 6명씩 참여하는 경제위원회를 만드는 것이었다.

비상경제대책기구인 12인위원회를 이끈 김용환은 "고집과 자존심으로 평생을 살아온 정치인 김영삼에게는 치욕스러운 양보였다. 김영삼 대통령이 '남은 임기까지 죽이 되든 밥이 되든 내 책임하에 가겠다'고 고집했더라면, 외환위기 극복작업은 많은 난관에 부딪혔을 게 분명하다"고 김영삼을 긍정 평가했다.[105]

대통령선거일 한국의 외환보유고는 39억 4,000만 달러였고, 그마저도 하루에 4~5억 달러씩 줄어들고 있었다. 97년 12월 31일까지 IMF 110억 달러, IBRD(국제부흥개발은행) 30억 달러, ADB(아시아개발은행) 20억 달러 등 총 160억 달러가 입금됐다. 이 구제금융이 없었으면 이날 71억 3,000만 달러의 국가부도가 불가피했다.[106]

---

104) 최장집, 〈1997년 대선과 새 정부의 개혁과제〉, 『사회비평』, 제18호(1998), 108쪽.
105) 김용환, 〈김영삼의 용단, 김대중의 유연성, 국민의 애국심이 국가부도를 막았다〉, 『2006년 한국의 실력』 (월간조선 2006년 1월호 별책부록), 91쪽.
106) 김용환, 위의 글, 92쪽.

『조선일보』 김대중의 영작문 사건

1997년 대선은 언론권력이 정치권력을 창출하고자 하는 시도가 이루어진 '언권선거(言權選擧)' 였다. 그러한 시도가 비록 실패로 돌아가긴 했지만 말이다.

대선 기간 중 국민신당은 일부 신문들의 왜곡 편파 보도를 문제삼아 그들과 격렬한 전쟁을 벌였다. 국민신당을 지지하지 않는 많은 사람들도 국민신당의 주장이 옳다고 믿었다. 언론 3단체와 100명이 넘는 정치부 기자들도 성명을 발표하는 등 일부 신문의 보도 행태를 비판하고 나섰다.

대선 직후 한국기자협회가 전국 기자들을 상대로 한 여론조사에서 92%가 "편파적인 보도를 보인 언론사가 있었다"고 답했는데, 기자들은 이회창 후보 편향으로 『중앙일보』(64%)와 『조선일보』(10%)를 꼽았다. 두 신문사를 한꺼번에 지목한 의견도 20%에 이르렀다.

이 조사에서 한 가지 눈여겨볼 것은 84.7%가 편파보도를 주도한 집단으로 '사주와 경영진'을 지목한 반면 일선기자가 편파보도를 주도했다는 의견은 0%에 지나지 않았다는 점이었다.[가] 이건 과거와 비교하여 놀라운 결과이며, 15대 대선 보도의 성격을 말해 주는 것이기도 했다. 즉, 편집권은 경영진에 완전히 넘어간 것이다. "우리는 자동판매기야. 누르면 바로바로 기사를 쏟아 내야 되잖아"라는 정치부 기자의 자조적인 발언이 그러한 변화를 웅변해 주었다.[나]

그런가 하면 98년 5월 한겨레신문사와 언론노련 · 기자협회 · PD연합회 등 언론 3단체가 실시한 여론조사에 따르면, 언론인 · 언론학자 등 언론 전문가들은 97년 대선보도에서 가장 불공정했던 신문사로 『조선일

가) 『기자협회보』, 1998년 1월 1일, 1 · 3면.
나) 김일, 〈신문, 재벌 · 족벌의 독점소유부터 깨야〉, 『참여사회』, 1998년 10월, 22쪽.

조선일보 김대중 주필의 1997년 12월 24일자 칼럼
〈긴급 제언: 즉각 실천해야 산다〉.

보』(49.0%), 『중앙일보』(43.2%)를 꼽았으며, 일반 국민들의 경우엔 『중앙일보』(40.8%), 『조선일보』(30.3%)의 순으로 나타났다.

『조선일보』와 『중앙일보』의 불공정성에 있어서 이 조사 결과가 앞서 기자협회의 조사 결과와 다른 것은 아마도 『조선일보』는 92년 대선 때부터 '대통령 만들기'에 앞장 선 반면 『중앙일보』의 본격적인 '대통령 만들기'는 97년 대선 때 처음 시도되었기 때문이었을까? 즉, 불공정성은 『조선일보』가 『중앙일보』보다 더 심했을지라도 『조선일보』는 원래 그런 신문이라는 인식에 비추어 『중앙일보』의 불공정성이 더 눈에 띄었을 것이라는 추론이 가능했다. 물론 둘 다 난형난제(難兄難弟)라 할 만큼 불공정 보도와 논평을 하였지만 말이다.

그러나 『조선일보』는 대선 후 그냥 주저앉진 않았다.

『조선일보』주필 김대중은 1997년 12월 24일자에 쓴 〈긴급 제언: 즉각 실천해야 산다〉라는 제목의 칼럼에서 "미국의 언론들은 김대중 당선자를 아직도 의혹의 눈초리로 보고 있다"고 주장했다.

"22일자 『월스트리트저널』은 김대중 당선자를 가리켜 '인기주의자(populist)', '예측하기 어려운(unpredictable) 정치인'이라고 표현하고 그의 경제정책을 '근거 없는(unfounded)' 것으로 보고 있다. 심지어 그의 측근들을 '인기 위주의 국회의원과 좌파 성향의 학자'로 규정하고 있다. 미국 월가의 교과서나 다름없는 이 신문의 이런 성격 규정은 그 사실 여부와 상관없이 김 당선자와 그의 정부 그리고 한국에 대단히 불리하게 작용할 수밖에 없다. 김 당선자는 이 같은 인식을 바꾸어놓아야 한다."

그러나 22일자 『월스트리트저널』엔 『조선일보』 김대중이 주장한 그런 내용이 없었다. 이는 인터넷의 인기 웹사이트 '디지털 딴지일보'가 특종으로 보도한 것으로, 딴지일보는 『조선일보』 김대중이 웬만한 중학생 수준보다 훨씬 못한 영어 실력을 드러내 보이면서 원문에도 없는 걸 지어내는 등 마음대로 작문을 한 엉터리였다고 폭로했다.[다] 그러나 김대중이 워싱턴 특파원까지 했던 경력에 비추어 그건 실력의 문제라기보다는 악의적인 왜곡이라고밖엔 달리 볼 도리가 없는 것으로서 그의 '도덕적 파탄'을 의미하는 것에 다름 아니었다.

그러나 그건 약과였다. 김대중의 대통령 당선의 의미는 그간의 호남 차별에 대한 시정을 내포한 것이었지만, 『조선일보』를 비롯한 언론은 대통령 당선자 김대중에게 '지역감정 해결'을 주장함으로써 사실상 그러한 시정을 시도하지 말 것을 요구하였다. 이는 후일 김대중 정권의 인사(人事)에서 호남 출신이 '제 몫 찾아가기' 수준으로 부상하자 일부 언론이 앞 다투어 '호남 독식론'을 제기함으로써 영남의 지역감정을 부추기는 데에서 적나라하게 나타나게 되었다. 이와 관련, 조기숙은 1997년 대선 직후의 언론 보도에 대해 다음과 같이 말했다.

다) 딴지문화부 기자, 〈김대중, 새로운 영문법 자습서 발간〉, 『사회평론 길』, 1998년 10월, 132~135쪽을 참고할 것.

"재미있는 사실은 (김영삼이 대통령에 당선된) 14대 대선에서 오히려 이번 대선 때보다 지역감정이 더 심했음에도 불구하고 지역격차를 해결하라거나 지역감정을 추스르라는 조언이 단 한 건밖에 발견되지 않았다는 사실이다. 반면에 이번 선거 후에는 모든 신문이 앞을 다투어 김대중 대통령 당선자에게 지역감정을 해결하라고 주문하고 있다. …… 혹자는 언론이 바른 충고를 하고 있다고 생각할지도 모르겠지만 이러한 주문은 김영삼 대통령에게 더 강력하게 제기되었어야 하지 않을까? 이러한 주문은 그동안 기득권자들이 정권교체에서 오는 불안감을 떨쳐 버리기 위한 몸부림으로밖에 보이지 않는다."[라]

　그러나 언론권력의 이후 태도는 그러한 '몸부림' 이상이었다. 김대중 정권은 김영삼 정권도 감당해 내지 못해 굴복했던 언론권력에 역으로 '통제'를 당하는 운명에 처하게 되는데, 이와 관련 훗날 『말』지는 다음과 같이 말했다.

　"'언론을 포함한 기득권층은 많은 자금, 정보, 자료를 확보하고 있는 노회한 사람들로, 이들의 저항이 얼마나 무서운지 실감했다. 국민은 그런 사실을 모른 채 그들의 비판에 휩쓸렸다.' 김영삼 대통령의 비서실장을 지낸 박관용 의원(현 한나라당)이 지난 96년 6월 29일 한국정치학회 세미나에서 한 발언이다. 오인환 전 공보처장관도 97년 7월 『한겨레』 손석춘 기자와의 인터뷰에서 비슷한 고백을 한 적이 있다. '언론을 개혁하기에는 상대의 힘이 너무 컸다. 정부가 반격을 받을 것이 명백했기에 뜻대로 할 수 없었다. …… (신한국당 의원들은) 막상 정간법을 만들자고 하면서도 '방울'을 달겠다고 나서는 사람이 없었다.' 정부 수립 후 대통령과 임기를 함께 한 첫 장관이라는 기록을 남긴 '실세 장관' 조차 언론과 정부의 관계를 '고양이와 쥐'에 비유한 것이다."[마]

라) 조기숙, 『지역주의 선거와 합리적 유권자』(나남, 2000), 227~228쪽.
마) 〈족벌신문 사주집단, 그 허위의 가면을 벗긴다〉, 『말』, 1999년 9월.

전두환 · 노태우 사면

노태우의 비자금 사건 3차 공판이 열린 96년 1월 29일, 노태우는 "피고인은 대통령 재임 중 쓰다 남은 비자금 2,200억 원을 어디에 쓰려고 했는가?"라는 재판장의 질문에 "통일을 앞두고 보수세력과 혁신세력의 대립이 격화될 것이다. 남겨둔 비자금을 이때 나라를 이끌어 가야 할 건전한 보수세력을 지원하는 데 사용하려 했다"고 답했다.

이에 대해 정지환은 "건국 이후 최초로 감옥에 간 '못난' 대통령의 입에까지 오르내릴 정도로 최근 정치권은 보수 논쟁이 한창이다"고 했다. 실제로 '정통보수', '온건보수', '원조보수', '신보수' 등 온갖 종류의 보수가 난무했다.^{가)}

전두환은 96년 2월 26일 자신의 비자금 사건 첫 공판에서 "내가 돈을 받지 않으니 기업인들이 되레 불안을 느껴 투자를 하지 못했다"며 "기업인들은 내게 정치자금을 냄으로써 정치안정에 기여하는 보람을 느꼈을 것"이라고 말했다. 『동아일보』는 "방청석에서 적반하장의 백미라는 칭찬(?)이 쏟아졌다"고 했다.^{나)}

96년 8월 26일 서울지법 형사합의 30부(재판장 김영일 부장판사)는 12 · 12, 5 · 18 1심 선고공판에서 "피고인들의 내란 및 군사반란사실 등이 모두 유죄로 인정된다"며 전두환, 노태우 두 전직 대통령에게 사형과 징역 22년 6월을 각각 선고했다.

96년 12월 16일 서울고법 형사1부(재판장 권성 부장판사)는 12 · 12 및 5 · 18 사건과 전두환, 노태우 전 대통령 비자금 사건 항소심 공판에서 전두환과 노태우에게 무기징역과 징역 17년을 각각 선고했다.

가) 정지환, 〈보수 논쟁의 가면을 벗긴다〉, 『경제정의』, 1996년 봄, 56쪽.
나) 양기대 · 하종대 · 김정훈, 『도둑공화국: 권력과 재벌의 한판 잔치』(동아일보사, 1997), 297쪽.

전국연합 등 재야단체 회원 40여 명이 전두환, 노태우 두 전직 대통령 사면반대 시위를 하고 있다.

    97년 4월 17일 대법원 전원합의체(주심 정귀호 대법관)는 선고공판에서 전 피고인에 대한 검찰의 상고를 기각해 원심 형량을 확정했다. 재판부는 또 노태우 전 대통령에 대해서도 검찰의 상고를 기각해 징역 17년 형을 선고한 원심을 그대로 확정했다.

    재판부는 이날 판결문에서 "우리나라의 헌법 질서 아래서 폭력에 의해 헌법기관의 권능 행사를 불가능하게 하거나 정권을 장악하는 행위는 어떤 경우에도 용납될 수 없다"며 "피고인들의 정권 장악에도 불구하고 결코 새로운 법질서의 수립이라는 이유나 국민의 합의를 내세워 형사 책임을 면할 수는 없는 것"이라고 밝혔다.

    재판부는 이어 검찰과 변호인 양쪽의 상고를 모두 기각해 △황영시 · 허화평 피고인 징역 8년 △정호용 · 이희성 · 주영복 피고인 징역 7년 △허삼수 피고인 징역 6년 △최세창 피고인 징역 5년 △차규헌 · 장세동 · 신윤희 · 박종규 피고인 징역 3년 6월형을 각각 확정지었다.

노태우의 권력형 부정축재 사건과 관련해 1심과 2심에서 특정경제범죄가중처벌법의 뇌물 공여 등 혐의가 인정된 재벌 회장 등도 상고가 모두 기각돼 △김우중(대우) 피고인 징역 2년 · 집행유예 3년 △최원석(동아) 피고인 징역 2년 6월 · 집행유예 4년 △이현우 피고인 징역 4년 · 추징금 6억 1,000만 원 △이원조 피고인 징역 2년 6월 △금진호 피고인 징역 2년 6월 · 집행유예 4년이 각각 확정됐다.

　　97년 12월 20일 김영삼 대통령은 김대중 당선자와의 협의를 거쳐 전두환, 노태우 두 전직 대통령에 대한 특별사면과 복권을 단행하기로 했다고 신우재 청와대 대변인이 발표했다. 김영삼은 또 황영시 전 감사원장을 비롯한 12 · 12 및 5 · 18 사건 관련자 12명, 안현태 전 대통령경호실장 등 전직 대통령 부정축재 사건 관계자 3명, 이양호 전 국방장관과 박은태 전 의원 등 현 정부 출범 뒤 비리사건으로 복역 중인 인사 등 23명에 대해서도 특별사면을 단행하기로 했다.

　　두 전직 대통령은 특별사면과 복권으로 남아 있는 형집행을 면제받게 되었지만 추징금은 사면대상에서 제외됐다. 전두환은 2,205억 원의 추징금이 선고돼 312억 8,697만 원만이 집행됐으며, 노태우는 2,628억 9,600만 원이 선고돼 399억 원만 집행된 상태였다.

신드롬: '박정희'에서 '박찬호'까지

박정희 신드롬

계간 『황해문화』 1997년 가을호 '권두언' 은 "지금 한국 문화는 '신드롬' 으로 들끓고 있다"며 "박정희 신드롬에서 박찬호 · 선동렬 신드롬, 람세스 신드롬 등의 신드롬 속에는 영어회화 신드롬, 이승희 신드롬과 검찰의 만화계 단속이 자리잡고 있다"고 했다.

"이 같은 신드롬의 행진에서 문화의 위기를 진단할 수 있다. 누누이 강조하는 바이지만 신드롬이 없는 사회는 정체된 사회, 닫힌 사회, 그리하여 죽은 사회이지만 신드롬이 꼬리를 무는 사회 또한 건강하지 않다. 신드롬처럼 그 사회의 중심 없음을 드러내는 현상도 많지 않다. 우리는 신드롬이라는 어감에서 '냄비근성' 을 떠올린다."[107]

96년 말 공보처가 조사한 바에 따르면, 박정희는 역사적으로 가장 존

---

107) 〈권두언: 이 중대한 국면을 어떻게 바라봐야 하는가〉, 『황해문화』, 1997년 가을, 6쪽.

경하는 인물로 꼽혔다. 박정희 23.4%, 세종대왕 18.8%, 이순신 14.1%, 김구 10.6%, 안중근 4.3% 등이었다.[108]

97년 3월 『동아일보』 조사에서 '역대 대통령 중 직무를 가장 잘 수행한 대통령'으로는 박정희 75.9%, 전두환 6.6%, 김영삼 3.7%, 이승만 1.9%의 순이었다.[109]

97년 3월 고려대 학보사가 학생들을 대상으로 실시한 여론 조사에 따르면, '복제하고 싶지 않은 인물'에 김영삼이 히틀러(2위)를 누르고 1위를 차지했으며 '복제하고 싶은 인물'엔 박정희가 김구(1위), 테레사 수녀(2위)에 이어 3위를 차지했다.[110]

97년 4월 거의 모든 신문들이 한 젊은 소설가의 소설에 대해 대서특필을 하고 나섰다. 이인화의 『인간의 길』이라는 소설이었다. "작가 이인화가 해부한 '영웅' 박정희의 일대기"라는 어느 신문 기사의 제목이 전하는 바와 같이, 그 소설은 이인화가 자신의 '영웅'인 박정희를 다룬 것이었다.

놀라운 건 그 문제의 소설이 10권짜리로 나올 예정인데 이제 겨우 2권밖에 나오지 않은 시점에서 그런 호들갑이 벌어졌다는 것이었다. 왜 그랬을까? 왜 갑자기 박정희에 관한 이야기가 주목받는 것이었을까?

『인간의 길』 광고 카피는 다음과 같이 주장했다.

"살아서는 온 세상이 놀랄 일세의 인걸로 살고 죽을 때는 귀신도 울만큼 참혹하게 영웅으로 죽으리라", "한 인간의 일생을 통해 불타오른 고독과 우수의 마키아벨리즘", "그는 따뜻한 인간의 마을을 지나쳐 버리며 고독에서 고독으로 걸어갔다. 다른 누구보다도 더 깊이 죄악 속으로, 야수의 발자국이 새겨진 미지의 길을 따라 점점 더 차갑고, 점점 더 결정

108) 윤정국, 〈가장 믿을 수 없는 조직 국회/공보처 4,500명 의식조사〉, 『동아일보』, 1996년 12월 31일, 6면.
109) 김종하, 〈본사-한길리서치 유권자 3,002명 전화조사/대선 여론조사〉, 『동아일보』, 1997년 4월 1일, 9면.
110) 〈고대생 '복제하고 싶은 인물' 설문〉, 『한국일보』, 1997년 3월 18일, 38면.

적인 고독을 향해 나아갔다. 자식들의 앞날을 걱정하는 대신 어떠한 비극을 무릅쓰더라도 가난과 절망에 빠진 한 민족을 위대한 번영으로 이끌기를 열망했다."

이인화의 '박정희 예찬론'

이인화는 소설의 서문격에 해당되는 '작가의 말'에서 이렇게 말했다.
"그는 가장 어려웠던 시대에 태어나 가장 고통스런 세월을 이겨내고 가난과 절망에 빠진 한 민족을 도저히 가능할 것 같지 않았던 번영으로 이끌었다. 죄와 배신과 불의와 타락에 몸을 적시며 결단코 이상을 향해 매진했던 그 고독과 우수의 마키아벨리즘을 이해하면서 나는 비로소 인간이라는 존재에 전혀 있을 것 같지 않았던 힘과 용기를 발견했던 것이다."

이인화는 『인간의 길』에서 자신의 '영웅'인 박정희를 다루었다.

이인화는 "희망을 잃고 총체적 허무주의에 빠져있는 내 또래 젊은 세대에게 국가 발전의 방향을 제시하기 위해서" 그 소설을 쓰게 되었다고 말했다. 그는 "87년 대선이 끝난 후 '그 사람의 입을 보지 말고 손을 보라'는 공자의 말씀이 생각났다. 입으로 민주화를 떠들던 사람에게 실망했다. 그들이 비난하고 욕했던 박 대통령을 재평가하고 싶었다"고도 했다.[111]

이인화는 『한겨레』 97년 5월 13일자에 기고한 글에서 "'나는 죽음의 힘을 가슴에 안고 살아가리라.' 이것이 박정희 전 대통령의 일생을 관류하는 불멸의 외침이었다"고 했다.

"죽음의 힘은 그를 채찍질하여 국익에 이르는 좁고 험한 길로 앞뒤를 가리지 않고 달려가게 만들었다. 그에겐 오직 민족을 번영으로 이끌 절박한 시대적 과업만이 자기 구원에 이르는 길이었다. 모든 면에서 압도적인 우위를 자랑하던 북한의 전쟁 도발을 막으며 경제 발전을 이룩해야 한다는 국가생존의 지상명령이 늙고 탈진해 쓰러질 때까지 그를 괴롭혔다. …… 깜짝쇼와 세몰이로 점철된 이 부패타락한 정당정치가 민주주의라고 강변되는 오늘, 우리는 비로소 눈을 비비고 선악을 초극한 인간 운명의 한 전형을 진정 위대했던 한 사람의 국가 지도자로서 바로 보게 되는 것이다."[112]

이인화는 『사회평론』 97년 6월호 인터뷰에서 자신의 속내를 솔직하게 털어놓았다.

"우리 사회는 한번도 대지식인을 가져본 적이 없죠. 그랑 인텔리겐차를 가져본 적이 없죠. 국가와 시민사회의 문제를 같이 얘기하는 지식인, 예를 들면 일본인으로 치면 마루야마 마사오 같은 지식인, 앙드레 말로 같은 지식인을 가져본 적이 없죠. 한번도. …… 저 인간들(지식인)은 인간쓰레기라는 생각을 많이 했습니다. 줏대도 없고 주변도 없고 시류와 유행에 편승하고, 저런 인간들이 옳다고 할 바에야 박정희는 백번 위대한 사람이다라는 생각을 늘 하게 되죠."

"솔직하게 말하면 저는 (쿠데타를 포함해서) 그분이 한 일은 처음부터 끝까지 다 옳았다고 얘길 하고 싶은데, 지식인으로서의 제 외적인 그게 솔직함을 계속 막네요. 저는 그분이 유신을 한 것도 옳았고 다 옳았다라

111) 〈박정희, 그가 돌아왔다〉, 『뉴스메이커』, 1997년 4월 24일, 20~35면.
112) 이인화, 〈선악 뛰어넘은 진정한 지도자〉, 『한겨레』, 1997년 5월 13일, 11면.

고, 전부 다 이해할 수 있어요. 왜냐하면 저는 지금 그 사람한테 미쳐 있거든요. 내 소설의 주인공한테 말이에요."

"이건 한국 소설사에서 나밖에 쓸 수 없는 소설이고 나밖에 창출하지 못한 캐릭터거든요. 저는 이거 하나로 소설사에 남을 수 있습니다. 이 사람 하나로, 그러면 자폭할 수 있죠. 이런 인물을 만들었다는 거예요, 지금까지 어떤 작가도 꿈꿔보지 못한 인물, 정말 도스또엡스키적인 인물, 스타브로긴이나 라스꼴리니꼬프 같은 인물을."[113]

복고주의 파워

『한겨레』 97년 5월 13일자는 박정희 관련 특집 기사 제목으로 "박정희 유령이 떠돌고 있다"는 표현을 썼다. 그 '유령' 은 김영삼의 처참한 실패로 얼룩진 민주화와 개혁의 무덤 위를 떠돌고 있었다.[114]

역사학자인 고려대 교수 강만길은 고대생들을 대상으로 한 설문조사에서 박정희가 복제하고 싶은 인물로 나온 것에 대해 다음과 같이 개탄했다.

"고려대 학생들에게서 그런 조사 결과가 나왔다는 말을 듣고 내가 학생들에게 이런 얘길 했어요. 자살을 하고 싶은 심정이라고. 우리의 역사교육이 얼마나 잘못되었으면. …… 우리 역사를, 뭐랄까요, 근현대사를 중요하게 가르치지 않을 뿐 아니라 옳게도 못 가르쳤어요. 물론 나를 포함해서. …… 내가 이런 말을 하면 뭣하지만 역사학계의 책임이 큽니다."[115]

전상인은 한국 사회를 강타한 박정희 신드롬은 우리 시대의 독특한

---

113) 이인화 · 강영희, 〈강영희 직격 인터뷰/ '인간의 길' 로 박정희 부활의 깃발을 든 이인화: '나는 박정희의 어용학자이고 싶다' 〉, 『사회평론 길』, 1997년 6월, 78~87면.
114) 이상수, 〈박정희 유령이 떠돌고 있다〉, 『한겨레』, 1997년 5월 13일, 11면.
115) 강만길 · 안철홍, 〈권두인터뷰: 강만길〉, 『말』, 1997년 7월, 22~29쪽.

사회문화적 분위기와도 상관이 있다고 했다.

"우선 흔히들 요즘 세태에서 보여지는 부권(父權) 혹은 부권(夫權)의 상실을 염려하고 있다. 『아버지』혹은 『람세스』라는 소설이 베스트셀러를 기록한 것은 바로 절대적 부권에 대한 향수를 자극할 수 있었기 때문이다. 아버지 신드롬은 절대 권력자 혹은 카리스마적 지도자에 대한 기대·의존심리로 전화하는 경향이 있고, 우리나라처럼 가부장적 정치문화가 온존하고 있는 곳에서는 그러한 성향을 뚜렷이 발현했던 특정 대통령의 이미지가 사람들의 의식을 쉽사리 파고들게 되는 법이다."[116]

그와 동시에 '박정희 신드롬'은 지나간 과거는 아름답다는, 복고주의의 산물이기도 했다. 복고는 가요에서도 나타났다. 97년 IMF 사태 이전에도 불황의 조짐이 나타나자 댄스음악이 퇴조하고 발라드가 살아나기 시작했다. 가사 내용도 과거로 돌아갔다. 예컨대, 97년 많은 사람들의 사랑을 받은 김종환 작사, 작곡, 노래의 〈사랑을 위하여〉는 애틋한 복고미를 보여 주었다.

"이른 아침에 잠에서 깨어 너를 바라볼 수 있다면/ 물안개 피는 강가에 서서 작은 미소로 너를 부르리/ 하루를 살아도 행복할 수 있다면 나는 그 길을 택하고 싶다/ 세상이 우리를 힘들게 하여도 우리 둘은 변하지 않아/ 너를 사랑하기에 저 하늘 끝에 마지막 남은 진실 하나로/ 오래 두어도 진정 변하지 않는 사랑으로 남게 해 주오"

이영미는 "이런 노래가 인기를 끄는 이해할 수 없는 일이 벌어졌다"며 "아, 얼마 만에 보는 쌍팔년도식 사랑인가! 뭐, 세상이 우리를 힘들게 하여도 우리 둘은 변하지 않는다고? 1990년대 내내 우리 대중가요는 세상이 힘들게 하지 않아도 쉽게 변해 버리는 사랑에 대해 노래했는데, 그래서 우리는 이미 낡아 현실에 맞지도 않는 '영원한 사랑'이라는 오랜 신

---

116) 전상인, 〈문민시대의 군사문화〉, 『황해문화』, 1997년 가을, 77~78쪽.

화를 깨어버리고, 현실 속의 사랑과 직대면하는 충격을 경험했는데, 그래서 이제는 쌍팔년도식 사랑은 집착덩어리의 칙칙한 사랑이고 1990년 대식 사랑이 오히려 쌈빡하고 쿨한데, 근데, 이런 시대에 웬 영원한 사랑?"이라고 놀라움을 표했다. 이영미는 "1997년 말, 경제 위기의 충격에서 허덕이던 시기의 독특한 사회심리의 소산으로밖에 볼 수 없다"고 했다.[117]

박찬호 신드롬

『황해문화』 권두언은 "박찬호 · 선동렬 신드롬 또한 위험천만이다. 그 박 · 선 신드롬의 근저에는 미국으로 대표되는 서양과 일본에 대한 열등감이 자리잡고 있다"고 했다.

"미국과 한국 사이의 시차를 없애버린 박찬호 신드롬에는 백인문화에 대한 동경과 공격심리가 깃들어 있는 것으로 보인다. 이 위험한 심리는 자칫 인종주의로 번질 수 있다. 한국에서 취업하고 있는 외국인 노동자에 대한 우리의 태도를 보라. 한국보다 경제적 수준이 낮은 지역을 여행하는 한국인 관광객들의 행태를 보라. 한국인들은 놀랍게도 인종주의적 편견이 극심하다."[118]

서규환은 한 중앙 일간지(97년 8월 2일자)가 박찬호의 '꿈의 10승'을 '우리 체육사에 한 획을 그은 쾌거'라고 예찬한 걸 거론하면서 "미국에서 활동하는 한 프로야구 선수를 정말 그렇게 영웅시해야겠는가? 같은 민족이라는 민족감정을 타고서 상업주의와 사대주의가 뒤섞인 추악한 몰골의 하나이다"고 비판했다.[119]

---

117) 이영미, 『흥남부두의 금순이는 어디로 갔을까』(황금가지, 2002), 356~357쪽.
118) 〈권두언: 이 중대한 국면을 어떻게 바라봐야 하는가〉, 『황해문화』, 1997년 가을, 7쪽.
119) 서규환, 〈왜 다시 비판인가?: 우리 시대의 조건들에 대한 비판적 단상들〉, 『황해문화』, 1997년 가을, 52쪽.

언론은 박찬호를 '민족상품'화 하는 데 탁월한 능력을 보였다.

'박찬호 신드롬'엔 언론이 앞장섰다. 어느 신문은 기사 제목을 〈'위대한 박찬호' 짜증나는 세상 그대 있음에〉로 뽑았고, 진보적 신문인 『한겨레』까지도 기사 제목을 〈박찬호 있음에 코리아 있었네〉라고 뽑았다.

스포츠신문의 경우 1면에 박찬호 기사가 있는 날과 없는 날은 판매에 차이가 많이 나며 많을 때는 30% 이상 차이가 나기도 했다. 그 이치는 일반 신문과 TV에 그대로 적용돼 박찬호는 신문 1면과 TV 저녁 9시 뉴스에까지 수시로 등장했다.

KBS의 경우 정해진 원칙이 있었다. 박찬호가 등판하는 전날, 당일, 다음날엔 오전 6시 50분 뉴스, 오후 8시 30분 뉴스, 오후 9시 45분 뉴스, 오후 11시 뉴스 등 네 차례의 스포츠 뉴스를 통해 경기 예고 방송, 일부 중계 및 결과·전망 보도를 내보내며, 승리할 경우엔 9시 뉴스에 꼭 보도하곤 했다.

뉴스만 그런 게 아니었다. TV 방송사들이 만든 박찬호 관련 특집 다큐멘터리도 하나둘이 아니었거니와 박찬호는 급기야 8 · 15 특집의 주인공으로까지 등장했다. 각종 오락 프로그램까지 가세했다. 그 지경이니 방송사들이 98년 시즌 TV 방송권을 따내기 위해 이전투구를 벌인 건 당연한 일이었다.

박찬호의 '민족상품화'는 미국에 대한 애증의 감정과 맞물려 돌아갔다. 한국 국민의 미국에 대한 콤플렉스와 동경은 기가 막힌 상품화의 소재가 되었다. 장사를 잘한다는 언론일수록 그런 상품화에 능했다. 예컨대, 『조선일보』 97년 9월 1일자는 한 면 전체를 미국의 프로풋볼리그 (NFL)를 비롯한 미국 스포츠계에 할애했다. 이 신문은 사설과 칼럼에선 국수주의를 부르짖다가도 기사를 통해선 미국의 스포츠와 대중문화를 판매하는 모습을 자주 보이곤 했다.

박찬호의 선발 등판이 며칠 늦어지는 게 그렇게도 큰일이었을까? 큰일이었다! 그 소식을 종합 일간지들까지 "박찬호 등판 7일로 전격 변경"이니 "박찬호 14승 사냥 나흘 연기"니 하는 제목을 내걸고 스포츠면 머리기사로 써댔다.

박찬호를 독립군으로 만드는 언론의 애국적인 행위는 자꾸 박찬호와 미국 메이저리그에서 활약하는 일본 선수 노모의 경쟁구도로 끌고 가는 데에서도 여실히 드러났다. 똑같이 3실점을 했는데도 언론은 박찬호의 경우 '3실점만 내주면서 호투했다'고 그리고 노모의 경우 '3실점이나 내주면서도 타선의 도움으로 운 좋게 승리를 낚았다'는 식으로 보도했다. 또 일부 언론은 박찬호가 13승을 올리자 노모가 세운 16승 기록을 의식해 기사 제목을 "동양 투수 최다승 −4"라고 뽑기도 했다. 박찬호는 미국과 싸우고 일본과도 싸우는 다용도 독립군이었던 것이다.

'미국 것이 곧 우리 것이다'

화장품업체인 태평양은 국산품을 깔보는 국내 고객들에게 복수(?)하기 위해 화장품을 프랑스에서 만들어 국내로 역수입해 재미를 보았다. 국산 값의 2배를 받아도 소비자들이 '메이드 인 프랑스'에 꾸벅 죽는 바람에 날개 돋친 듯 팔려나갔다.

97년 삼성생명이 청소년들을 대상으로 조사한 결과도 마찬가지였다. "다시 태어나면 어느 나라에서 태어나고 싶은가"라는 질문에 청소년의 64%가 딴 나라를 택했다는 것인데, 미국(29%), 프랑스(16.3%), 영국(6.9%), 일본(3.6%) 순이었다.

『월간조선』 97년 4월호에 실린 〈바람난 조기영어 교육〉이라는 제목의 기사는 "조기영어 광풍은 어디까지 와 있는가. 소문으로만 듣던 '어린이 영어 전문학원' 몇 군데를 직접 돌아보았다"며 다음과 같이 보도했다.

"생후 6개월부터 2세까지 모인 '토들러 반' 꼬마들이 백인 여선생과 놀고(?) 있다. 교실의 교육 보조재도 미국에서 들여온 것들이란다. 교실 벽에는 성조기가 붙어 있다. 이곳에 들어서면 꼬마들끼리도 일체 우리말을 써서는 안 된다. 말이 되든 않든 무조건 영어만 써야 한다. 우리말을 쓰는 꼬마에게는 가차없이 백인 선생의 '경고'가 주어진다. 일제 치하의 우리 부모들이 학교에서 '우리말'을 쓰다 걸리면 혼났던 것처럼. 이름도 미국식으로 지어준 것만을 쓴다. 일제 치하의 우리 부모들이 학교에서는 모두 일본 이름을 써야 했던 것처럼. '탐', '마이클', '에디', '소피아', '샐리' ……."[120]

---

120) 서규환, 〈왜 다시 비판인가?: 우리 시대의 조건들에 대한 비판적 단상들〉, 『황해문화』, 1997년 가을, 54쪽에서 재인용.

뉴질랜드에 체류 중인 김완준은 『상상』 97년 겨울호에 기고한 글에서 "지금 한국에서는 영어 어학연수 붐이 무섭게 일고 있다. 한국에 있을 때는 그 사실을 체감할 기회가 없었는데 호주와 뉴질랜드에서 몇 달 생활하면서 정말 한국에 영어 어학연수 붐이 무섭게 일고 있구나 하는 걸 실감할 수 있었다"며 "어느 정도냐 하면 호주의 경우, 호주 영어학원의 한 반 정원이 12명 가량인데 보통 8~9명이 한국인이고 심한 곳은 10명이 넘는다"고 했다.[121]

97년 한국예술종합학교 이강숙 교장은 어느 신문에 기고한 칼럼에서 음악원 교수 한 사람이 교수직을 그만두겠다고 했다는 일화를 소개했다.

"실력은 동일한데 거주지를 가령 뉴욕이나 파리에 두고 있으면 거주지를 한국에 두고 있는 음악인보다 더 실력 있는 것으로 오해하는 한국의 악단 풍토를 이해할 수 없다는 것이 대답의 요지였다. 막말로 해서 '외국에 살면 다냐' 라는 말이 나온다는 것이다. 외국에 거주하고 있는 뛰어난 한국 음악인들은 한국을 봉으로 생각하고 있다는 말은 이미 여러 곳에서 나오고 있다."

유초하는 "우리는 지금 문화적 측면에서 한국인이 아니다. 동양인이라고 하기도 어렵다. 서양인 중에서도 대충 미국인이다"고 꼬집었다.

"미국식으로 생각하고, 미국식 제스처를 쓰고, 미국식 음식을 먹는다. 안성기보다 니콜라스 케이지가 인기 있는 화제가 되고, 최민수보다 브레드 피트가 연모의 대상이며, 현주엽의 기록은 몰라도 마이클 조던의 기록은 외워진다. 음식, 의복, 주거, 법규제도, 문화향유의 각 측면에서 미국 것이 곧 우리 것이다."[122]

121) 김완준, 〈영어 유감〉, 『상상』, 제18호(1997년 겨울), 327~328쪽.
122) 유초하, 〈감성이 지성을 재는 잣대이다〉, 『문화과학』, 1997년 가을, 136~137쪽.

자동차: "집 없어도 차부터 사겠다"

자동차 1,000만 대 돌파

1997년 7월 15일 한국의 자동차 보유 대수가 드디어 1,000만 대를 돌파했다. 1903년 구한말 고종황제의 어용 승용차로 캐딜락 1대가 처음 국내에 도입(공식확인기준)된 지 94년 만에 세계에서 15번째로 '자동차 1,000만 대 국가'에 진입한 것이었다.

차종별로는 승용차가 724만 2,445대로 72.5%를 차지해 가장 많았고, 화물차(202만 5,200대), 승합차(69만 738대), 특수차(3만 5,117대) 등의 순이며, 용도별로는 자가용이 945만 1,872대(94.5%)로 주종을 이루었다.

'1,000만 대 돌파'로 한국의 자동차 보급률은 인구 4.65명당 1대(승용차 6.5명당 1대), 1.5가구당 1대(승용차 2가구당 1대)가 됐다. 자동차가 국내에 도입된 후 100만 대(85년 5월)에 이르는 데는 83년이 걸렸지만 100만 대에서 1,0000만 대로 늘어나는 데는 12년밖에 걸리지 않았다.

1997년 7월 15일 한국의 자동차 보유 대수가 드디어 1,000만 대를 돌파했다. 1903년 구한말 고종황제의 어용 승용차로 캐딜락 1대가 처음 국내에 도입된 지 94년 만이다.

　국내 자동차 생산량은 연간 252만 6,000대(95년 기준)로 증가하여 미국(1,198만 5,000대), 일본(1,019만 7,000대), 독일(466만 9,000대), 프랑스(347만 5,000대)에 이어 자동차 생산량 세계 5위국으로 부상했다.

　이에 따라 자동차 산업이 국가경제에서 차지하는 비중도 급격히 높아졌다. 등록 대수 100만 대 돌파시점인 85년에 자동차 산업의 수출 비중은 전체 산업의 3.14%, 제조업 내 생산액 비중은 4.26%, 종업원 비중은

3.35%에 불과했다. 그러나 95년 말 현재 자동차 산업의 수출 비중은 6.54%, 제조업 내 생산액 비중은 9.60%, 종업원 비중은 7.46%로 급신 장하여 국가 주력산업으로 자리잡았다.

국내 제조업 생산의 10%를 담당한 자동차 산업의 위기는 한국 경제의 위기였다. 97년 봄 자동차업계가 극심한 판매 부진과 재고 누적에 빠지자 신한국당은 자동차업계의 건의를 받아들여 내무부와 건설교통부 고위 관계자를 불러 자동차 산업의 내수 기반 확보를 위해 1가구 2차량에 취득세와 등록세를 2배 중과세하는 제도를 폐지해 줄 것을 요구했다.[123]

그러나 자동차 보급확대를 따라가지 못하는 낮은 도로율과 교통문화로 인해 교통체증과 교통사고율은 세계 최악의 수준에 머물렀다. 도로 1km당 자동차 대수(자동차 밀도)는 126대(96년)인 반면 일본은 58.4대(95년), 미국은 33.3대(95년) 수준에 머물러 차량에 비해 도로가 형편없이 부족한 상태였다. 이 때문에 서울의 경우 평균운행속도가 80년 시속 30.8km에서 96년 시속 16.44km로 떨어졌다. 이로 인해 교통혼잡비용이 국민총생산(GNP)의 3.6%(14조 700억 원, 96년)에 이르고 매년 2조 원씩 증가하는 추세를 보였다.

교통사고율의 경우 세계 37개국(국제도로교통안전협회 가입국) 중에 29위(95년)를 기록했으며, 인구 10만 명당 교통사고 사망자 수는 95년 23.0명으로 미국(15.8명), 일본(8.5명), 독일(12.3명) 등에 비해 2~3배 수준을 보였다.[124]

한국의 자동차 증가율은 90년 이후 한 해 평균 12.2%로 세계 제1위를 기록했다. 제일기획의 '96년 한국인의 라이프스타일' 조사에 따르면 "집 없어도 차부터 사겠다"는 사람이 43%에 이르렀다.[125] 한국의 자동차

123) 이봉현,〈'한집 두차' 중과세 폐지 추진 논란〉,『한겨레』, 1997년 5월 31일, 9면.
124)『한국일보』, 1997년 7월 13일, 1면.
125) 김영수,〈'집 없어도 차부터 사겠다'〉,『조선일보』, 1996년 12월 26일, 2면.

밀도는 자동차왕국으로 불리는 미국의 11배에 이르렀지만, 선진국이 되려면 자동차가 더 많아야 된다고 아우성치는 사람들이 많았다.[126]

'인권'은 없고 '차권'만 있다

그런 상황 때문이었을까? 교통 문제와 관련하여 한국엔 '인권'이란 게 없었다. 오직 '차권'만이 있을 뿐이었다. 전체 인구 대비 보행자 교통사고 지수를 나라별로 비교해 보면 한국 보행자들의 위험지수는 선진국에 비해 최고 10배 이상(네덜란드 8.73 : 한국 100), 최저 4배 이상(일본 26.82 : 한국 100) 보행자 교통사고의 위험이 높았다.[127]

한국에서 매년 교통사고로 죽는 사람은 1만 명이 넘으며 교통사고 사망률은 세계 1위를 자랑했다. 교통사고로 매년 6조 원이 되는 돈이 날아가며 매년 5만여 명의 장애인이 생겨났다. 교통사고로 부모가 참변을 당해 생겨난 소년소녀 가장의 수가 지난 77년 이후 33만 명에 이르렀다. 교통체증으로 인한 사회적 비용은 매년 12조 원에 이르렀다. 매년 50만 대의 차가 폐차되고 서울지역의 경우 자동차에서 배출한 오염 물질이 전체 대기오염 물질의 81%를 차지했다.[128]

도시는 날이 갈수록 황폐화되었다. 지방이라고 해서 더 나을 것도 없었다. 오히려 일부 지역의 경우엔 자동차 의존도가 서울보다 더 심했다. 대전의 환경운동가 박용남은 "대전에 소재하고 있는 대덕연구단지의 경우, 95년 말 현재 연구단지 종사자들이 보유하고 있는 차량은 1만 3,093대로 전체 종사자 수 9,900여 명보다 월등히 많아 이미 1인 1차량을 초과

---

126) 김정수, 〈한국 자동차 밀도 미국의 11배〉, 『한겨레』, 1997년 7월 28일, 26면.
127) 임삼진, 〈자동차에 대한 이성의 회복〉, 『노동자신문』, 1997년 6월 6일, 11면.
128) 〈한국 교통사고 사망자 세계 1위〉, 『한국일보』, 1997년 5월 26일, 33면; 〈서울 대기 81% 자동차가 오염〉, 『노동자신문』, 1997년 7월 18일, 10면.

한데다 가용주차면적이 부족해 교통대란이 진행 중이다"고 말했다.

"이 가운데 전자통신연구소의 경우는 주차 가용대수 1,602대보다 많은 1,932대의 차량을 보유하고 있고, 한국원자력연구소도 이미 주차 가용대수를 200여 대 넘어선 1,817대의 차량을 보유하고 있다. 이는 직원 한 사람이 승용차를 거의 한 대 이상 가지고 있다는 것을 의미한다. 이렇듯 엄청난 교통문제를 야기시킬 수 있는 조건을 갖춘 예는 이 지구촌에서 첨단산업단지의 메카로 알려진 미국의 실리콘밸리에도 없는 아주 기이한 현상이다. …… 이러한 현상은 많은 도시의 구도심은 물론이고 심지어 국내에 있는 대부분의 공단의 경우에도 마찬가지이다. …… 이렇듯 연구시설이나 생산 현장, 그리고 주거 지역 및 중심상업 지역 등 상당 부분이 자동차에 할당되면서 도시공간을 무차별적으로 파괴하고 있는 것이다."[129]

'마이카시대'는 '자동차 산업·정부·언론'의 3위 1체가 만들어 낸 작품이었다. 그들은 모두 '마이카시대'의 수혜자들이었다. 자동차 산업은 자동차를 만들어 이익을 취하고, 정부는 재벌의 로비에 무력하며 조세저항 없이 거둘 수 있는 막대한 세금에 눈독을 들였다. 자동차 세금은 96년 13조 5,000억 원으로 조세 총액(82조 원)의 16.5%를 차지했다.[130]

언론의 공격적 판촉

언론은 시류에 편승했으며, 또 자동차 광고는 언론의 주요한 밥줄의 하나였다. 그래서 언론은 자동차의 판촉 이벤트라 할 자동차 경주를 '스포츠'라는 미명하에 적극 홍보해 주고 오토캠핑을 '레저정보'라는 미명

129) 박용남, 〈자동차로부터 해방되는 길〉, 『녹색평론』, 1997년 1·2월, 149~158쪽.
130) 송하식, 〈작년 자동차세 13조 5천억 거뒀다〉, 『문화일보』, 1997년 7월 10일, 1면.

하에 적극 권장했다. 자동차 관련 보도엔 기사와 광고의 구분이 없었다. "자동차 구입 이달이 '적기'"라는 헤드라인은 광고 문구가 아니라 신문에서 흔하게 볼 수 있는 기사 제목이었다. "자동차 세금 해도 너무한다"는 주장도 모든 언론이 1년에 한두 차례 정기적으로 내놓는 것이었다. 텔레비전은 한 수 더 떠 아예 '자동차 드라마'까지 내놓았다.

『미디어오늘』 97년 5월 5일자는 "광고 앞에는 체면도 없다. 97 서울 모터쇼 개막을 앞두고 22일 『조선일보』가 모터쇼 특집판을 제작한 것을 필두로 23일 동아와 중앙이 뒤따라 모터쇼 특집판을 제작, 주로 경제지들의 '전유물'이었던 광고 특집이 중앙 일간지에서도 덩달아 제작됐다"고 보도했다.

"『조선일보』는 지난 22일 별지로 발행하던 테마신문 레인보우를 본지에 합쇄한 대신 타블로이드판 32면으로 모터쇼 특집판을 제작했다. 『조선일보』는 관련 기사와 자동차 광고로 가득한 이 특집판에 '테마신문 자동차'라는 이름을 붙여 눈총을 샀다. 『조선일보』가 이같이 모터쇼 광고 특집을 제작하고 나서자 동아와 중앙도 뒤따라 23일 각각 '자동차', '97 서울모터쇼'라는 이름으로 별지 8면짜리 특집판을 제작, 동아·조선·중앙 등 주요 일간지조차 광고특수를 노린 특집판 제작에 지면을 할애했다는 비난을 받고 있다."[131]

자동차 광고 문구는 한결같이 자동차를 거부하기 어렵게 만들 정도로 '잠든 나의 열정'을 흔들어 놓았다. "'엑셀'이 있어 올 겨울은 따뜻하다", "누구인가? 첫사랑처럼 강렬하게, 자유처럼 신선하게, 잠든 나의 열정을 깨우는 그대는. 스포츠 패션카 스쿠프", "지상비행 땅위에서 난다! 화려한 파워의 자동차, 에스페로", "당할 자 누구인가? 씨에로", "강자에

---

131) 박미영, 〈'광고 앞에는 체면도 없다' : 서울 모터쇼 특집면 발행 너도나도,〉, 『미디어오늘』, 1997년 5월 5일, 4면.

겐 힘이 있다, 세피아", "하늘과 땅을 가르는 힘(세피아)", "질주 본능, 누구에게도 지기 싫다(라노스)", "최강의 꿈(아반테)."

외제차 광고는 한 수 더 떠 아예 한 편의 신파극을 연출했다. "자네 이차 훔친 것 아냐?" 그런 광고 문구 밑에 다음과 같은 해설이 달려 있다. "참 열심히 살았습니다. 저도 볼보 한 대 마련했습니다. 선배님, 저도 이제 볼보 주인입니다."[132]

그래도 총 쏘지 않는 게 천만다행이었다. 95년 10월 충남 아산시 군포면 국도에선 볼보 승용차와 프레스토 승용차가 추월경쟁을 벌이다 볼보 승용차에 탄 사람이 공기총을 쏴 프레스토 승용차를 탄 사람에게 중경상을 입힌 사건이 발생했다. 그 총을 쏜 '미치광이'는 감히 프레스토가 볼보에 도전한다는 걸 참아내기 어려웠을 것이다.

자동차 차별의 백미는 작은 차를 비하하는 개그의 유행이었다. 91년에 출시된 대우의 티코가 주요 표적이 되었다. 신호가 바뀌어 티코가 다시 출발하려는데 웬일인지 꼼짝도 안 해 살펴봤더니 바퀴가 껌에 붙었기 때문이라거나, 고속도로에서 티코가 그랜저를 앞질러 목적지에 도착했는데 그 이유는 바람에 날려갔기 때문이라는 등의 개그 말이다.[133] 티코가 진창에 빠졌는데 모기란 놈이 나타나서 "Who are you?"라고 물었다는 개그도 나왔다. "전 자동차예요" 했더니 모기가 비웃으며 "네가 자동차면 나는 독수리다 짜샤!"라고 비웃었다는 이야기였다.[134]

132) 한천수, 〈'신파' 조의 외제차 광고〉, 『여성신문』, 1996년 9월 20일, 5면.
133) 현택수, 『그래도 나는 벗기고 싶다: 현택수 교수의 문화투시경을 통한 세상 벗기기』(해냄, 1999), 268쪽.
134) 마정미, 『광고, 거짓말쟁이』(살림, 1997), 113쪽.

자동차는 국가 수호신

한국 도로교통 사망 사고의 70% 이상이 과속에 원인이 있는데도 자동차 광고는 '안전'은 무시한 채 '속도'만 강조했다.[135] 자동차 광고 뒤엔 자동차 산업의 필사적인 마케팅이 버티고 있었다. 우선 양으로 압도했다. 96년 국내 자동차 3사(현대, 대우, 기아)의 4대 매체에 대한 광고비 지출 총액은 총 1,220억 원으로 차 한 대당 광고비가 8만 원 꼴로 들어갔다.[136]

자동차 판매사원은 왜 그리도 많은지. 60개월짜리 할부 판매가 등장했는가 하면 기름값만 내고 차를 1년간 타는 신종 마케팅 기법도 선을 보였다. 그 경쟁률이 4,300대 1이었다던가. 재고누적에 따른 관리비용을 줄이고 시장을 잃지 않기 위해 자동차 회사들은 급기야 30개월 무이자 할부판매에 심지어 중고차값 40%를 빼고 파는 새로운 판매 방식까지 선보였다.

신용카드와 제휴하여 카드 사용 금액의 일정 비율을 포인트로 적립해 두었다가 자동차 구입 때 적립 금액을 할인해 주는 자동차 카드도 등장했다. 100만 원 정도의 할인 혜택을 받기 위해서는 3,000만 원 내지 6,000만 원 이상을 카드로 결제해야 했지만, 순식간에 수백만 명이 가입하는 등 폭발적인 인기를 누렸다. 광고가 윽박지른 탓이었을까? "자동차 카드, 차를 보고 결정하십시오"라는 슬로건을 내세운 현대자동차 카드 광고는 이런 내용이었다.

"백화점에서 잔뜩 쇼핑을 하고 백화점 카드를 내미는 아내에게 '여보 차 안 바꿀 거야?' 하고 질책하며 자동차 카드를 꺼내게 하는 남편, 주유

---

135) 조재우, 〈과속 부추기는 자동차 광고〉, 『한국일보』, 1997년 4월 15일, 21면; 박순빈, 〈과속조장 TV 차광고 참아주세요〉, 『한겨레』, 1997년 5월 27일, 9면.
136) 박의준, 〈차 한대에 광고비 8만원꼴〉, 『중앙일보』, 1997년 1월 29일, 33면.

소에서 생각 없이 일반 카드를 내미는 남편이 '자기 차 안 바꿀 거야?' 라는 아내의 질책에 얼른 자동차 카드를 내미는 일화 등으로 구성되어 있다."[137)

녹색교통운동 임삼진 사무처장은 "자동차에 대한 맹신, 자동차의 통행을 위해서는 다른 요소들이 희생될 수도 있다는 미몽에서 벗어나야 한다. 사람 위에 군림해 온 자동차에 대한 저항은 세계 여러 곳에서 그 모습을 드러내고 있다"고 말했다.

"심각한 배기 가스로 자동차의 운행을 중지하도록 조치를 내린 경험을 가진 나라들이 늘어나고 있다. 네덜란드의 암스테르담, 브라질의 쿠리티바, 스위스의 여러 도시 등에서 시민적 지지 속에서 자가용 승용차에 대한 억제가 추진되고 있다. 굳이 자동차를 추방의 대상으로까지 인식하지는 않더라도, 균형 감각을 갖고 보는 합리성이 필요하다. 자동차를 모시고 떠받들어야 할 상전으로 생각하는 사고방식은 변화돼야 한다. 사람을 먼저 보고 그 다음에 차를 보는 쪽으로 발상의 전환이 이루어져야 한다. 이렇게 된다면 우리들 개개인의 가치판단이나 생활양식에서부터 교통운영이나 시설, 유지 관리 등의 교통환경 정책과 행정, 또 예산의 편성과 집행 방식이 근본적으로 달라지게 될 것이다."[138)

그러나 무리한 주문이었다. 자동차는 국력의 상징으로 국가 수호신과 같은 위치에 올랐기 때문이었다. 수출을 위해서라면 모든 건 정당화되었다. 한국의 자동차 산업은 연 350만 대를 생산해 세계 5위이며 수출 역시 100만 대를 돌파해 일본, 독일, 프랑스, 미국 다음으로 세계 5위를 자랑했다. 자동차 생산 대수에 있어서 이제 곧 일본, 독일, 미국에 이은 세계 4위를 하겠다는 게 한국 자동차 산업의 야심 찬 목표였다. 그날이 오기까지 모든 국민은 자동차와의 뜨거운 사랑에 빠져 주어야만 했다.

137) 마정미, 『광고, 거짓말쟁이』(살림, 1997), 114쪽.
138) 임삼진, 〈자동차에 대한 이성의 회복〉, 『노동자신문』, 1997년 6월 6일, 11면.

자세히 읽기

중산층의 도시탈출과 '전원'의 범람

95년 『전원주택, 나도 주인이 될 수 있다』(살림)가 베스트셀러가 되었다. 장정일은 이런 종류의 책이 도시인의 관심을 끌고 있다는 사실은 전원에서의 삶이 도시인의 순정이기도 하지만 그들의 악덕을 드러내는 역설로서도 기능한다고 했다.

"도시란 그들이 돈벌고 살면서 더럽혀 놓은 곳이다. 그러니 그곳에서 돈벌고 그곳을 더럽혀 놓은 자들은 도시를 재생시켜야 할 의무를 마땅히 져야 한다. 그럼에도 불구하고 도시를 가장 효과적으로 이용했던 자들, 결과적으로는 가장 도시를 더럽게 착취한 자들이 가장 먼저 전원주택을 갖게 된다. 그리하여 도시에 그들의 세입을 투자해야 할 고액의 납세 의무자들이 빠져나간 도시는 점차 빈민가화한다. 우스개이지만 카섹스를 빼고, 자동차를 구입한 중산층이 제일 먼저 하는 일은 도시 근교나 시골로 전원주택을 지을 땅을 구경하러 다니는 일이라고 한다. 이런 폭발적인 전원주택 현상을 환경보호 차원에서는 어떻게 보아야 할까? 전 국토를 공해 지역으로 만들고 빈민가화하지 않겠다는 결심이 확고하다면 전원주택은 예외 없이 불허해야 한다. 전원주택은 우리의 녹지를 회복 불능으로 만드는 암세포와 같기 때문이다."[가]

96년 이경재는 "요즘은 주말이 아닌데도 일과 후 야간 스키를 즐기기 위해 스키를 승용차 위에 매달고 스키장으로 향하는 사람들을 흔히 볼 수 있다. 또 12월이 되면 사회단체를 비롯한 각 단체가 학생을 상대로 스키 회원 모집에 열을 올린다. 주말마다 텔레비전 방송국에서는 골프 대회를 녹화 방영하는데 시청률이 매우 높다고 한다. 혹자는 골프 인구가

가) 장정일, 『장정일의 독서일기 3: 1995.11~1997.1』(하늘연못, 1997), 73쪽.

서울 근교 미사리에 즐비한 전원 카페. 이곳에서 한때를 풍미했던 가수들을 만날 수 있다.

600만 명을 넘어서 이제 프로야구 다음으로 많아졌다며 '골프장 확대론'에 열을 올리기도 한다"고 말했다.[나]

리조트 시설로 전 국토가 몸살을 앓기 시작했고, 덩달아 '전원의 상품화'가 본격화되었다. 97년 한 건설사는 광고 문안을 통해 "물총새가 아침을 여는 전원마을, 푸른 호반과 솔 향기가 있는 전원"이라고 주장하고 나섰다.[다]

97년 구동회는 "최근에 들어 도시 주변 지역의 공간이 '전원이라는 이름으로' 상품화되고 있다. 전원카페, 전원주택, 전원아파트……. 전원 담론의 급부상은 도시에서 시골로의 회귀를 부추긴다. 인간은 시골에서 도시로 운집했다가 이제는 다시 시골로 회귀하고 있다. 이른바 도시탈출(urban exodus)이라 불리는 주거 이동의 흐름이다"고 말했다.[라]

나) 이경재, 〈리조트 시설로 몸살 앓는 우리 국토〉, 『경제정의』, 1996년 봄, 151쪽.
다) 구동회, 〈중산층의 도시탈출(urban exodus)과 '전원' 담론〉, 『문화과학』, 1997년 겨울, 272쪽.
라) 구동회, 위의 글, 263쪽.

이는 중산층의 경제수준 향상과 그에 따른 삶의 질에 대한 인식 변화에 기인한 것이었지만, 동시에 건설경기의 악화에 대처하고 새로운 주택상품을 개발하려는 건설사들의 전략에 따른 것이기도 했다. 정부의 개발조건 완화도 큰 몫을 했다. [마]

경기도 인근 도처엔 '전원 카페'가 우후죽순 들어섰다. 특히 양수리 근처의 북한강변이나 일산 신도시에서 가까운 장흥이나 기산 등지에는 '통키타 라이브'라고 쓰여진 플래카드가 걸린 카페들이 즐비했다. 대부분은 무명 포크가수들이 나와서 흘러간 '포크 송'을 불렀으며, 가끔씩은 송창식, 김세환, 이치현, 김도향, 임창재, 양하영 등 한때를 풍미했던 이름이 걸린 곳들도 있었다. [바]

이른바 러브호텔도 늘어갔다. 1997년경엔 분당 신시가지에 무인호텔이 등장해 화제를 모았다. 그 구조는 이랬다. 일단 주차장으로 들어가서 차를 차고에 놓은 뒤 차고 안에 있는 정산기에 요금을 내면 차고에서 객실로 연결된 통로문이 열린다. 나올 땐 객실에서 쓴 물품들의 요금을 객실 안에 있는 정산기에 넣어야 하는데, 돈을 넣지 않으면 차고로 연결되는 통로문이 열리지 않는다. 무인호텔마다 방식이 좀 다를진 몰라도, 한 가지 분명한 건 절대로 다른 사람을 만날 일이 없다는 점이었다. [사]

마) 구동회, 〈중산층의 도시탈출(urban exodus)과 '전원' 담론〉, 『문화과학』, 1997년 겨울, 264~265쪽.
바) 신현준 외, 〈1997년 늦가을 한 중년남자의 가상 음악여행…혹은 노스탤지어의 가망 없는 싸움〉, 『리뷰』, 1997년 겨울, 33쪽.
사) 윤상돈, 〈주말에도 불꺼진 창…15억짜리 6억에도 안 팔려: 러브호텔 '불황의 늪'〉, 『서울신문』, 2006년 2월 25일, 5면.

장정일의 『내게 거짓말을 해봐』

1996년 11월 소설가 장정일의 『내게 거짓말을 해봐』가 외설 시비를 불러일으켰다. 장정일은 『내게 거짓말을 해봐』의 주제가 '성(性)'이 아니라고 말했다. 그는 "내가 이 소설을 포르노로 치장한 다른 이유는 부권적이고 권력적인 '문어체'에 억눌려 온 '구어체'를 마음껏 풀어놓기 위해서였으며, 더욱 중요하게는 고작 기성 체제에 봉사하는 우리 소설의 존재 방식에 의문을 품었기 때문이다"며 다음과 같이 말했다.

"흔히 예술은 자유로우며 불온한 것이라고 말해지지만, 굳어진 형식에 아무런 충격을 가하지 못하는 작가의 더듬거림은 체제에 대한 '고해'에 불과하며, 시비를 불러일으키지 못하는 장인 정신은 '아버지'가 심어 준 '내면 감시'에 불과하다. 그리고 자기 갱신의 열정 없이 기대기만 하는 창작열은 선생님에게 보이는 매일 매일의 '일기쓰기'에 불과하지 않은가. 나 스스로 그런 타성에 젖어들지도 모른다는 두려움을 갖고 '고해'이며 '내면 감시'이고 '일기쓰기'에 다름 아닐지도 모르는 우리 소설 쓰기를 '선생님/아버지/체제'가 가장 질색하는 포르노로 치장함으로써 예술이 결코 자유롭거나 불온해서는 안 되며 '체제/아버지/선생님'이 정해 준 '고해/내면 감시/일기쓰기'에 한정될 수밖에 없음을 역설적으로 드러내고자 했다."[가]

또 장정일은 "상식 있는 시민단체라면 『내게 거짓말을 해봐』는 청소년이 읽을거리가 아니다라고 말해야 옳지, 청소년이 읽을 수도 있다는 가능성만으로 성인이 쓰고 읽을 권리를 빼앗아서는 안 된다. 그렇지 않아도 방송 프로그램과 극장과 연주장 등에서 성인이 쫓겨나고 있는 현실

가) 장정일, 〈'나는 내가 똥이라는 것을 포기할 수 없다'〉, 『TV저널』, 1996년 11월 20일, 28~29면.

외설 시비를 불러일으킨 장정일의 소설 「내게 거짓말을 해봐」 책 표지.

이고, 20대가 넘으면 록카페마저 입장 불가다. 그런데 이제 문학판마저 록카페화하자는 것인가?'라고 항변했다.

"성숙한 문화는 당연히 성인이 주축이 되어야 하고 그들의 세계와 주장이 표현되어야 한다. 소수의 청소년을 보호하느라 대다수 독자의 권리를 빼앗는 것은 한 나라의 문화적 역량을 어린이의 키에 맞추어 재단하는 문화적 자폭이다. 그런데도 이런 유치한 논리가 설득력을 가졌던 것은 한국이 청소년 과보호 사회이고, 부모들이 '너는 그 책을, 혹은 영화를 아직 보아서는 안 돼!'라고 말할 권위에 자신이 없기 때문이다. 이런 책이나 영화와 연극이 문제될 때마다 방송에 출연한 근엄한 어른들이 한다는 소리라곤, 시종일관 청소년이다. 왜 그들은 자기 의견을 말하지 못하고 줏대 없이 애들을 찍어 바를까. 우리는 듣고 싶다. 장관이나 장로들이 이런 책을 읽고 '나는 이렇게 느꼈다'고 당당하게 말하는 것을. 그러면서 자신의 축적된 인생관, 세계관, 예술관을 드러내는 것을."[나]

그러나 세상은 경직돼 있었다. 장정일은 1997년 5월 30일 법정구속

나) 장정일, 〈문학은 악과 소통한다 고로 나는 유죄이다〉, 『시사저널』, 1996년 12월 5일, 98~99면.

됐다. 그는 7월 23일 55일 만에 보석으로 풀려나온 뒤 처음 만난 사람들에게 "17년 만에 다시 들어간 교도소는 처음부터 끝까지 모든 게 달라져 있었다. 가장 폐쇄적인 교도소가 이렇게 변할 동안 우리 사회는 도대체 뭘 하고 있었단 말인가"라고 말했다. [다]

그 해 여름 만화가 이현세도 〈천국의 신화〉에서 '수간과 집단 성교'를 묘사한 혐의로 검찰에 소환돼 조사를 받았다. 대중문화 계간지 『상상』은 장정일 외설 시비가 '문화계 공안 통치의 전주곡'이었다고 말했다.

"장정일이 실형을 선고받고 그 사이 고교생들이 직접 포르노 비디오를 제작한, 일명 '빨간 마후라' 사건이 터지면서 『내게 거짓말을 해봐』로부터 촉발된 문화 공안의 태풍은 문화계 전체를 강타하기 시작했다. 신화적 상상력으로 우리 상고사를 복원한 〈천국의 신화〉가 음란·폭력물로 규정된 것을 비롯, 왕가위의 영화 〈부에노스아이레스〉가 동성애를 다룬 '혐의'로 상영 불가 처분을 받았다. 그런가 하면 장선우의 신작 〈나쁜 영화〉는 등급 심의 보류 판정을 받은 뒤 자진해서 6분 분량을 잘라내고 재심의를 거치는 수모를 겪기도 했다."[라]

장정일은 "나는 15대 대통령 후보들이 김혜자와 김지호를 좋아하는 여성 연예인으로 뽑았다는 데 크게 실망한다"고 말했다.

"그들은 성적 매력이 크게 강조되지 않은 장년 여성과 톰보이를 택하는 것으로 무난한 여성관을 드러내고자 했다. 하지만 여성의 성적 매력을 애써 무시하는 사회 역시 도착된 사회다. 부메랑은 남성의 성적 능력을 거세하는 것이 아니라, 남성만의 미덕으로 찬양받아 온 호방함과 정직성, 바로 그것을 거세한다. 나라가 걱정되는 대목이다."[마]

다) 〈편집자의 말〉, 『상상』, 1997년 가을, 8쪽.
라) 위의 글, 8~9쪽.
마) 장정일, 『장정일의 독서일기 4: 1997.1~1998.5』(하늘연못, 1998), 91쪽.

영화 유통경쟁과 영화제 홍수

헌재 판결 이후 쟁점은 영화 사전검열 위헌 판결의 정신을 살리기 위한 '등급외 영화전용관' 설치 문제였다. 약간의 내부 갈등은 있었지만, 경제정의실천시민연합·기독교윤리실천운동본부·맑고 아름답게 살아가기 운동본부·바른언론시민연합·서울YWCA·참교육을 위한 전국학부모회·한국여성단체협의회 등 7개 시민단체는 '영화진흥법개정에 대한 의견서'에서 등급외 영화전용관 설치를 촉구했다. 이들은 "이 전용관은 포르노상영관이 아니라 등급외 판정을 받은 예술영화를 위한 제한상영관을 의미한다"고 말하고 청소년 보호를 위해 정부가 음란폭력물 유통에 대한 실정법을 강화할 것을 아울러 요구했다. 또 민간자율의 심의등급분류위원회에 시민단체와 여성 참여가 보장돼야 한다고 주장했다.[가]

하지만 보수 진영의 반격도 만만치 않았다. 결국 신한국당은 영화인협회 소수 간부들의 반대 의견과 보수 진영의 반대 여론만을 일방적으로 받아들여, 1997년 3월 17일 △사전심의를 등급심의로 바꾸되 등급외 영화전용관의 불허 △공연윤리위원회(공륜)를 없애는 대신 한국공연예술진흥협의회(공진협) 신설 △심의를 받지 않은 영화의 상영금지 조항의 6개월 보류 등을 핵심 내용으로 하는 개정 영화진흥법을 통과시켰다.[나]

E-마트, 프라이스클럽, 킴스클럽 등 대형 할인점들이 우후죽순 생겨나면서 치열한 유통경쟁을 벌인 것처럼, 영화시장에 뛰어든 대기업들도 기존 극장들을 인수하는 동시에 첨단·편의시설을 갖춘 초대형 복합관의 신축 경쟁을 벌여나갔다.[다] 그 결과 97년 삼성, 대우, 일신창투, 시네

가) 이남, 〈시민단체들, 성인영화관 설치 주장〉, 『중앙일보』, 1996년 11월 14일, 21면.
나) 이성욱, 〈논란빚는 개정영진법-상영금지·삭제 여지 그대로〉, 『한겨레』, 1997년 3월 19일, 16면.
다) 민경택, 〈"제작보다는 유통으로 승부" 대기업 영화시장 전략 수정〉, 『국민일보』, 1997년 11월 15일, 13면.

1997년에 흥행한 한국 영화엔 〈접속〉, 〈비트〉, 〈넘버3〉 등이 있다.

마서비스 등 4개 사가 배급 경쟁 체제를 갖춰 전체 한국 영화 관객의 73.7%를 분점하게 되었다. 삼성 7.9%, 대우 16.5%, 일신창투 22.1%, 시네마서비스 27.2% 등이었다.[라]

97년엔 대기업들의 영화 제작업 철수로 제작편수가 58편으로 줄어들었지만, 서울에서만 관객 30만 명을 돌파한 흥행작은 모두 7편, 10만 명을 돌파한 영화는 14편에 이르렀다. 영화 제작엔 대기업 대신 창업투자사들이 뛰어들었다. 특히 일신창업투자는 96년의 〈은행나무 침대〉와 〈비트〉에 성공적인 투자를 한 데 이어, 97년에는 〈체인지〉와 이 해 최고 흥행작 〈접속〉에 투자해 성공을 거두었다.[마] 97년 11월 통상산업부는 영화 제작 및 제작 관련 서비스업이 벤처업종에 포함된다고 발표했다. 이로써 영화 제작에 자본투자가 쉬워졌고 세금감면혜택도 누릴 수 있게 되었다.[바]

라) 소송국, 〈보이시 없는 손들의 진쟁〉, 『씨네21』, 2000년 2월 1일.
마) 신순봉, 〈한국 영화 판도를 바꾼 벤처캐피탈 위력〉, 『내일신문』, 1997년 12월 10일, 31면.
바) 이연호, 〈충무로 IMF 계명: 적자생존, 한국 영화의 경제학 열 개의 사건〉, 『KINO』, 1998년 1월호, 116쪽.

장윤현 감독의 〈접속〉은 서울에서만 77만 명, 전국에서 140만 명의 관객을 동원해 한국 영화 가운데 최고의 흥행작이 됐다. 이어서 〈노는 계집 창〉(52만 명), 〈비트〉(42만 명), 〈고스트 맘마〉(35만 명), 〈할렐루야〉(33만 명), 〈넘버 3〉(30만 명), 〈편지〉(30만 명) 등도 좋은 성적을 거뒀다.[사]

97년에 외화수입 규모는 대략 9,000만 달러에 이르렀는데, 이 해 11월 IMF 사태로 환율이 2배로 뛰자 대기업과 수입사들은 외화수입 계획을 완전히 취소하거나 계약된 작품들에 대해 전면 재검토 작업에 들어갔다.[아]

97년엔 영화제 홍수 사태가 났다. 97년에만 8개의 영화제가 새로 생겨났다. 영화제 붐으로 대중들의 영화에 대한 열기도 고조되었으며, 영화가 고급스러운 사교담론으로 떠올랐다. 민주언론운동연합의 영화반 회원 박인아는 "무슨무슨 평론가처럼 영화에 대해 거창하게 떠들 수는 없지만, 그래도 폼은 잡아보고 싶은 게 솔직한 심정이다"고 토로했다.

"한꺼번에 많은 것을 알려고 하지 말고 하나하나 느끼면서 알아가라고 한 선배가 일러줬지만, 왠지 성이 안 찬다. 그리고 언제부턴지 몰라도 영화에 열광하는 사람들이 갑자기 많아져서 같이 휩쓸리는 것 같아 기분 나쁜 적도 있다. 영화가 주는 감동보다 감독의 성향, 카메라 기법, 영화사적 의미 등 세세하게 나눠 전문용어 섞어가며 얘기하는 사람들이 우습기도 하다. 영화반에 들어온 후, 영화 보는 일은 즐거움이 아니라 괴로움이다. 내가 영화를 보여 주겠다고 해도 '네가 보자는 영화는 재미없어 싫다'는 말까지 친구들에게 듣고 있다. 그런데도 난 변함 없이 영화를 보고, 영화반을 찾는다. 영화를 어떻게 해 보겠다는 생각은 없다. 그저 즐겁게 잘 지내보자는 것밖에. 짝사랑을 하는 것 같다. 그래서 괴로운가 보다. 괴로워도 난 다음주 금요일이면 어김없이 영화반에 있겠지?"[자]

사) 오정국, 〈97 영화계 결산−작품성 죽고 흥행만 살았다〉, 『문화일보』, 1997년 12월 21일, 25면.
아) 이용원, 〈작년 230만불 수출…세계시장 3만분의 1〉, 『서울신문』, 1998년 9월 24일, 12면..
자) 박인아, 〈영화보기의 어려움〉, 『민주언론운동』, 1997년 5·6월, 55~56쪽.

인터넷과 휴대전화의 대중화

사이버시대의 개막

1997년 여국현은 "바야흐로 '사이버' 시대다. 사이버스페이스, 사이버 커뮤니티, 사이버섹스, 그리고 사이버문학"이라고 말했다.[139]

김종엽은 인터넷이 포르노그라피 소비의 새로운 차원을 열고 있다고 했다. 그는 "우리는 예전처럼 청계천 상가들을 배회하며 망설일 필요가 없다. 포르노그라피를 파는 상인들이 그것을 사러 온 우리들에게 보이는 표정에서 '그래, 나는 네 욕망을 알아' 하는 말을 읽어낼 필요도 없어졌다. 혹은 친구들과 키들거리면서 욕망의 미세한 차이를 무시하고 자신의 욕망을 보통명사화하려고 할 필요도 없다"고 말했다.

"요컨대 포르노그라피가 우리들의 손에 들어오는 순간, 우리가 그것과 접촉하는 순간에 우리가 겪어야 하는 당혹, 그것을 보기 위해서는 타

---

139) 여국현, 〈'사이버문학'과 사이버시대의 텍스트 짜기〉, 『문화과학』, 1997년 봄, 204쪽.

자의 시선을 겪어야 한다는 사실(그것은 아무리 짧은 순간이라고 해도 '고통'스러운 것이다. 왜냐하면 그 순간 나는 음란성의 주체에서 대상으로 바뀌어버리기 때문이다)이 사라진 것이다. 그저 마우스를 열 번 남짓 클릭하기만 하면 그것이 푸른 무중력의 공간으로부터 도래하는 것이다. 왕림하는 것이다. 임재하는 것이다."[140]

97년 3월 10일 삼성데이터 시스템이 유니텔을 통해 개교한 '유니텔가상대학'이라는 사이버대학에서 강의를 하게 된 역사학자 강만길은 언론매체들과의 인터뷰에서 이렇게 말했다.

"유니텔 측에서 가상 대학을 만들면서 누구 강의를 듣고 싶으냐고 조사를 했다고 해요. 최근 책을 낸 게 있어서였는지 역사학에서는 내가 꼽혔다고 하더군. 책을 보면 되지 않느냐고 하니까 요즘 젊은이들은 책도 컴퓨터로 읽는다고 해. 그렇게 얘기하니까 거절하지 못하겠어요. 배우려는 사람이 있으면 가르치는 사람은 그 일을 해야 하는 거니까. …… 민족의 발전을 위해서는 사회구성원의 역사 의식이 높아져야 합니다. 날로 새로워지라는 말도 있는데 역사지식의 대중화를 위해선 이보다 더 좋은 수단이 없겠다 싶어 당장 시작했습니다."[141]

휴대전화 인구 500만 시대

1997년 휴대전화 인구 500만 시대가 열림으로써 97년이 '휴대전화 대중화'의 원년이 되었다.[142] 휴대전화 대중화는 95년 국내에서 세계 최

---

140) 김종엽, 〈인터코스넷의 나비〉, 『리뷰』, 1997년 봄, 4쪽.
141) 김일곤, 〈사이버대학에서 강의하는 노교수 강만길〉, 『원』, 1997년 4월, 318~319쪽; 윤승아, 〈인터넷 최고 인기강사 강만길 교수〉, 『경향신문』, 1997년 3월 27일, 17면; 임재걸, 〈사이버대학서 '역사토론' 즐기는 강만길 교수〉, 『도서신문』, 1997년 7월 21일, 5면.
142) 1998년 6월 1,000만명, 99년 8월 2,000만명으로 매년 100% 이상 가입자가 증가했고, 2005년 말 현재 3,700만명이 휴대전화를 사용하게 되었다. 이성규, 〈휴대전화: 반도체·자동차에 맞먹는 수출 주력상품 '세계 최초', '세계 최고'를 우리가 결정한다〉, 『2006년 한국의 실력』(월간조선 2006년 1월호 별책부록), 108쪽.

지면을 가득 메운 이동통신 업체들의 광고.

초로 이룬 CDMA(코드분할다중접속) 상용 기술 성공 덕분에 가능했다. 이를 바탕으로 96년 1월 1일 인천과 부천에서 한국이동통신(현 SK텔레콤)이 세계 최초로 CDMA 상용 서비스를 시작했다. CDMA는 한국 정보통신 사상 최고의 효자가 됐다. 훗날 삼성전자 정보통신총괄사장 이기태는 "한국이 전인미답이던 CDMA 시장을 개척한 덕분에 정보통신 강국이 될 수 있었다"며 "만일 당시 노키아와 모토로라가 선점하고 있던 TDMA(시분할다중접속) 시장에 진입했더라면 한국의 이동통신 산업은 뿌리를 내리기도 전에 고사했을 것"이라고 말했다.[143]

96년 4월 신세기통신(2000년 SK텔레콤에 합병), 97년 10월에는 한국통신 프리텔(현 KTF), 한솔 PCS(2001년 KTF에 합병), LG텔레콤의 PCS 3사가 상용 서비스를 제공하게 되었다. 98년 국내시장의 95% 이상을 국산 제품이 점유하게 되는데, 이때 나온 국내 휴대전화 제조사들의 마케

---

143) CDMA 사용화 월년이던 1996년의 휴대전화 수출액은 4억 4,000만 달러에 불과했으나, 10년 만인 2005년 한국은 모두 246억 달러어치의 휴대전화를 수출해 세계 시장의 22%를 차지하게 된다. 이희성, 〈CDMA: '한국표준' 세계서 통했다〉, 『중앙일보』, 2006년 1월 3일, E1면.

팅 문구를 보면 "더 잘 터진다", "더 잘 들린다", "더 작다", "더 가볍다" 등 기술적인 강점들을 부각시킨 내용이 대부분이었다.[144]

마정미는 "요즈음 매체에는 온통 이동통신 업체들의 광고뿐이다"고 했다. 그는 "이들의 광고는 LG의 019를 빼고는 전부 유머 광고로 소구하고 있다"며 유머 광고의 범람 이유를 '바쁘고 각박한 세상'에서 찾았다.[145]

뉴에이지 문화의 확산

존 네이스비트는 우리의 삶에 더 많은 하이테크(첨단기술)를 도입하면 할수록, 우리는 더 많은 하이터치(고감성) 균형을 찾게 된다고 주장했다. 그는 미국에선 기술중독이라고 해도 좋을 정도로 첨단기술에 심취하는 사람들이 많아지면서 하이터치 균형을 찾기 위한 노력도 활발하게 이루어지고 있다면서, 그 예로 종교 · 명상 서적의 판매 급증을 들었다. 1991 ~97년 사이에 미국에서 종교서적 판매는 150%라는 경이적인 성장률을 기록하였으며, 영혼의 안식과 일상의 행복을 강조하는 책들이 베스트셀러 목록의 상위권을 차지했다는 것이다.[146]

디지털 기술의 발달과 함께 뉴에이지 문화도 세를 더해갔다. 97년 이원태는 대중문화에서의 뉴에이지의 영향력이 점차 커지고 있다고 진단했다. 초능력, 기, 단, 염력, 초월명상, 마인드콘트롤, 요가 등이 유행한 가운데 『배꼽』, 『성자가 된 청소부』, 『빠빠라기』, 『뉴에이지 혁명』 등 뉴에이지 관련 서적이 베스트셀러가 되었다. 〈개구쟁이 스머프〉, 〈알프〉, 〈와즐〉, 〈늑대와 미녀〉, 〈환상특급〉 등과 같은 텔레비전 프로그램도 높

---

144) 이성규, 〈휴대전화: 반도체 · 자동차에 맞먹는 수출 주력상품 '세계 최초', '세계 최고'를 우리가 결정한다〉, 『2006년 한국의 실력』(월간조선 2006년 1월호 별책부록), 107쪽.
145) 마정미, 〈광고: Go Humor〉, 『상상』, 1997년 겨울, 84~87쪽.
146) 존 나이스비트, 손병두 감역 · 안진환 옮김, 『하이테크 하이터치』(한국경제신문, 2000).

은 시청률을 기록했다. 또 이현세의 〈천국의 신화〉·〈악마의 성전〉, 허명만의 〈블랙홀〉·〈텔레파시〉·〈초감각전쟁〉, 조운학의 〈아가페〉·〈유체이탈〉, 박봉성의 〈기〉, 박원빈의 〈공포의 차크라〉 등과 같은 문화가 큰 인기를 끌었다.

젊은이들 사이에선 정신감응(텔레파시), 독심력, 투시력, 예지력, 염력, 심장능력, 인공지능, 초능력의 생성가설(스페이스 파워, 마인드 파워, 바이오 파워), 수마술, 텔레포테이션(teleportation) 등과 같은 초능력현상, 초감각적 지각이 인기를 끌었다. 오컬티즘 붐도 일어 PC통신 동호회를 만들거나 『오컬트 다이제스트』라는 잡지를 창간하고, 공개적인 오컬트 세미나와 통신 레슨을 전개하는 등 조직적인 차원에서 이루어졌다.

이에 대해 기독교 측은 뉴에이지의 대중문화 침투를 심각한 사탄의 공격으로 우려하며 공격했다. 96년 말 마이클 잭슨 공연 찬반논쟁 와중에 기독교 측은 마이클 잭슨을 '사탄 숭배자'라고 비난하기도 했다.[147]

UFO 담론도 인기를 끌었다. KBS-TV에서 방영해 놀라운 시청률을 기록한 미국 폭스TV사의 미스터리 스릴러물 〈X파일〉도 그런 인기를 반영했다.[148]

---

147) 이원태, 〈대중문화, 사탄과 손을 잡다?: 대중문화에서의 악마주의의 부활과 관련하여〉, 『리뷰』, 1997년 봄, 83~85쪽.
148) 이원태, 위의 글, 87쪽.

키치 · 캠프 · 동성애

키치와 캠프

자신을 '날라리 문화평론가'로 규정한 노염화는 "나에게는 선배 평론
가들과 다른 지점이 분명히 존재한다고 생각하고 있다. 그 차이점은 '키
치(kitsch)에게도 미학은 있다'는 말로 정리가 가능할 것 같다. 나에겐
'키치적 심미안'에 대한 당당함이 있다는 것이다"고 말했다.

"키치에게 심미안이란 단어가 가당키나 한 것인가 하는 반론을 받을
지 모르겠다. 키치적 심미안이란 코드의 핵심 주장은 '평론가들이여, 부
디 대중을 계도하지 말지어다'라고나 할까. 대중들이 가지고 있는 천박
한 생각을 수정하려는 일련의 기획에 대한 거부이다. 평론가들이 화려한
수사와 엄청난 정보를 통해 무지한 대중들에게 설교를 하는 듯한 방식의
비평도 거부한다. 일례로 영화평론가들에게 무수한 별세례를 받는 예술
영화들은 일반 관객들에게 충실한 수면제가 아니던가. 대중이 천박해서
그렇다고? 무슨 기준으로 그렇게 말할 수 있나? 그리고 천박해서 안 될

이유는 또 무엇인가?"[149]

'키치적 심미안'에 대한 당당함은 '캠프(camp)'로 이어졌다. '캠프'는 원래 호모들의 세계에서 사용되는 슬랭을 일반화시키고자 시도한 것인데, 캠프의 본질은 비자연적인 것, 인조적인 것, 그리고 과장에 대한 애정에 있으며, 그것은 양성(兩性: epicene) 스타일의 승리를 의미했다. 그래서 캠프는 영국에서는 '사내답지 못한(effeminate)'이라는 단어와 동의어로 사용되었다.[150]

키치는 수많은 팝 아트 작품들이 제작되는 기폭제가 되었지만, 팝 아트는 캠프에 더 가까웠다. 오창섭은 팝 아트는 키치적 소재를 차용한 예술이지만 그 이면에 존재하는 심리는 키치와 반대로 흐르고 있다고 했다. 즉, 키치가 고급예술의 효과를 모방하는 위에서 아래로의 흐름이라면 팝 아트는 통속적인 대중문화를 소재로 추상표현주의를 비평하는 아래에서 위로의 흐름이라는 것이다.

"팝 아트에는 키치보다는 캠프(camp)적 여유가 존재한다. 캠프는 키치와는 구별되는 것으로 스타일을 즐기는 태도라 할 수 있다. …… 캠프에는 키치가 가지는 사회적 환상이라든지 즐기는 대상에 대한 존경은 존재하지 않는다. 단지 그것의 스타일만을 즐길 뿐이다. …… 캠프에서는 키치가 가지는 고급문화의 사회적 가치에 대한 절실함, 혹은 가치의 모방이라는 내재적 심리를 읽을 수 없다. …… 따라서 팝 아트는 키치적이라기보다는 캠프적이다."[151]

---

149) 노염화, 『키치소년, 문화의 바다에 빠지다』(토마토, 1997), 17~18쪽.
150) Susan Sontag, 〈Notes on "Camp"〉, 『Against Interpretation』(New York: Dell, 1966), pp. 277~293; 수잔 손탁, 백한울 옮김, 〈캠프란 무엇인가〉, 이영철 엮음, 백한울 외 옮김, 『21세기 문화 미리보기』(시각과 언어, 1996).
151) 오창섭, 『디자인과 키치: 수용의 관점에서 디자인 보기』(토마토, 1997).

'촌스러움의 반란'

한국에서 캠프적 가치는 '촌스러움의 반란'으로 표현되었다. 박형영은 "알록달록한 운동화를 신고 커다란 꽃무늬 장식의 삼순이 머리핀을 앞머리에 꽂은 '촌스런 멋쟁이'들이 거리를 활보한다. 비 오는 날에는 짬뽕을 먹자고 핏대를 세워 외쳐대는 묘한 언더그라운드 밴드에 사람들이 열광한다. 대학에서 미술공부를 했다는 디자이너가 초등학생 수준의 '종이공작물'을 만들어 전시회를 연다. 촌스러움의 반란이다. 기존의 시각으로는 도저히 이해되지 않는 일들이 일어나고 있다"고 했다.[152]

황신혜밴드는 30대 중반의 성인 두 사람이 만든 밴드로 대형 음반 유통매장 판매순위 10위 안에 드는 인기를 누렸는데, 이들의 인기는 주로 튀는 노래 가사 덕분이었다.[153] 황신혜밴드가 97년에 발표한 〈짬뽕〉의 가사를 보자.

"그대여 그대여 비가 내려 외로운 날에 그대여 짬뽕을 먹자!/ 그대는 삼선 짬뽕 나는 나는 곱빼기 짬뽕!/ 바람 불어 외로운 날엔 우리 함께 짬뽕을 먹자!/ 쫄깃한 면발은 우리 사랑 엮어주고 얼큰한 국물은 우하하하하하/ 짬뽕 짬뽕 짬뽕 짬뽕이 좋아/ 짬뽕 짬뽕 짬뽕 짬뽕이 좋아!/ 햇살이 쏟아지는 5월 그 어느 날 우리의 사랑은 깨어져버리고 쏟아지는 외로움에 난 너무 추웠어 떨리는 손으로 수화기를 들고/ 짬뽕 하나 갖다 주세요!"

결코 기죽지 않겠다는 캠프의 의연한 자세가 오히려 처절하게 느껴질 정도였다. 박형영은 "지금까지는 이런 현상을 설명하기 위해 키치라는 용어를 사용했다. 그러나 앞에서 든 예들은 엄밀하게 키치와는 다르다.

---

152) 박형영, 〈촌스러움의 반란: 고상한 척 하는 '키치'는 옛말 일부러 촌티 내는 '캠프' 시대〉, 『내일신문』, 1997년 4월 9일, 44~45면.
153) 신은희, 〈3류의 전성시대?: 황신혜밴드·'만병통치'〉, 『상상』, 제16호(1997년 여름), 142쪽.

황신혜밴드는 일부로 촌스러움을 연출하며 예술과 엄숙주의를 조롱하였다.

키치는 '진짜를 흉내낸 조잡하고 촌스러운 모조품' 또는 '이 모조품에서 자기만족을 얻고자 하는 행동 양태'를 뜻한다. 이를테면 이발소에 걸려 있는 밀레의 '만종'과 모차르트를 편곡한 경음악들이 그것이다. 그런 것들을 감상하며 만족을 느낀다면 그 태도 또한 키치다. …… 반면 앞에서 예를 든 다양한 경향들은 촌스러움 그 자체를 강조한다"고 했다.

"신세대들이 입는 촌스러운 옷은 고급브띠끄에 대한 모방이 아니다. 신식공작실의 작품은 누가 봐도 촌스럽다. 황신혜밴드는 일부로 촌스러움을 연출하며 예술과 엄숙주의를 조롱한다. 미국의 철학자 수잔 손탁은 이런 경향을 '캠프'라고 불렀다. 캠프는 촌스럽다는 점에서는 키치와 비슷하지만 흉내내기가 아니라는 점에서 분명히 차이가 있다. …… 캠프에 대해서는 '허위의식에 불과하다'는 일부의 비판도 있다. 그러나 미술평론가 최범 씨는 '캠프는 지식인들이 그동안 경원시했던 하위문화를 포용하면서 지적 정당성을 찾아가려는 과정'이라고 긍정적으로 평가했다."[154]

154) 박형영, 〈촌스러움의 반란: 고상한 척 하는 '키치'는 옛말 일부러 촌티 내는 '캠프' 시대〉, 『내일신문』, 1997년 4월 9일, 44~45면.

기성세대는 남들 눈치를 보며 따라했지만, 신세대는 무얼 따라하더라도 "뭐 어때?"라고 외치면서 당당하게 자신의 '심리적 과정'마저 드러냈다. 아니 일부러 드러내려고 애를 썼다. 그 점에서 보자면, 구세대는 '키치적 인간'인 반면, 신세대는 '캠프적 인간'이라고 볼 수도 있었다.

저항의 상품화

이석원은 밴드음악계에서 97년은 '황신혜밴드의 해'였다면서, "그들의 위력이 어느 정도냐 하면, 국내 헤비메탈 그룹은 10년을 활동해도 나올까말까한 방송엘 첫 번째인지 두 번째 공연에 나와버렸다. 기이한 것은, 인천 그룹인 'RPM'이 '야~씨발' 하고 노래할 땐 '저런 무식한 새끼들' 하며 눈살을 찌푸리던 사람들이 황신혜밴드가 나와서 '야 이 개새끼들아~' 할 때는 박수를 치고 즐거워한다는 것이다"고 말했다.

"문화게릴라들이 하는 욕에는 금띠라도 둘러져 있는 걸까? 어쨌든 기자들이 붙여준 것처럼 그들은 음악게릴라들이 아니고 문화게릴라들이다(게릴라가 맞다면). 진지한 음악을 들려주는 이들이 많지 않고 온갖 행위와 짓거리만 늘어가 괴로운 판국에, 세상이 너무 심각하다며 본인들 표현대로 '풍선껌' 같은 음악을 들고 나왔는데도, 그저 취미고 별 것 아니라고 강조해도 그러면 그럴수록 더욱 비범해 보이는지 기자들의 시선을 더욱 강하게 잡아 묶는다. 그리고 명성(?)의 빈익빈 부익부 현상은 지속되는 것이다. 나는 이 모든 것들이 정말로 필요 이상으로 과장되어 있다고 생각한다. 무엇이 펑크고 무엇이 저항이란 말인가. 본인들조차 부정하는 그러한 감투(?)를 그들에게 씌워주는 무리들은 대체 누구란 말인가."[155]

---

155) 이석원, 〈언더그라운드, 혹은 펑크라는 이름의 한판 쇼〉, 『오늘예감』, 1997년 여름, 31~32쪽.

'저항의 상품화'는 97년의 한 유행이었다. 그 대표적 예가 '찢어진 청바지'였는데, 문제는 그게 너무 비싸다는 것이었다. 미국인들이 입다 버린 청바지가 1,000원에 수입돼 국내에서 10만 원에 팔려나가는 일까지 벌어졌다.[156]

인디밴드 삐삐롱스타킹 사건도 있었다. 97년 2월 15일 삐삐롱스타킹은 MBC 〈인기가요 베스트 50〉에서 카메라를 향해 가운데 손가락을 치켜들고(권병준), 침을 뱉는(박현준) 등 돌출행동을 해 MBC는 사과명령과 연출자 경고 등의 징계를 받았고, 삐삐롱스타킹은 '1년간 모든 지상파 TV 및 라디오 출연정지' 처분을 받았다. 방송위원회 출범 이래 내려진 최대의 중징계였다.[157]

동성애문화 논쟁

캠프 문화의 연장선상에서 동성애문화도 부각되었다.

1996년 3월 연세대학신문 『연세춘추』에 '동성애자 인권모임을 만든다'는 광고가 실려 세상을 깜짝 놀라게 만들었다. 이게 바로 그 유명한 서동진의 커밍아웃의 단초가 되었다. 동성애자운동은 한국 사회에 만연한 호모포비아(homophobia: 동성애자공포증)를 극복하고자 하는 인권운동의 성격을 갖게 되었다. 서동진은 그 광고를 내고 나서 엄청난 '욕설과 협박'에 시달렸다는 것이 그 점을 말해 주었다.

"아주 황급한 어조로, 그 역겨움을 견딜 수 없다는 투로, 혹은 제 의지로는 어떻게 가눌 수가 없다는 음성으로, 그 친구들은 한결같이 나를 죽여 버리겠다거나 아니면 죽어 마땅하다고 일갈했다. 나는 며칠 동안 밤낮으로 걸려오는 그 발신자 불명의 집단증오 속에 파묻혀 별의별 걱정과

---

156) 이동국, 〈입다버린 청바지 수입 폭리〉, 『한국일보』, 1997년 10월 20일, 39면.
157) 이흥우, 『첼로와 삼겹살: 대중음악으로 세상 깨는 이야기』(계몽사, 1997), 50~66쪽.

우려를 다했다."[158]

서동진은 '이성애주의의 폭력적이고 억압적인 성격'을 지적하면서 "게이, 그것은 페니스를 단 여성도, 남성을 사랑하는 남성도 아니다. 그들은 전혀 다른 삶의 정체성을 가지고 있는 사람들이다. 이들은 가부장제와 그것이 생산하는 여러 가지 권력관계 내에서, 여성과 더불어 가장 억압당하고 있다"고 했다.[159]

그러나 97년 이정우는 불과 2년여의 기간 동안 한국 사회에는 우후죽순격으로 동성애자 인권모임들이 생겨났지만 정말 인권운동을 벌이고 있는 곳은 거의 없는 듯하다고 개탄했다.

"이태원 게이클럽들에 모여서 보다 자유로이 식성을 논한다고 세상이 바뀔 것 것인가? 통신방에 모여서 밤새도록 노가리나 푼다고 인권이 향상되는가? 세상에, 대다수의 동성애자 인권모임의 회장들이 커밍아웃을 하지 않은 상태이다. 더욱 놀라운 것은 그에 대해 대다수의 동성애자들이 ― 심지어 인권단체의 활동가마저도 ― 별로 비판적이지 않다는 점이다. 인권단체의 대표가 커밍아웃을 하지 않으면 도대체 누가 커밍아웃을 한단 말인가! 보다 노골적으로 말해 기실 지난 2년여 동안 서동진 씨나 필자가 펼쳐온 활동이란 것은 이성애자 사회에 대한 이슈 파이팅(issue fighting)과 동성애자들에 대한 면죄부 발송작업에 불과했다고도 볼 수 있다."[160]

이정우는 "1995년 연세대에서 성정치문화제가 열리던 시기는 대사회적으로 동성애자 인권운동의 런칭시기였기에 무척이나 이미지 메이킹 작업에 조심스러워하며 쓸데없는 과열현상을 피하고자 동성애자 인권단체의 내부 간사들이 상당히 신경을 곤두세우고 있던 시기였다. 하지만

158) 서동진, 『누가 성정치학을 두려워하라』(문예마당, 1996), 133쪽.
159) 서동진, 위의 책, 127쪽.
160) 이정우, 〈한국 지식인 나부랭이들 삽시간에 호모포비아를 극복하다〉, 『오늘예감』, 1997년 여름, 53~54쪽.

연세대에서 열린 '성정치문화제' 모습. 학생들이 전시된 콘돔을 보고 있다.

결국 사전통보나 조율작업 없이 진행된 연세대의 95년 성정치문화제는
언론에 집중적으로 화살을 맞으며 동성애자 문제를 그 혼란스러운 할로
윈 쇼의 주범으로 만드는 결과를 낳았다"고 말했다.

　"긍정적인 측면이 없었던 것은 아니나 전체적으로 보아 대중들의 감
정적인 거부감만을 불러일으켰고 성정치와 동성애자 인권운동에 대한
심리적 거리감을 넓히는 데에 공헌을 했던 것이다. 이러한 양상의 단적
인 증거는 그 해 연세대의 총학생회장 선거의 결과에서 찾을 수 있다. 성
정치문화제의 필요 이상의 깜짝쇼 덕택에 우파 학생회가 집권한 것이다.
당선소감을 밝히는 신임 총학생회장은 인터뷰에서 선거 승리의 첫 번째
요인으로 성정치문화제의 충격과 그로 인한 학우 대중정서의 이반을 들
었을 정도이다."[161]

161) 이정우, 〈한국 지식인 나부랭이들 삽시간에 호모포비아를 극복하다〉, 「오늘예감」, 1997년 여름, 57~58쪽.

또 이정우는 "요즘은 정말이지 지식인들을 만나면 단 한 명도 동성애자 담론에 대한 거부감을 표하는 이가 없다. 이대 여성학과 대학원의 열혈 페미니스트 김지혜 씨의 표현을 빌자면 다음과 같다. '한국 지식인 사회는 일순간에 호모포비아를 뛰어넘어 삽시간에 우아해졌다.' 한마디로 솔직한 사람들이 멸종한 것이다"고 말했다.

"어떻게 호모포비아라는 근본적인 시대적 심인증이 일순간에 사라진단 말인가. 심지어 동성애자 인권운동가인 나조차도 호모포비아에서 자유롭지 못하다. 그런데 한국의 지식인들은 이미 호모포비아를 과거로 날려보낸 양하고 있다. 나는 가끔 문화비평가입네 하는 양반들이 동성애자 담론에 대해 아는 척을 하며 호모포비아는 남의 일인 양 이야기하다가 주변에 있는 사람들이 동성애자들임을 깨닫고 난 뒤 부리나케 자리를 뜨는 황당하고 우스운 꼴을 적잖이 보게 된다."[162]

김성기는 『씨네21』의 고정란을 통해 '동성애 담론 상품화'에 비판을 가했다. 이에 대해 이정우는 "그의 논조는 대체 동성애자 문제를 논의하는 것이 '과잉'이라는 소리인지 아니면 식성 좋은 매스미디어의 논리에 포섭되고 마는 현실이 안타깝다는 것인지 알 길이 없는 애매모호한 것이기에 나는 그에게 의심의 눈초리를 떼어낼 수가 없다"고 했다.

"기실 그는 동성애 담론의 상품화를 비판하는 척하면서 실제로는 은연중에 자신의 호모포비아를 드러내는 동시에 합리화하는 것이다. 분명히 말해 두지만 논의의 과잉이란 있을 수 없는 일이다. 우리 동성애자들의 목소리가 신문과 방송매체에서 지면과 화면을 10%를 차지한 것이 있는가? 결코 아니다. 아직 1%도 차지해 본 적이 없다."[163]

---

162) 이정우, 〈한국 지식인 나부랭이들 삽시간에 호모포비아를 극복하다〉, 『오늘예감』, 1997년 여름, 61~62쪽.
163) 이정우, 위의 글, 63쪽.

다문화주의 논쟁

동성애운동과 더불어 확장되기 시작한 다문화주의에 대해 학생운동 권은 불편한 심정을 드러내기도 했다. 웹진 스키조 편집장이자 아주대 4학년생 노경윤은 "오늘 우리의 진보는 개 취급을 당하고 있다. 소위 진보라 함은 거대한 기획에 동참하는 부문세력들의 결집을 통하여 형성되는 정치적 장으로서 오늘날과 같은 문화적 다원주의가 판을 치는 현실에서는 이제 더 이상 '진보'를 고집하기가 힘들어지게 되었다"고 했다.

"대신 우리는 대학 안 어디서든 '진보적인' 사람들을 만날 수 있게 되었다. 억압적인 가부장제에 역겨움을 표하고 다문화주의라는 이름하에 동성애자들 역시 이 사회의 일원으로 포용할 줄 아는 넓은 아량을 가진 사람은 물론이거니와 서태지나 넥스트의 음반을 들으며 트랙 곳곳에 숨어 있는 저항정신과 비판의식들을 감지해 낼 줄 아는 혜안을 지닌 사람들도 쉽게 찾아볼 수 있게 되었다."[164]

노경윤은 "다문화시대의 급진주의자들이자 반문화주의자들인 그들은 실로 다차원적이고 전면적인 해방을 이야기한다. 그들은 학내 문화사업의 일환으로 대동제 문화공연에 록밴드를 초청하고, PC통신을 통한 새로운 정치의 가능성에 주목하고, 동성애영화제를 기획한다. 하지만 그들의 다차원적인 기획들 속에서 오히려 우리의 대학문화는 진공상태에 머물게 되는 건 아닌지 의아스럽다"고 했다.

"유독 대학 안에서 부풀려진 담론의 과잉상태를 현실의 전부인 양 착각함으로써 오히려 지금의 대학이 당면한 거부할 수 없는 자신의 현실을 잊게 만드는 건 아닌가 이 말이다. 자신이 처한 현실 속에서 가능한 대안을 찾기보다는 골치 아픈 이론서들과 카세트테이프, 영화 스크린, 그리

---

164) 노경윤, 〈네버마인드! 우리는 각개약진할 거다〉, 『오늘예감』, 1997년 여름, 72쪽.

동성연애자 모임 '친구사이' 실무자들이 소식지 발송작업을 하고 있다.

고 PC실의 모니터 앞에서 대학 내 개인 공간의 완전한 독립을 쟁취함으로써 대학이란 공간의 자율성을 스스로 파괴하고 있지는 않은지도 염려스럽다."[165]

고길섶도 "진보 이데올로기는 90년대 초입의 세계사적 · 국내적 정세의 급변에 따라 급사당하다시피 하였다. 진보를 주장하였던 사람들이 어느 순간부터 진보라는 말을 증오하기도 한다. 그러나 이 증오의 이미지는 외적 환경으로부터 온 것이라기보다 이전 진보 진영의 진보적 관점을 통제하였던 일괴암적 사유와 방법에 대한 반발효과도 클 것이다"고 말했다.[166]

---

165) 노경윤, 〈네버마인드! 우리는 각개약진할 거다〉, 『오늘예감』, 1997년 여름, 75쪽.
166) 고길섶, 『문화비평과 미시정치』(문화과학사, 1998), 66~67쪽.

제9장

국가적 생존투쟁

김대중의 대통령 취임

김대중 시대의 영남 민심

"호남에서 97%나 김대중을 찍었다는데 공산당이여 뭐여. 우리도 다음엔 본때를 보여 줘야 해. 99%를 찍어 정권을 되찾아와야 해."

어떤 대구 사람이 열을 내며 한 말이었다. 대구 출신인 목사 김진홍은 『중앙일보』 1998년 1월 4일자에 기고한 〈민족개조론〉이라는 제목의 칼럼에서 그 말을 소개했다. 친지들 몇이 모여 이런저런 이야기를 나누는 자리에서 그런 말이 나왔다는 것이다. 김진홍은 그렇게 말한 친지를 다음과 같이 타일렀다고 했다.

"그렇게 생각할 일이 아닙니다. 선거가 지난 후에는 자기가 찍었던 사람이 누구였느냐에 관계없이 당선된 사람을 밀어야지요. 호남에서 97%를 밀어서 김대중 대통령이 나왔으면 이제는 전 국민의 97%가 그를 밀어 새 정치를 이루어나가야지요. 이제는 '호남사람' 김대중이 아니라 우리 대통령 김대중입니다."

대구 온 조사연구소 소장 위현복은 『말』지 98년 2월호에 기고한 글에서 'DJ 시대의 대구·경북 민심'을 전하면서 97년 12월 21일 대구 삼덕동의 삼덕교회 목사 김태범의 주일 낮 설교 내용을 다음과 같이 소개했다.

"그저께 장로님 한 분을 뵈었더니 얼굴이 영 까칠해서 '왜 그런가' 하고 물었더니 '디제이가 당선되고 난 뒤 입맛을 잃어 밥을 잘 안 먹었더니 그렇습니다' 고 하길래 제가 '그러면 전라도 사람들은 오십 년간 밥맛이 없었을 거 아닙니까? 그 사람들 심정도 이해하고 이젠 화해해야지요' 라고 했습니다. 이번 선거는 하나님의 성탄절 선물로 생각하고 우리 국민이 화합하라는 뜻으로 받아들입시다."

리영희는 『한겨레』 98년 1월 7일자에 쓴 칼럼에서 "인과관계의 구조에서 말하자면, 호남 지역감정이란 영남인들과 그들의 수혜자 격인 그밖의 지방인의 '경상도 지역주의'가 강요한 결과라고 함이 옳을 것이다. 경상도 사람들은 그들이 독점한 국가권력의 위력을 업고 전라도 사람들을 마치 '불가촉천민' 시하는 듯했다. 그 허구의식으로 그들은 마치 자신들이 '선인'인 양 착각하는 오만과 악덕에 빠졌다"고 말했다.

"김영삼 정권 5년에, 이른바 왕년의 'TK'로 불리는 경상북도 사람들이 모든 혜택을 경상남도에 빼앗겼다고 불만이 크다는 말을 종종 들었다. 동정이 안 가는 바 아니다. 하지만 30년간을 권력과 돈을 독점했던 'TK지역' 주민들이 불과 5년간의 '푸대접'에 격분할 때, 한번쯤은 40년 가까이를 경상남북도 영남지역 지배하의 나라에서 서러움의 눈물을 삼켜야 했던 전라도 호남인들의 심정을, 한번쯤은, 생각해 볼 만도 하다. …… 많은 호남 출신이 직장에 남기 위해서 또는 일자리를 얻기 위해서, 그들의 호적을 바꾸었거나 전라도 사람이 아닌 모습으로 살려고 애쓰는 경우를 나는 수없이 알고 있다. 그들은 '3등 국민'의 처지였고, '내국식민지'적 멸시를 당했다. 주장할 의견이 있어도 참고 소리를 거두었다. 그것은 동포 집단의 큰 부분에 강요된 '자기 부정'이고 현대적 '소외'였다. 상대방의 처지가 되어서 한번 생각해 보라. …… 오랫동안 나라의 따스한 양지를 독차지하여 호남지역 주민들에게 음지의 삶을 강요했던 영남지역 주민들 사이에서 먼저 자발적인 자기 비판과 반성의 소리가 일어나야 할 것 같다."

김대중의 대통령 취임

1998년 1월 13일 김대중 대통령 당선자는 삼성 회장 이건희, 현대 회장 정몽구, LG 회장 구본무, SK 회장 최종현 등 4대 재벌총수들과 재벌구조조정에 대해 ① 기업경영의 투명성 제고, ② 채무보증의 해소, ③ 재무구조의 획기적 개선, ④ 핵심부문의 설정과 중소기업과의 협력강화, ⑤ 지배주주 및 경영진의 책임강화 등 5가지 합의를 했다.[1]

98년 2월 6일 새벽 제1기 노사정위원회 논의가 타결되었다. 민주노총 비대위는 정리해고제와 파견근로제에 합의한 지도부를 분노와 함께 불신임하였고 즉각 파업을 결의하였지만, 파업 결의를 3일 만에 스스로 철회했다. 파업 결의 노동자들마저 매우 분노한 상태에 있었음에도 "또다시 총파업으로 온 나라가 혼란에 빠지면 정말로 나라가 파산을 선고받는 게 아니냐"는 식의 두려움에 휩싸인 것이다.[2]

98년 2월 25일 김대중이 대통령에 취임했다. 그는 취임사를 통해 "우리 모두는 지금 땀과 눈물과 고통을 요구받고 있다"면서 "잘못은 지도층이 저질러놓고 고통은 죄 없는 국민이 당하는 것을 생각할 때 한없는 아픔과 울분을 금할 수 없으며 이런 파탄의 책임은 장래를 위해서도 국민

---

1) 1999년 8월에는 여기에 ① 산업자본의 금융지배 차단, ② 순환출자 및 부정내부거래 억제, ③ 변칙상속 증여의 방지 등 3대 보완과제가 추가됐다. 이는 '5+3' 원칙으로 불렸다.
2) 강수돌, 〈경제와 사회, 그리고 생활문화: 경제위기에 대한 비경제주의적 이해〉, 『문화과학』, 1998년 가을, 107쪽.

'국민의 정부' 탄생. 1998년 2월 25일 김대중이 대통령에 취임했다.

앞에 마땅히 밝혀져야 한다"고 강조했다. 그는 "지금 우리는 전진과 후
퇴의 기로에 서 있다"면서 "민족수난의 굽이마다 나라를 구한 선조들처
럼 우리도 오늘의 고난을 극복하고 내일에의 도약을 실천하는 위대한 역
사의 창조자가 되자"고 역설했다.

김대중은 남북관계에 대해 언급, 남북한 고령이산가족의 재회와 서신

교환 실현을 촉구한 뒤 "남북기본합의서 이행을 위한 남북 간의 특사교환을 제의하며 북한이 원한다면 정상회담에도 응할 용의가 있다"고 제안했다. 김대중은 또 여소야대 정국상황과 관련, "오늘의 난국은 다수당인 야당의 협력 없이는 결코 극복할 수 없다"며 "나라가 벼랑끝에 서 있는 금년 1년만이라도 나를 도와달라"고 호소했다.[3]

권영해 자해사건

1998년 3월 21일 서울 서초동 서울지검 청사에서 이른바 '북풍(北風) 공작' 혐의로 조사를 받던 전 안기부장 권영해가 오전 4시 40분께 청사 11층 특별조사실 내 화장실에서 문구용 칼날로 배를 그어 자해한 사건이 일어났다.

그간 검찰은 권영해가 △지난해 12월 7일 안기부장 공관에서 이대성 (56·구속) 당시 안기부 해외조사실장에게 5만 달러를 주며 재미동포 무역상 윤홍준(32·구속) 씨의 기자회견 공작을 지시하고 △12월 13일 사례비로 윤씨에게 20만 달러를 줄 것을 이 실장에게 지시한 사실을 확인했다고 발표했다. 검찰은 또 권영해가 기자회견 내용의 사실 여부를 확인하지 않았고 일부 내용은 허위인 줄 알고도 공작을 지시했다는 자백을 받았다. 권영해는 그러나 △기자회견 공작의 동기 △정치권 등 배후 △대북 커넥션 극비 문서 작성 및 유출경위 △오익제 씨 편지사건 등 '북풍공작'에 대해서는 국가기밀 등을 이유로 진술을 거부했다고 검찰은 밝혔다.

남부지청장 김원치와 대검 관계자는 "손목이나 목 같은 치명적 부위가 아닌 복부를 상해한 점, 화장실에서 변기를 깨고 벽에 머리를 부딪치

---

3) 「한국일보」, 1998년 2월 26일, 1면.

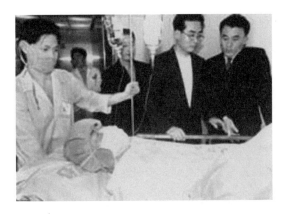

'북풍공작' 혐의로 조사를 받던 전 안기부장 권영해가 자해사건을 일으켰다.

는 등 소동을 벌여 자해행위를 적극적으로 알린 점, 출두하기 전 집이
나 제3의 장소에서 자해하지 않고 수사과정에서 자해한 점 등을 고려할
때 자살기도가 아닌 단순 자해소동"이라고 주장했다.

범죄심리학자인 한림대 교수 조은경도 "권씨가 '모든 것을 책임지겠
다'고 말해 온 점으로 미뤄 결백을 주장하거나 심리적 압박을 이기지 못
해 저지른 자살기도라기보다는 사건을 현 수준에서 마무리하거나 배후
인물을 보호하기 위한 '쇼'로 판단된다"고 말했다.[4]

"경상도 사람들의 씨를 말리고 있다"

1998년 3월 23일 한나라당 의원 총회에서 이규택은 현 여권을 "북한
조선노동당의 2중대"라고 주장했으며 다른 의원들에 의해 그와 비슷한
발언들이 쏟아져 나왔다. 그런 발언들에 대해 다수 의원들이 박수로 동
조했다.

---

4) 『한국일보』, 1998년 3월 22일, 1 · 15면.

영남지역에서 치러진 98년 4·2 재보선에선 지역감정에 불을 지르는 발언들이 난무했다.

"김대중 정부의 호남 싹쓸이 인사로 여러분의 후배, 아들이 밀려나고 있다."(조순)

"현 정부는 국가 주요직에서 경상도 사람들을 몰아내고 전라도 사람으로 싹쓸이하고 있다. …… 김 대통령은 취임 뒤 정치 보복부터 시작했으며 북풍 사건을 일으켜 경상도 출신인 권영해 전 안기부장이 배를 가르는 비극을 낳았다."(이한동)

"현 정권이 국가 주요직에서 경상도 사람들의 씨를 말리고 있다."(김덕룡)

"한풀이 정치의 피해자는 경상도 사람이 될 것이다. 경상도 기질이 보통 기질이냐 뭉쳐서 덤벼들자. …… 정권을 내줬다고 이제 와서 김대중 대통령이 보낸 사람을 당선시키면 대구 시민이 사람 대접을 받을 수 있다고 생각하느냐."(이기택)

4·2 재보선엔 박근혜가 대구 달성에 한나라당 공천을 받아 출마했다. 그녀의 선거 유세는 대성황을 이루었다. 박윤석은 "굳이 연설을 할 필요가 없을 정도였다. 박근혜가 가는 곳은 어디나 군중이 들끓었다. 아저씨고 아줌마고 애 어른 할 것 없이 사람들은 그를 보러 몰려들었다. 그가 무슨 말을 하는가는 둘째 문제였다. 군중을 휘어잡는 연설 실력 같은 것과는 거리가 있는 그가 특유의 나직한 음성을 또박또박 들려줄 때마다 군중은 열광했다"고 말했다.

"주민들이 도시락과 음료수를 싸들고 지구당사를 찾아들었다. 전국에서 지구당사 위치를 물어오는 전화가 쇄도했다. 초특급 결전장으로 특별관리 체제에 돌입했던 상대 진영은 상상외의 폭발력에 아연해하면서 초반부터 동요했다. 더 놀란 것은 한나라당 진영이었다. 말이 필요 없는 유세. 홍보할 필요조차 없을 정도로 찾아드는 청중. 한나라당이 탄생하고 처음 보는 광경이었음은 물론, 이전으로 소급해 올라가도 언제 이런 선거운동을 보았는지 기억도 가물가물했다."

박윤석은 "한때 박정희를 욕하는 게 유행이었다면 지금은 그에 대한 복고주의 향수가 고개를 들고 있다. 과거 '유신 폭압 독재' 시기에도 개인적 이해관계를 떠나 박정희를 옹호하는 사람들이 있었듯 지금은 모락모락 피어오르는 박정희 신드롬을 두고 질타를 퍼붓는 사람들이 있다. 공통점은 그들이 소수라는 점이다"고 말했다.[5]

호남 인구 비율 논쟁

과연 '호남 싹쓸이'이었던가? 그 시점에서 장차관급 출신 지역별 비율은 영남 28%, 호남 20%이고, 1~3급 공무원은 영남 34%, 호남 23%였다. 김영삼 정권 시절 영남 출신 장차관급이 46%나 됐는데 그게 28%로 낮아져서 '호남 싹쓸이'란 말이었을까?

한나라당 대변인 맹형규는 청와대가 '호남 싹쓸이'가 아니라는 구체적인 인사 통계를 발표하자 '요직 독점'이 문제라고 그랬다가 뒤이어 "인구비를 고려치 않은 단순 비교 자료로 지역 편중 인사를 호도하고 있다"고 반박했다.

『조선일보』 1998년 4월 13일자는 맹형규의 발언을 크게 보도했는데, 이 기사에서 힌트를 얻은 것인지 『조선일보』 4월 14일자 '독자 편지' 란에는 다음과 같은 독자 편지가 게재되었다.

"본인이 얼른 주먹구구로 계산해도 부산, 대구를 포함한 영남 인구는 광주를 포함한 전남북 인구의 갑절 가량 된다. 인구가 많은 지방에서 공무원 등용 인원이 많을 수밖에 없다는 것은 보편적 상식 아닌가. 박(지

5) 박윤석, 〈인물 탐험〉, 『신동아』, 1998년 10월.

박근혜는 대구시 달성 보궐선거에서 한나라당 공천을 받아 출마하여 당선되었다.

원) 대변인 논리대로 한다면 왜 제주도에는 20~30% 정도의 고위직 공무원이 없는가 한번 생각해 볼 일이다."

이 편지는 부산 동래구 온천 3동에 사는 김종원이 보낸 것인데 『조선일보』 편집자는 부산 남천동에 사는 석육균 등도 비슷한 의견을 보내주었다고 밝혔다.

한나라당은 5월 8일 'DJ 정권 호남편중인사 실태' 백서를 발간했다. 이 백서는 각 지역별 인구비에 따르면 호남은 11.7%라고 했다. 이 통계는 고향을 따지지 않는 거주지 중심의 통계였다. 그렇다면 각 부문별 요직에 등용된 인사들의 출신 지역이 아니라 주민등록 주소지를 따져야 일관성을 유지할 수 있었을 것이다. 그런데 이 백서는 이 경우 출신 지역을 따졌다. 도무지 앞뒤가 맞지 않았던 것이다.

고향을 따진다면 호남 인구는 11.7%가 아니라 30%였다. 호남 인구는 30%인데도 불구하고 장차관급 및 1~3급 공무원 가운데 호남 출신이 차지한 비율은 각기 20%와 23%에 지나지 않았으니, 호남은 여전히 차별을 받고 있었던 것이다. 호남 출신 인구는 공식적인 집계가 어렵기 때문에 형식적인 통계연감 따위로는 밝히기 어려운 것이었는데, 경북대 지리학과 교수 박찬석은 "산업화 이전인 1939년의 인구 구성을 보면 영남인이 1,500만 명으로 남한 전체 인구의 35.5%, 그리고 호남인이 1,209만 명으로 30.0%였다"고 했다.

"산업화 과정에서 이주가 있었지만 인구의 자연 증가에서는 영호남 간의 차이가 없었을 것이다. 따라서 현재에도 1939년과 같은 비율의 영호남 출신 사람들이 전국에 흩어져 살고 있다고 보아야 한다. 그렇다면 정부의 고위 관료에 호남 출신 인사가 인구 비율대로 30.0%를 차지해야 한다는 것은 당연한 귀결이다."[6]

그러나 이 '당연한 귀결'은 받아들여지지 않았다. 민중당 출신 의원 이재오는 98년 5월 12일 국회 대정부 질문에서도 '전체 인구에서 호남 인구의 비율이 11.7%에 불과한 데 비해'라는 말을 해놓곤 고위 공직자들의 고향을 따졌다.

영남 봉기론

『내일신문』 1998년 5월 13일자는 〈재벌과 언론의 신 DJ 죽이기…언론, DJ 외곽 때리기 시작…재벌, 언론 활용 새 정부 견제〉라는 제목의 기사에서 재벌과 언론이 합작으로 김대중 정권을 '관리'하기 시작했다고 보도하였다.[7] 이 신문은 또 다른 기사 〈언론과 DJ, 밀월 끝났다〉에서 2월 25일 취임식 때부터 4월 30일까지 10개 중앙 일간지 사설과 주요 칼럼,

---

6) 『동아일보』, 1991년 5월 30일.
7) 김기수, 〈재벌과 언론의 신 DJ 죽이기: 강도 높은 재벌개혁으로도 돌파힌다〉, 『내일신문』, 1998년 5월 13일, 2면.

방송 3사 뉴스 논조를 분석해 보니 그런 결과가 나왔다고 밝혔다.[8]

4·2 재보선에서 승리해 자신감을 얻은 한나라당은 지역주의 비법을 계속 활용하고자 했다. 5월 15일 한나라당 대구대회엔 "이름 좋은 국민정부 알고 보니 호남정권", "호남정권에 기생하는 자민련을 대구에서 몰아내자"라고 쓰인 현수막이 내걸렸다.[9]

『한국일보』 98년 5월 15일자는 "최근 한나라당 지도부는 대구·경북지역 필승 대회에서 '난 간단한 사람이 아니여. …… 한다면 하는 사람이랑께'라고 김대중 대통령이 '국민과의 대화'에서 한 말을 흉내내며 '영남봉기론'을 부추겼다"고 보도했다.

8) 정종근, 〈언론과 DJ, 밀월 끝났다〉, 『내일신문』, 1998년 5월 13일, 53면.
9) 박철언, 『바른역사를 위한 증언: 5공, 6공, 3김시대의 정치비사 2』(랜덤하우스중앙, 2005), 547쪽.

금 모으기 운동

금 모으기 운동 열풍

1998년 초 시점에서 총 외채는 국민총생산 4,000억 달러의 37%에 달하는 1,500억 달러였다.[10] 96년까지 7~9%에 이르던 경제성장률은 98년에는 마이너스 7%로 떨어졌고, 2~3%였던 실업률은 9%로 치솟았으며, 근로자들은 평균 9% 임금 삭감을 했다.

그런 우울한 상황에서 탈출하기 위한 자구책으로 촉발된 '금 모으기 운동'이 결합되면서 'IMF 민족주의'라 해도 좋을 정도의 민족주의적 열기가 한국 사회를 휩쓸었다. 그러나 그와 동시에 세계화는 피할 수 없는 대세라는 점에서 세계화와 민족주의의 충돌 지점이 여기저기서 나타나게 되었다.

98년 초부터 시작된 금 모으기 운동은 90년 전인 1907년의 국채보상

---

10) 임현진, 『21세기 한국 사회의 안과 밖: 세계 체제에서 시민사회까지』(서울대학교출판부, 2001), 140쪽.

1998년 초부터 시작된 금 모으기 운동은 90년 전인 1907년의 국채보상운동을 방불케 했다.

운동을 방불케 했다. 『경향신문』 98년 1월 6일자에 따르면, "각 가정의 장롱 속에 있던 금붙이가 대기업들의 금고로 몰리고 있다. 5일 업계에 따르면 대우는 주택은행, 고려아연 등과 함께 금 모으기 운동을 벌여 최근 이틀 동안 1,465명으로부터 금반지, 행운의 열쇠 등 99.27㎏의 금을 모았다. 삼성물산은 지난달 31일 종무식 현장에서 503명의 직원들로부터 10.3㎏의 금을 수집했다."

98년 1월 12일 전국 106개 시민·소비자·농민·종교단체와 각계 인사들은 서울 명동 대한YWCA 2층 강당에서 '외채상환 금모으기 범국민운동' 발대식을 갖고 외환위기 극복을 위한 대대적인 금 모으기 캠페인에 돌입했다.

발대식에서 김수환 추기경은 "종교, 지역, 계층 간의 갈등과 차이를 떠나 국민 모두가 자기희생과 고통분담으로 '사랑의 길'을 가야만 경제 난국을 극복할 수 있다"며 동참을 호소했다. 송월주 조계종총무원장은 '국민에게 드리는 호소문'을 통해 "미증유의 국난에서 벗어나기 위해서는 구한말 선조들이 국채보상운동을 벌였듯이 장롱 속 금을 꺼내 외채를 갚는 일에 온 국민이 나서야 한다"고 촉구했다. 발대식이 끝난 직후 참여 단체 대표와 회원들은 1층 농협 명동지점으로 가 금반지, 금목걸이 등을 내놓고 통장을 받거나 3년 만기 국채로 교환할 수 있는 위탁증서를 받았다.[11]

이날 상오 발대식이 끝난 직후 김수환 추기경은 '행운의 열쇠', '금거북'과 신자가 기증한 금반지, 금십자가 등 142.58g의 금을 내놓았다. 송월주 조계종 총무원장이 "성물인 십자가까지 내놓아도 되느냐"고 묻자 김 추기경은 "예수님은 몸도 바쳤는데 나라를 살리는 일에 십자가를 내놓는 것은 당연한 것 아니냐"고 대답, 시민들로부터 박수를 받았다.

금 모으기 운동에는 '연예인 농촌돕기운동본부'에서도 소속 회원들과 함께 참여했는데 연예인들이 방송대상 시상식에서 받은 금메달 등을 갖고 나와 눈길을 끌었다. 연예인 농촌돕기운동본부 사무국장 맹호림은 96년 KBS방송대상에서 우정상으로 받은 금메달을 내놓으며 "뜻깊은 일에 쓰게 돼 아까운 생각이 들지 않는다"고 말했다. 96년 미스코리아 진 이은희는 아끼던 금목걸이를 내놓았다.

영동농협 부녀회원인 박경자는 "나라가 어려움을 이겨내는 데 조금이라도 보탬이 됐으면 한다"며 "나오지 못한 주부대학 동창생들의 금까지 걷어 왔다"고 말했다. 농협 명동지점에는 금을 현금이나 채권으로 교환하려는 시민들이 몰려 직원들이 바쁜 하루를 보냈다. 명동지점 계장 임철현은 "금 모으기 운동에 국민들의 호응이 이렇게 클 줄 몰랐다"며 "우

---

11) 『한국일보』, 1998년 1월 13일, 30면.

리 국민의 애국심을 보니 IMF 체제 극복도 더 빨라질 것 같다"고 말했다.[12]

98년 1월 23일 경기 성남시 새마을운동중앙연수원 제3강의실에선 전국 50여 학교에서 모인 65명의 초등학생이 '국제통화기금(IMF) 시대에 대한 우리의 결의'를 발표하며 생일잔치를 반납하겠다는 뜻을 밝혔다.

"백범 김구 선생의 어머니 곽낙원 여사께서는 생신날 미역국을 끓여 드시라고 독립투사들이 모아드린 돈으로 무기를 사서 아들에게 주며 '내가 배불리 먹을 한 그릇의 미역국보다 이 총 한 자루가 독립을 앞당기는 데 더 필요하다'고 말씀하시지 않으셨습니까."

전날 백범기념관을 다녀온 어린이들의 목소리에는 독립투사의 비장함까지 담겨 있었다. 서울 상은초등학교 6학년 학생 최윤영은 "TV와 신문에서 우리나라에 금이 약 3,000t이 있다고 하던데 현재까지 금 모으기 운동으로 모인 양은 1,000t이라고 합니다. 도대체 나머지 금은 어디에 있는 거죠"라고 말했다.[13]

2월 3일 5개 금융기관이 모은 금은 모두 16만 4,543.9kg으로 달러화로 환산하면 대략 20억 달러에 육박했다. 금융기관들이 범국민적인 금 모으기 운동에 나선 지 불과 한 달여 사이에 모두 243만 2,129명의 국민들이 동참한 결과였다. 실제로 통상산업부가 발표한 1월 중 수출입동향에 따르면 금 모으기 운동을 통해 수출된 금은 5억 8,000만 달러어치로 16억 달러의 흑자를 내는 데 결정적인 기여를 했다. 이것은 국내에 최소 200억 달러어치의 금이 있는 것으로 추산되고 있는 점을 감안할 때 25% 가량에 해당되는 셈이었다.[14]

2월 16일 106개 시민·종교·사회단체들로 구성된 '외채상환 금모으

---

12) 『한국일보』, 1998년 1월 13일, 30면.
13) 『동아일보』, 1998년 1월 24일, 21면.
14) 『경향신문』, 1998년 2월 5일, 2면.

기 범국민운동'은 서울 서대문구 농협중앙회 대강당에서 '18금·14금 모으기 출범식'을 갖고 이날부터 금 모으기 대상을 14·18K 합금으로 확대했다. 이에 따라 이날부터 전국 농협중앙회 시군 단위 513개 점포에서 순금과 함께 14·18K 금을 헌납, 또는 위탁받기로 했다.[15]

'타이타닉 보지 않기 운동'

1998년 3월 조한혜정은 "그 와중에 할리우드 영화 〈타이타닉〉을 보지 말아야 한다는 사건도 일어났지요. 어떤 사람이 몇백만 명이 〈타이타닉〉을 보았을 때의 수입과 금 모으기로 거두어들인 돈을 계산해서 전자의 액수가 더 크다는 것을 밝혀내면서 〈타이타닉〉을 보지 말자는 주장을 컴퓨터 통신에 올렸는데, 이 주장이 곧 많은 신문과 심지어 KBS 공중파 TV뉴스 시간에까지 보도되었습니다"라고 말했다.

"국민들이 거국적으로 벌인 금 모으기 운동으로 번 달러가 〈타이타닉〉을 봄으로써 유출되어 버리니까 영화를 보지 말라고 권고하는 내용이었습니다. 마치 그 영화를 보면 나라를 배반하는 것 같은 분위기가 조성되었지요. 그런 단세포적 발상과 전체주의적 압력에 대해 비판적인 이들이 없지 않았지만, 워낙 '애국주의적' 분위기가 완연해서 제대로 소리내기가 어려울 지경이었습니다."[16]

이어 조한혜정은 "흥미로운 것은 청소년들의 반응이었습니다. 피자와 햄버거를 먹으며 자랐고, 일본 만화를 즐겨보고 외국 패션을 열심히 따라하던 아이들이 이 '애국행렬'에 적극적으로 참여했다는 것입니다. 한편으로는 미디어가 그들을 몰고 가는 힘이 놀라웠고, 다른 한편으로는

---

15) 『한국일보』, 1998년 2월 17일, 29면.
16) 조한혜정 외, 〈특별대담: 아시아 지식인 네트워크를 만들자〉, 『현대사상』, 1998년 가을, 17쪽.

학생들 가방에 유행처럼 달린 태극기.

'애국' 따위에는 관심이 없는 것 같던 소비주의적 신세대 아이들이 그렇게 쉽게 애국주의적 행렬에 '동참'한다는 것이 놀라웠지요"라고 말했다.

"서울에서 아이들이 메고 다니는 배낭에 태극기가 달린 것을 보셨을 텐데요. 물론 이런 민족주의적 행동의 이면에는 강제성이 작용했습니다. 예를 들어 초등학교 아이들에게 학교에서 금 모으기에 동참했다는 영수증을 가져오라고 했다거나 교장 선생님이 조회 시간에 가방에 태극기를 달라고 '권유'한 것 등 강제성이 작용한 것은 사실이지만, 하여간 그전의 소비적 분위기가 갑자기 민족주의적 분위기로 가는 경향이 매우 농후해지고 있지요. 엄밀하게 말하면 민족주의적 내용을 담은 것을 소비하게 된 것이지요."[17]

그러나 그런 우려와는 달리 큰 효과는 없었다. 'IMF 극복 금 모으기 캠페인'에 편승한 '타이타닉 보지 않기 운동'은 오히려 〈타이타닉〉의 인기를 높여준 점이 없지 않았다. 한국 영화 최고 흥행작인 〈편지〉가 82만 관객을 동원한 반면, 〈타이타닉〉은 235만 관객을 동원하면서 98년 최고의 흥행작이 되었다.[18]

박세리 열풍

금 모으기 운동의 열기는 '박세리 열풍'으로 이어졌다. 98년 5월 18일 미국 델라웨어 윌밍턴에서 벌어진 LPGA(미국여자프로골프) 챔피언십에서 박세리는 4라운드 합계 11언더파로 우승했다. 상금은 19만 5,000달러였다. LPGA와 PGA(미국프로골프협회) 통틀어 최연소 챔피언이었다. 타이거 우즈가 97년에 PGA 마스터스에서 세운 20년 8개월 23일을 한 달여 앞당겼다는 것도 의미 있는 뉴스가 되었다. 박세리는 20년 7개월 20일이라는 것이다.

그로부터 50일 후인 7월 7일 '하얀 발' 감동이 전국을 휩쓸었다. 위스컨신주 쾰러의 블랙울프런 골프장에서 열린 US오픈 연장 라운드 18번 홀에서 반바지 차림의 박세리는 페어웨이 왼쪽 연못의 경사진 풀숲에 걸려 있는 공을 한참 내려다보더니 골프화를 벗고 양말도 벗었다. 카메라에 잡힌 '하얀 발'은 훈련으로 검게 그을린 종아리와는 흑백 대조를 이루었다. 이 대회에서 박세리의 역전승은 전 국민을 감동시켰다.[19]

---

17) 조한혜정 외, 〈특별대담: 아시아 지식인 네트워크를 만들자〉, 『현대사상』, 1998년 가을, 17~18쪽.

18) 〈우리 영화 점유율 25% 3편당 1편 흥행성공〉, 『문화일보』, 1999년 2월 6일.

19) 박세리는 1999년에는 삼성월드 챔피언십을 비롯해 4관왕을 했고, 2001년에는 브리티시오픈을 비롯해 5승, 2002년에도 5승을 했다. 이건실, 〈세계 스포츠계의 한국영웅〉, '2006년 한국의 실력'(월간소신 2006년 1월호 별책부록), 166~167쪽.

'하얀 발' 감동의 주인공 박세리.

『경향신문』98년 7월 8일자는 "직장에서나 가정에서나 7일 하루종일 화제는 온통 '박세리 우승' 얘기였다. 남녀노소나 골프를 알고 모르고가 문제가 안 됐다. 20세 박 선수의 투혼에 IMF 스트레스와 월드컵 축구 부진으로 침울해 있던 국민들은 모처럼 마음껏 환호했다. 사치성 운동의 대명사로 회자돼 온 골프가 갑자기 친근하게 느껴진 하루이기도 했다"고 보도했다.

97년 14승 8패의 성적을 기록한 '국민 투수' 박찬호도 98년 15승 9패

를 기록함으로써 박세리와 더불어 국민적 자긍심 앙양에 크게 기여했다.[20]

'운동하느라 볼일 못 보는 나라'

서울공대 교수 이면우는 IMF 환란 1주년을 맞아 모 방송의 좌담회에 출연해 IMF 사태 이후 우리 국민들의 모습을 한마디로 표현해 달라는 요청을 받자, "제 할 일만 빼놓고 다 잘하는 민족"이라고 대답했다. 그는 그 이유를 묻자, IMF 사태 이후 정부와 각 사회단체가 벌인 각종 범국민 캠페인을 순서대로 열거했다.

그는 1997년 12월 IMF 이기기 운동, 1998년 1월 금 모으기 운동, 2월 천만명 서명 운동, 3월 아나바다 운동, 4월 중소기업 살리기 운동, 5월 퇴출 대기업 살리기 운동, 6월 태극기 달기 운동, 7월 3천만명 저축 운동, 8월 제2의 건국 범국민 운동 등을 열거하면서 "운동하느라 볼일 못 보는 나라"라는 진단을 내렸다.

그는 이런 운동들이 도무지 말이 안 되는 운동이라고 비판했다. 예컨대, IMF 위기를 당했으니 아껴 쓰고, 나누어 쓰고, 바꿔 쓰고, 다시 쓰자는 아나바다 운동은 가뜩이나 심리적으로 위축되어 소비가 줄어들 판에 자금난으로 어려운 중소기업들을 또 한번 죽이는 운동이라는 것이다. 필요하지 않은 물건일지라도 이럴 때 좀 사주는 것이 의리 있는 행동이며, 물건을 많이 사는 부유층의 사진을 찍어 '멋있는 부자', '의리 있는 부자'의 모습을 알리는 기사를 싣는 것이 의식 있는 언론이 할 일이었다는 것이다.[21]

---

20) 박찬호는 2000년엔 18승 10패를 기록했다.
21) 이면우, 『생존의 W이론』(랜덤하우스중앙, 2004).

자살, 부도, 노숙자, 생존범죄

이성으론 그렇게 하는 게 옳았을망정 그게 말처럼 쉬운 건 아니었다. 심리적 공황 상태를 불러올 정도로 상황이 절박했었기 때문이다.

미국 『워싱턴포스트』 98년 5월 16일자는 한국인들이 생활고로 매일 25명씩이나 자살하고 있으며, 절도는 98년 1~2월에 50%나 늘어났는데 이 중 상당수 사람들이 초범인 'IMF형 생존범죄'라고 보도했다.[22]

그런 비참한 실상은 부도 기업의 수에서도 나타났다. 96년엔 1,600개 이던 것이 97년 1만 7,200개, 98년 1~5월 사이에 1만 7,000개가 부도 났다. 주가의 하락과 이자율과 환율의 급등은 기록적이었다. 97년 12월 12일 종합주가지수는 350.7까지 내려갔다. 96년 말 12.6%였던 이자율 은 97년 12월 23일 31.1%까지 뛰었다. 96년 말 1달러에 844원이던 환율 은 97년 12월 24일 1,965원까지 갔고, 98년 8월 1,300원대를 유지했다. 외국 언론들은 한국의 기업 바겐세일을 즐기기 위해 "돈 있는 사람들이 서울로 몰려가고 있다"고 보도했다.[23]

98년 9월 실업자 수는 157만 명, 실업률은 7.3%였지만, 실업자 수는 국제적 기준으로 따지면 최소 200만에서 최대 400만 명으로 추정되었 다. 98년 1인당 국민소득은 7년 전인 91년의 6,400~6,700달러 수준으 로 후퇴했다.[24] 거리엔 노숙자가 나타나면서 한국 사회 전반에 불안의 그림자가 드리워졌다.

98년 4월 보건복지부는 공식적으로 노숙자의 존재를 인정하고, 이들 을 위한 대책을 발표했다. 98년 6월까지 전국적으로 29개의 노숙자 쉼 터가 개설되어 1,195명의 노숙자를 수용 보호하게 되었고, 30여 개 이상

---

22) 정창영, 『IMF 고통인가 축복인가』(문이당, 1998), 15쪽.
23) 정창영, 위의 책, 16~19 · 38쪽.
24) 이영문, 〈경제위기 상황과 정신건강의 함수〉, 『사회비평』, 1999년 봄, 84쪽.

IMF 이후 늘어난 노숙자. 1998년 4월 보건복지부는 공식적으로 노숙자의 존재를 인정하고, 이들을 위한 대책을 발표했다.

의 노숙자 급식소가 운영되었다. 노숙자는 99년 2월 6,300여 명에 달했다.[25] 『말』 98년 12월호엔 이런 글이 실렸다.

"가족을, 어린아이들을, 노인네들을, 한창 일할 젊은이들을 거리로 내쫓고 있는 이 황량한 IMF시대가 언제나 끝을 보일는지. …… 내로라 하는 경제학자들도 예측하기 어려워 하니 그건 그렇다 치더라도, 당장 겨울 찬바람에 벌거숭이로 내던져져 있는 노숙자들을 뒤로 한 채 옮기는 발걸음이 무겁기만 하다. 더욱이 서울역 지하도에서 단속을 하던 한 경찰이 반항하는 노숙자를 향해 '니가 사람이야? 이 새끼야'라고 욕설을 퍼부으며 밀치던 모습이 자꾸만 눈에 밟힌다."[26]

25) 이태진, 〈홈리스 실태와 지원정책: 노숙자·부랑인·쪽방거주자〉, 최협 외 엮음, 『한국의 소수자, 실태와 전망』(한울아카데미, 2004), 25쪽.
26) 노정환, 〈1998년 겨울, 서소문, 서울역, 그리고 '희망의 집'〉, 『말』, 1998년 12월; 윤혜준, 〈구조조정과 잉여인간: 비유의 정치경제〉, 『사회비평』, 1999년 봄, 144쪽에서 재인용.

98년 9월엔 생활고를 겪던 한 아버지가 보험금을 타기 위해 10살짜리 아들의 새끼손가락 두 마디를 자른 사건이 일어났는가 하면, 12월에는 보험금을 노려 자신의 두 발목을 절단케 한 사건이 일어나기도 했다. 98년 강도와 절도는 각각 32.1%, 26% 증가했으며, 이혼율은 97년도 같은 분기에 비해 33.5% 상승했다.[27]

---

27) 이영문, 〈경제위기 상황과 정신건강의 함수〉, 『사회비평』, 1999년 봄, 85쪽.

6·4 지방선거와 '박근혜 신드롬'

'한국의 석학' 조순의 변신

6·4 지방선거에서 야당인 한나라당의 선거 전략은 '반김대중 정서'와 그 쌍둥이라 할 '반호남 정서'를 이용하는 것이 전부였다고 해도 과언이 아니었다. 6·4 지방선거전이 가열되면서 더욱 위험한 발언들이 양산되었다.

지난 4·2 재보선에서 "김대중 정부의 호남 싹쓸이 인사로 여러분의 후배, 아들이 밀려나고 있다"는 발언을 한 바 있는 한나라당 조순 총재는 5월 23일 부산 동래을 지구당 창당대회에서는 "새 정부는 충남 부여에 1,700억 원을 들여 100만 평 규모의 백제문화단지를 조성하고 전남 진도를 국제관광지로 발표하는 등 이 나라를 온통 전라도와 충청도의 잔치판으로 만들고 있다"고 주장했다. 또 그는 5월 25일에는 춘천에 가서 "강원도는 자기 목소리를 내지 못하고 무대접을 받아 냉소의 대상이 돼왔으나 이번에는 강원도의 힘을 보여 주자"고 주장했다. 또 그는 5월 28일

기자회견에선 "정부 여당의 부정선거운동이 시중에 나도는 얘기대로 호남 장기집권 50년 계획의 발판을 마련하기 위한 것인지 정부 여당은 밝혀야 한다"고 주장했다.

왜 '한국의 석학'으로까지 불린 조순이 그런 지역감정 부추기기에 앞장섰던 걸까? 『국민일보』 정치부장 김성진은 1998년 5월 27일자에 쓴 〈지역감정과 아편전쟁〉이라는 제목의 칼럼에서 한 중진 정치인의 고백을 다음과 같이 소개했다.

"선거 때 지역감정을 자극하는 발언처럼 확실한 득표 방법은 없다. 특정 지역이 인사에서 싹쓸이를 하고 있다, 우리 고향 사람들을 죽이고 있다고 소리치면 덤덤하던 유권자들이 금방 달아오른다. 나중에는 유권자들이 더 흥분해서 난리를 친다. 유세장에서 분위기가 오르지 않으면 지역감정을 밑바닥부터 건드려 박수를 유도한다. 그러나 지역감정을 자극해 표를 얻으면 뒷맛이 개운치 않다. 평소에는 반성하지만 선거가 시작되면 가장 확실한 득표 방법이라 어쩔 수 없다."

김홍신의 '공업용 미싱' 발언

1998년 5월 26일 한나라당 의원 김홍신의 '공업용 미싱' 발언도 논란을 빚었다. 김홍신은 경기도 시흥시 정당연설회에서 "김대중 대통령은 입만 열면 거짓말을 한다"며 "사람이 죽으면 염라대왕이 잘못한 것만큼 그 사람을 바늘로 뜨는데, 김 대통령과 임(창열 경기지사) 후보는 사람들을 너무 많이 속여 공업용 미싱으로 박아야 할 것"이라고 말했다. 국민회의는 조세형 총재권한대행 주재로 중앙선대위 집행위원회를 열어 "김홍신 의원의 발언은 입에 담을 수 없는 폭언으로 흑색선전의 극치"라며 선거법상의 비방죄와 명예훼손 혐의로 검찰에 고발하는 한편, 조순 한나라당 총재에게 김홍신의 출당을 요구했다.[28]

6월 1일 김홍신은 한나라당 당사에서 기자회견을 열어 "본의 아니게 정치적 표현의 지나침으로 심려를 끼쳐 드린 데 대해 국민께 진심으로 사과드린다"고 밝혔다. 그러나 김홍신은 "국가경영의 신뢰성 결여와 대통령의 정직성 문제를 비판하려고 했던 것"이라며 "정치적 언어에 대해 유신시절에나 거론됐던 국가원수 모독죄나 모욕죄로 몰아가는 것은 정치를 검찰의 통치로 전락시키는 것"이라고 주장했다.[29]

6·4 지방선거 결과

6·4 지방선거의 투표율은 52.6%로 역대 선거사상 최저의 투표율을 기록했다. 이는 91년 3월에 실시된 기초의원선거 투표율 55%에도 못 미칠 뿐만 아니라 △95년 6·27 지방선거 68.4% △96년 15대 총선 63.9% △97년 15대 대선 80.7%를 밑도는 수준이었다.

광역단체장은 국민회의가 6곳, 자민련이 4곳, 한나라당이 6곳을 차지했다. 서울 고건(국민회의), 부산 안상영(한나라당), 대구 문희갑(한나라당), 인천 최기선(자민련), 광주 고재유(국민회의), 대전 홍선기(자민련), 울산 심완구(한나라당), 경기 임창열(국민회의), 강원 김진선(한나라당), 충북 이원종(자민련), 충남 심대평(자민련), 전북 유종근(국민회의), 전남 허경만(국민회의), 경북 이의근(한나라당), 경남 김혁규(한나라당), 제주 우근민(국민회의) 등이었다.

전국 232개의 기초단체장 중 국민회의 84명, 한나라당 74명, 자민련 29명, 무소속 44명 등이 당선됐다. 모두 230명을 뽑았던 95년 6·27 지방선거 때 민주당 84명, 민자당 70명, 자민련 23명, 무소속 53명이 당선된 것과 비슷했다. 그러나 그 내용을 구체적으로 뜯어보면 큰 변화가 있

---

28) 『한겨레』, 1998년 5월 28일, 1면.
29) 『한겨레』, 1998년 6월 2일, 4면.

6·4 지방선거 후 국민회의(위)와 한나라당(아래)의 대조적인 분위기.

었다.

서울·경기·인천 등 수도권에서 국민회의와 자민련 등 여권이 압승을 거두었다. 특히 인천에서는 6·27 때 여야가 5대 5로 유지하던 균형이 완전히 무너져 국민회의(9명)와 자민련(1명) 등 여권이 싹쓸이를 했고 한나라당은 당선자를 내지 못했다. 경기지역도 사정은 엇비슷하다. 이지역은 6·27 때 민자당 13명, 민주당 11명, 무소속 7명으로 민자당 우세 속에 삼각 균형을 이뤘다. 그러나 이번엔 국민회의 20명, 자민련 2명,

한나라당 6명, 무소속 3명으로 역시 여권의 석권 현상이 두드러졌다. 정권교체에 따른 DJP 공동정권의 위력이 발휘된 것이었다. 서울의 경우 민주당(23) 대 민자당(2) 구도가 국민회의와 자민련(19+1) 대 한나라당(5)의 구도로 바뀌었을 뿐 별반 차이가 없었다.[30]

서울시 구청장 선거에선 여당인 국민회의 후보가 25개구 가운데 19개구를 석권, 전통적인 '야도(野都) 서울'을 여도(與都)로 바꿔놓았다. 국민회의 후보는 단독 후보로 나선 중구와 강북구 외에 종로, 용산, 성동, 동대문구 등 19개구를 휩쓸었다. 한나라당 후보는 광진, 노원, 서초, 강남, 강동 등 5개구, 자민련 후보는 동작 1개구에서 승리했다. 95년 6·27 지방선거 당시 강남과 서초를 제외한 23개구에서 국민회의의 전신인 민주당 후보가 승리했던 점을 감안하면 4석이 줄었지만 여전히 강세를 보인 셈이었다.[31]

"영남, DJ 더 싫어졌다"

6·4 지방선거가 끝난 뒤에 나온 시사주간지 『뉴스플러스』 6월 18일자의 표지 기사 제목은 〈지방선거 뒤집어 보기: 영남, DJ 더 싫어졌다〉였다. 그 기사를 쓴 기자 윤승모는 '취재기'에서 "6월 4일 오후 지방선거가 진행되던 시간. 한 경상도 출신 친구는 '김대중 대통령(DJ)이 얼마나 정치를 못하면 연로한 우리 어머니까지 흥분했겠느냐. 오늘 새벽부터 투표하러 가라고 나를 깨우시더라. 경상도 사람들은 대개 비슷한 심정이었을 것이다. 심지어 서울에서도 한나라당이 이길지 모른다'고 말했다"고 했다.

---

30) 『한국일보』, 1998년 6월 6일, 4면.
31) 『동아일보』, 1998년 6월 5일, 18면.

"선거 결과는 그의 기대 섞인 예상과 달랐다. 그러나 전적으로 어긋난 것도 아니었다. 한나라당은 70% 이상의 득표율로 경상도지역을 석권했다. 자는 아들을 깨워 투표장으로 내모는 경상도 어머니. 'DJ에게 본때를 보일 것'이라며 흥분하는 경상도 사람들은 대체 무엇을 지향하는가. 영남지역의 정치권 인사, 학자, 사회단체 구성원 등 이른바 여론주도층에게 물어보았다. 그 답변은 '지향성 없는 무조건적 반대'라는 것이었다. 한나라당을 진지하게 대안으로 인정하는 것도 아니고, 지역을 대표할 만한 정치인을 가진 것도 아니라는 얘기다. 경상도 정서에 대해서는 내부에서도 '시대착오적 우월의식'이라는 비판이 있다. 하지만, 영남에 강한 '반DJ' 정서가 존재하고 그것이 우리 정치에 지대한 영향을 미치고 있다는 사실만은 어쩔 수 없는 현실이다. 정계개편, 내각제 등 향후 정치 일정에서 영남 정서를 어떻게 조율할 것인지의 문제가 최대 현안으로 등장할 수밖에 없다."

박근혜 신드롬

4·2 재보선에서 승리해 국회의원이 된 박근혜는 이어진 6월의 지자체 선거는 물론 7월의 재보선에서도 지원 연설로 맹활약을 하였다. 『한국일보』98년 6월 11일자 기사 〈박근혜 신드롬: 그녀가 오면 선거 이긴다〉는 다음과 같이 말했다.

"'박근혜 신드롬'이 정가의 화제다. 6·4 선거에서 'TK 압승'을 거두는 데 지대한 공을 세우면서 심지어 'TK지역의 정치적 대모(代母)로 성장했다'라는 말까지 나돈다. 실제 지방선거에서 박 의원의 위력은 대단했다. 대구·경북은 말할 것도 없고 전국 각지의 한나라당 광역·기초장 후보들은 '박근혜만 왔다 가면 무조건 이긴다'며 구원의 손길을 내밀었고, 그가 참석한 유세장에는 언제나 2,000~1만여 명의 유권자가 몰려

들어 대성황을 이뤘다. 박 의원을 껴안고 눈물을 훔치는 유권자도 적지 않았다. 박 의원이 지나간 뒤 백중열세에서 우세로 돌변한 지역도 한두 군데가 아니다. 대표적인 경우가 포항시장 선거. 자민련의 한 당직자는 '박태준 총재가 자존심을 걸고 표밭을 누볐지만, 비 오는 날 열린 박근혜 씨의 연설 한 번으로 모든 게 끝났다'며 혀를 내둘렀다."

또 『한겨레』98년 7월 17일자 기사 〈'박정희 그림자' 선거판 어슬렁〉은 "지난 15일 강릉 주문진시장에서 열린 정당연설회에서도 주인공은 조순 후보가 아니라 박 의원이었다고 할 수 있다"고 말했다.

"비가 내리는 가운데 박 의원이 연단에 서자 청중들은 박 의원을 보기 위해 일제히 우산을 접었다. 또 연설이 끝난 뒤 '앵콜' 소리가 여기저기서 터져 나왔다. 청중들이 박 의원을 좋아하는 이유는 간단하다. 그들은 '박 대통령 딸이니까', '박 대통령과 육영수 여사를 너무 좋아해서'라고 말한다."

박윤석은 "원고를 줄줄 읽어나가는 단조로운 그의 연설이 끝나면 청중들이 우르르 단상으로 몰려들고 그의 모습만 보고도 눈물을 흘리는, 이 종교집회를 방불케 하는 신드롬의 정체는 단순히 박정희 향수로만 설명할 수 없는 부분이 있는 것 아니냐는 말도 있었다"고 했다.[32]

---

32) 박윤석, 〈인물 탐험〉, 『신동아』, 1998년 10월.

정주영의 소몰이 이벤트

소 500마리 판문점을 건너다

현대그룹 명예회장 정주영은 1998년 3월 출간된 자서전 『이 땅에 태어나서』에서 "5년 전 내가 낙선한 것은 나의 실패가 아니라 YS를 선택했던 국민들의 실패이며 나라를 이 지경으로 만든 YS의 실패이다. 나는 그저 선거에 뽑히지 못했을 뿐이다"고 말했다.[33]

이제 그의 관심은 고향으로 향했다. 정주영을 비롯한 현대의 고위급 인사들이 98년 6월 16일 아침 7박 8일의 일정으로 소 500마리를 트럭에 싣고 판문점을 건너갔다. 이는 세계의 이목을 끈 대이벤트였다.

정주영과 방북단 일행은 오전 8시께 임진각에 도착, 전날 밤 충남 서산목장을 출발해 미리 기다리고 있던 소떼와 합류했다. 임진각 진입로변에서 열린 환송행사장에는 이북5도민회와 미수복 강원도중앙도민회, 강

---

33) 허영섭, 『50년의 신화: 현대그룹 50년을 이끈 주역들의 이야기』(자낙나무, 1999), 33쪽.

1998년 6월 16일 정주영을 비롯한 현대의 고위급 인사들이 소 500마리를 트럭에 싣고 판문점을 건너갔다.

원 통천군민회 등 실향민단체 회원들과 시민 등 1,000여 명이 참석해 북녘땅을 밟을 소와 방북단을 배웅했다. 환송행사에서 정주영은 연로한 탓인 듯 수행원들의 부축을 받았으나 손을 흔들어 환송객의 박수와 축하에 답했으며, 소에 꽃다발을 걸어줄 때는 감회가 새로운 듯 밝은 웃음을 짓기도 했다.

정주영은 이날 오전 10시 군사분계선을 넘기 직전에 판문점 공동경비구역(JSA) 남측지역 '평화의 집'에서 "어린 시절 무작정 서울을 찾아 달려온 이 길, 이제 판문점을 통해 고향을 찾아가게 되어 무척 기쁩니다. 제가 열여덟 살이던 1933년 이후 처음으로 다시 이 길을 가게 되는 것입니다"라고 인사말을 하며 감격해했다.

"강원도 통천 가난한 농부의 아들로 태어나 청운의 꿈을 안고 세 번째 가출을 할 때 아버님이 소를 판 돈 70원을 갖고 집을 나섰습니다"라고 회고한 정주영은 "이제 그 1마리의 소가 1,000마리 소가 되어 그 빚을 갚으러 꿈에 그리던 고향산천을 찾아가는 것입니다"라고 감회에 젖었다.[34]

전 통일부총리이며 방송대 총장인 한완상은 『한겨레』 98년 6월 17일자에 기고한 〈정 회장 방북과 '햇볕론'〉이라는 제목의 칼럼에서 지난 93년을 회고하면서 "가슴 아픈 것은 이른바 문민정치가 들어선 93년에 와서는 어제의 경사 같은 것이 반드시 이뤄져야 했는데, 그렇지 못했던 점이다"고 말했다.

"새로운 발상으로 남북관계를 개선하고, 국내 개혁을 끈기 있게, 일관성 있게 추진해야 했다. 그러나 문민 대통령의 그 의욕적인 취임사의 빛나는 새 발상과 비전은 북한 핵문제를 빌미 삼은 냉전수구세력에 의해 조직적으로 훼손되기 시작했다. 정경분리 원칙이나, 인도주의 원칙에 대해 그들 수구세력은 끈질기게 붉은 색칠을 하기 시작했다."

북한 잠수정 침투 사건

1998년 6월 22일 강원 속초시 동쪽 11.5마일 해상 남한 영해 내에서 북한 잠수정 1척이 남한 어선이 쳐 놓은 그물에 걸려 발견됐다. 군당국은 이 잠수정이 침투용인 점으로 미뤄 남한 영해 내에서 임무를 수행한 뒤 북상 중이었거나 임무수행을 위해 침투 중 그물에 걸린 것으로 보았다.

일부 시민들은 "한쪽에서는 소를 몰고 판문점을 통해 분단의 벽을 넘고 있는데 북한이 또 이럴 수 있느냐"며 분개하는 모습을 보였으며, "모처럼 진전양상을 보이는 남북대화를 중단시키는 것이 되어선 안 된다"는 신중한 반응을 보이는 이도 적지 않았다.

판문점에서의 환영행사 준비를 하고 있던 현대 측은 "하필 명예회장

---

34) 『한국일보』, 1998년 6월 17일, 7면.

이 방북을 마치고 돌아오기 하루 전에 이런 불상사가 터져 곤혹스럽다"면서 "그러나 명예회장 일행의 신변에는 별일이 없을 것"이라고 자위했다.[35)]

6월 23일 동해 앞바다에서 북한 잠수정 예인작업이 초긴장 상태에서 벌어지는 동안 임진각에서는 정주영의 귀환 행사가 열리고 있었다. 정주영이 환영단상에 올라 "올 가을엔 우리 모두 금강산 단풍놀이를 갈 수 있을 것"이라고 밝히자, 임진각에 모인 500여 명은 일제히 환호를 터뜨렸다.[36)]

이 두 가지 상반되는 모습에 대해 이종석은 『동아일보』 98년 6월 25일자에 기고한 〈금강산 관광과 잠수정 침투〉라는 제목의 칼럼에서 "정부의 초기 대응이 매우 조심스럽고 신중했다는 점도 현 정부의 위기관리 능력이 과거 정권들에 비해 매우 안정적이라는 것을 보여 주는 긍정적인 대목으로 보아야 한다"며 "특히 이는 정부가 남북관계를 정치적으로 이용하지 않고 오히려 냉정하게 처리하려 했다는 점에서 중요한 의미를 지닌다"고 평가했다.

금강산 관광 개시

1998년 8월에 이르러선 각종 남북교류가 시도되었는데, 『조선일보』는 그러한 남북교류를 매우 불길한 시선으로 바라보았다. 『미디어오늘』 98년 8월 26일자 기사 〈조선, 물꼬 터진 남북교류에 '딴죽걸기'〉는 "『조선일보』가 '딴죽걸기'에 나섰다. 종교인 방북, SBS 방북 취재, 통일그룹 금강산 개발 등 사안이 발생할 때마다 『조선일보』는 우려와 비판을 아끼지 않고 있다"고 보도했다.

---

35) 『한국일보』, 1998년 6월 23일, 1면; 『동아일보』, 1998년 6월 23일, 15면.
36) 『한겨레』, 1998년 6월 24일, 27면.

1998년 11월 18일 역사적인 첫 출항에 나선 금강산 유람선 금강호.

　"『조선일보』의 우려와 비판은 잇단 방북이 결과적으로 조선(북한)의 체제선전으로 귀착될 수밖에 없다는 데 모아졌다. 방북이 조선(북한) 당국의 승인을 얻어 이루어지는 만큼 북한 내에서의 활동이 제한될 수밖에 없어 결과적으로 조선(북한)의 체제선전에 이용될 우려가 크다는 게 『조선일보』의 주장이다. 『조선일보』는 이런 주장을 특수한 사례에 국한된 것으로 보지 않았다. 방북의 모든 사례에 관철되는 현상으로 '일반화' 함으로써 하나의 '철칙'을 만들어 냈다."

　이어 이 기사는 "『조선일보』의 주장에 따른다면 방북은 조선(북한) 체제의 변화를 선결조건으로 요구한다. 그러나 조선(북한) 체제의 변화는 방북과 같은 교류·협력의 토대 위에서만 실현 가능하다"며 "『조선일보』의 최근 사설들이 새삼 관심거리가 되는 이유는 이런 냉전 이데올로기 때문이 아니다. 시대와 상황의 변화에도 아랑곳하지 않는 '외곬수적' 논조를 언제까지 일관되게 유지할 수 있을지가 주목되기 때문이다"라고 말했다.

『조선일보』의 그러한 '외곬수적' 논조에도 불구하고 남북교류는 98년 내내 지속되었다.

정주영은 10월 27일 방북 때에는 소 501마리를 더 몰고 가면서 현대자동차 20대와 김정일이 타고 다닐 고급 승용차도 함께 가지고 갔다. 10월 30일 정주영은 처음으로 김정일을 만났다. 10월 방북 기간 동안 북한은 현대그룹에 금강산 관광객 유치 허가를 내주었다. 그 대가로 총 9억 4,200만 달러를 지불받기로 했다.[37]

11월 18일 금강산 유람선이 동해항에서 출항했다.

---

37) 돈 오버더퍼, 이종길 옮김, 『두개의 한국』(길산, 2002), 602쪽.

최장집 사건

제2의 '한완상 사건'

"문민정부는 언론 때문에 망친 겁니다."

『미디어오늘』 1998년 9월 3일자는 김대중 정부 출범 6개월을 맞아 김영삼 정권 권력 핵심에서 일했던 한 인사의 회고담을 위와 같이 소개하면서 다음과 같이 말했다.

"기득권층의 이익을 대변하는 언론들이 김영삼 정권 초기부터 사사건건 발목을 잡고 늘어져 개혁에 실패했다는 것이다. 다소 비약은 있지만 이 인사의 고백은 상당 부분 사실에 근거한 것이다. 김영삼 정권이 당초 개혁 대상으로 삼았다가 끝내 실패하고만 두 분야는 다름 아닌 언론과 종교라는 것은 이제 정설로 통한다. '6공은 검찰공화국이고 문민정부는 언론공화국'이란 말이 유행하기까지 했다. 이 등식은 과연 과거형에 불과한 것인가. DJ 정부는 언론으로부터 얼마나 자유로운가."[38]

김대중 정권과 언론과의 갈등은 98년 가을 『조선일보』가 『월간조선』

최장집 교수를 사상검증한 『월간조선』 11월호와 이에 대한 법원의 '판매중지 가처분' 결정문.

98년 11월호에 게재한 "'대통령자문 정책기획위원장' 최장집 교수의 충격적 6·25 전쟁관 연구/ '6·25는 김일성의 역사적 결단' / '제2의 건국' 추진과 더불어 주목되는 최장집의 한국 현대사 시각"이라는 기사를 통해 김대중 정권의 사상 지향성을 문제삼았을 때에 가장 크게 불거졌다.

5년 전, 『월간조선』 93년 8월호는 "한완상 통일원 장관의 문제 논문·문제 발언"이라는 기사를 실었다. 한완상을 빨갛게 물들이려는 『조선일보』 특유의 '염색작전'이었다. 『조선일보』의 염색작전은 김영삼 정권의 대북정책을 갈팡질팡하게 만드는 데 크게 기여하였고 더 나아가 김 정권을 실패의 수렁으로 끌고 들어가는 데에 적잖은 영향을 미쳤다. 그로부터 5년 후 비슷한 일이 또 벌어진 것이다.

그 기사엔 왜곡이 많았다. 차원을 구분하지 않고 문맥에서 분리하고 뒤에 한 이야기를 무시한 채로 "6·25는 김일성의 역사적 결단"이라는

38) 장현철, 〈언론: 성향 안 맞으면 여론볼모 트집〉, 『뉴스피플』, 1998년 9월 3일, 17~18면.

말을 띄우면서 마치 최장집이 6·25를 긍정적으로 평가하기라도 한 것처럼 몰아갔다.

10월 23일 최장집은 조선일보사를 상대로 자신의 논문 내용을 23차례에 걸쳐 왜곡, 필자의 사상에 문제가 있는 것처럼 보도해 명예를 훼손했다며 5억 원을 요구하는 손해배상 청구 소송과 배포 금지 가처분 신청을 서울지법에 제출했다.

최장집과 이한우

조선일보사는 『조선일보』 지면으로 맞대응했다. 『조선일보』 10월 26일자 4면은 거의 절반이 '한국전쟁 관련 최장집 위원장 논문 발췌'로 채워져 있다. 큰 제목, 작은 제목으로 뽑은 내용만 살펴보면 이랬다.

"미군과 한국군의 38선 돌파 '공격적 팽창주의의 발로' / '김일성은 열렬한 민족주의자 민족통일의 사명감 가졌다' / '마치 북의 공격 기다린 듯이, 전광석화처럼 개입'"

'최장집 죽이기'를 시도하는 『조선일보』의 의지가 유감 없이 드러난, 그런 기사였다. 이 기사를 쓴 기자 이한우는 3년 전인 1995년 7월에 낸 『우리의 학맥과 학풍』이라는 책에서는 최장집에 대해 다음과 같은 평가를 내린 바 있었다.

"그러나 '경제 있는 정치학'의 선봉 역할을 했던 최장집(고려대 정치학)의 작업은 생명력을 유지하고 있다. 그것은 최장집의 문제틀이 방금 말한 각종 경제결정론에 빠지지 않고 '한국의 민주화'라는 문제를 축으로 놀라운 탄력성을 보여 왔기 때문으로 볼 수 있다. 그는 83년 귀국 이후 지난 10년간을 '어떤 결론을 내리기보다는 관찰과 경험을 축적하는 시기'였다고 말했다. 물론 그도 관료적 권위주의이론에 깊은 관심을 보였고, 그람시의 헤게모니론을 국내에 가장 일찍 소개하며, 네오마르크스주의 국가론에도 기울었던 것이 사실이다. 그러나 최장집은 그 이론들을 '신봉'하거나 그것들에 '탐닉'하지 않고 일정한 거리를 유지했다. …… 그의 학문적 관심사는 일관되게 민주주의의 문제이다. 달라진 게 있다면 강조점의 축이 경제 영역에서 윤리 영역으로 옮아간 것이다. …… 그는 최근의 저서에서 '그동안의 관찰과 경험을 통해 이상적인 정치공동체의 실현은 시민윤리와 교육의 문제이며 그 합(合)으로서 사회윤리의 문제로 귀결된다는 인식이 점차 커지고 있다고 느낀다'고 고백하고 있다. 앞으로 최장집의 학문 방향을 암시하는 대목이다."

최장집 교수.

이한우로부터 이런 평가를 받았던 최장집은 3년 만에 다시 이한우에 의해 김일성을 찬양하는 공산주의자 비슷하게 매도당하는 신세가 되고 말았다.

"마녀사냥 조선일보의 칼춤!"

『시사저널』취재2부장 서명숙은 11월 5일자 칼럼 〈언론의 권력화가 위험한 이유〉에서 "그런 주장은, 해당 언론사의 작업이 고도의 균형 감각과 정치(精緻)한 사회과학적인 방법론(최소한 최 교수가 구사한 수준에 걸맞은)을 동반한 것일 때 비로소 설득력을 가질 수 있다"며 "그러나 처음 문제가 된 『월간조선』보도에서는 정치학계의 중견 학자를 비판하는

데 따르는 최소한의 신중함도, 학문적인 엄밀함도 찾아보기 힘들었다. 대신 전제와 결론을 잘라내고 '필요한 부분만 인용하는' 과감함과, 그렇듯 거두 절미한 대목에 대해 논리적 비약과 이데올로기적인 편향성으로 해석하는 지적 횡포만이 있었을 따름이다"고 말했다.

『한겨레21』 98년 11월 5일자 표지 기사 제목은 〈마녀사냥 조선일보의 칼춤!〉, 40~42면에 실린 기사 제목은 〈월간조선이 또 칼춤을 춘다: 한완상 · 김정남 이어 최장집을 향해 들이댄 파시즘적 광기…' 정권 길들이기' 노린다〉였다. 또 44~45면에 실린 기사 제목은 〈월간조선, 혹시 바보 아냐?: 글자만 읽고 문맥은 못 읽는 '문맹' …학계 '그들은 민주주의의 적이다'〉였다. 이 기사는 끝부분에서 다음과 같이 말했다.

"그러면 『월간조선』의 '불순한 의도'는 무엇일까? 리영희 한양대 명예교수는 '의견이 다른 상대를 사상적으로 공격함으로써 자신들의 기득권과 정당성을 유지하려는 것'이라며 '군사독재정권에 빌붙어 극단적으로 비대해진 언론권력의 부패상을 극명히 보여 준다'고 평가했다. 리 교수는 '대화와 토론을 불가능하게 만들고 언론의 책임과 양심을 저버린 극우반공주의 『월간조선』은 민주주의의 적이며 우리 사회의 암 그 자체'라고 신랄하게 비판했다."

리영희는 98년 11월 5일에 가진 정범구와의 인터뷰에서도 『조선일보』의 최장집 보도와 관련, "한마디로 다양성을 생명으로 하는 민주사회의 지식과 학문, 지식인과 문화에 대한 비열하고 음흉한 테러 행위라고 봅니다. 군사정권하의 폭력통치, 반문화 · 반지성적인 상황에서 양육되었던 『조선일보』가 시대정신과 역사의 전진을 막아보려고 계속해서 부정적인 작태를 보이는 것은 참으로 한심한 일입니다. 그래도 『조선일보』 하나만이 반동적인 것은 다행한 일이죠"라고 말했다.[39]

---

39) 리영희 · 정범구, 〈정범구가 만난 사람/리영희 한양대 명예교수: '중도에서 약간 좌'가 우리 시대 진보의 좌표〉, 『말』, 1998년 12월, 126쪽.

소설가 최일남은 『경향신문』 98년 11월 13일자에 쓴 〈분단의 두 현실〉이라는 제목의 칼럼에서 "최장집 교수의 용어 선택에 오해의 소지가 없지 않다고 본다"면서 "하지만 그가 대통령자문 정책위원장이기 때문에 묵과할 수 없다는 문제의식은 정치적 과대포장이다"고 말했다.

"어느 집안이나 있는 6·25의 치 떨리는 상처를 누군들 간과하랴. 그러나 그로부터 반세기가 지났다. 조금씩 적대감을 누그러뜨리고 다같이 힘을 합쳐 당장의 위기나 잘 넘겼으면 싶다. 노상 지지고 볶는 현실을 살아내면서도 나와 다른 남을 그대로 인정한다는 뜻의 '톨레랑스', 프랑스인들이 자랑해 마지않는 관용의 정신이 아쉽다."

박경수 판사의 항변

그러나 『조선일보』의 전의(戰意)는 집요했다. 한 달 넘는 기간 동안 내내 최장집 관련 기사에 집착한 이 신문은 북한의 선전·선동을 대행해주는 해프닝마저 벌였다. 최장집을 옹호하고 『조선일보』를 비방하는 북한의 주장을 1면에까지 크게 보도한 것이다. 11월 14일자 1면엔 북한 중앙방송을 통해 발표된 조선기자동맹 중앙위원회 성명 내용을 크게 싣더니, 11월 16일자 1면엔 북한 『노동신문』의 논평 내용을 크게 실었다.

『조선일보』는 북한을 그 정도로 신뢰한다는 뜻이었을까? 아니면 북한은 늘 옳은 주장을 하니까 그 말을 액면 그대로 믿어야 한다는 말이었을까? 이거야말로 정말 심각한 국가안보의 문제가 아닐 수 없었다. 그간 북한이 남한 내부의 분열을 획책하기 위해 온갖 술수를 다 쓰고 있다고 비판해 온 『조선일보』가 그런 일을 벌인다는 건 모순이었다.

『조선일보』는 『월간조선』, '최장집 기사'에 대한 서울지법 민사51부의 '가처분 결정'에 대해선 11월 12일자 사설 〈'가처분 결정'에 묻는다〉, 11월 13일자 사설 〈언론 자유의 문제〉 등을 통해 비판을 하고 나섰다. 이와 관련, 『중앙일보』 정치부 기자 전영기는 이렇게 논평했다.

"『조선일보』는 우리 체제의 3대 버팀목 중의 하나인 법원의 판단을 정면으로 무시해 버렸다. 오로지 판결로만 말한다는 법언에 충실한 사법부가 느끼는 참담한 낭패감을 한번이라도 생각해 본 적이 있는가."[40]

오죽하면 그 가처분 사건의 주심인 판사 박경수가 『조선일보』의 그런 행태로 인해 법의 권위가 부당하게 훼손되는 걸 묵과할 수 없어 법원 내부 컴퓨터 통신망에 "『조선일보』가 법원의 결정문까지 왜곡·악의적인 보도를 계속하고 있다"고 비판하는 글을 올렸겠는가.

박경수는 그 글에서 "『조선일보』는 마치 재판부가 증거자료도 제대로 검토하지 않은 채 잘못된 결정을 한 것처럼 악의에 찬 보도를 계속하고 있다"며 "최장집 교수의 논문 일부분만을 확대·왜곡 인용해 이 사건이 비롯됐는데도 『조선일보』는 결정문에 대해서도 같은 방법을 사용해 재판부의 결정을 비난하고 있다"고 유감을 표시했다. 박경수는 "최 교수가 50년부터 53년까지의 한국전쟁을 민족해방전쟁이라고 주장한 바가 전혀 없다는 것은 저서를 직접 읽어보면 명확하게 드러난다"며 "법원이 『조선일보』의 표현의 문제점을 지적했는데도 『조선일보』가 '왜 보도하면 안 되냐'고 반문하는 데는 기가 막힐 지경"이라고 개탄했다.[41]

그럼에도 이 사건은 어설픈 봉합(縫合)의 수준에서 마무리되었다. 5년 전 '한완상 사건'과 비교하여 『조선일보』의 색깔 공세가 먹혀들지 않았다는 점에서 의미를 찾을 수도 있는 것이었지만, 결국 최장집은 정책기획위원장 자리에서 물러났고 김 정권의 『조선일보』에 대한 태도는 여전히 '공손한' 수준을 벗어나지 못했다. 이 사건은 『조선일보』를 반대하는 이른바 '안티조선운동'을 촉발시키는 계기가 되었다.

---

40) 『미디어오늘』, 1998년 11월 25일.
41) 『한국일보』, 1998년 11월 28일.

삼성 논쟁과 소액주주운동

"삼성은 자동차를 버려라"

삼성자동차의 부산공장은 자동차 공장으로는 적합하지 않았다. 해안 가여서 지반이 약해 공사비가 엄청나게 들었고 부품업체들과도 멀어 물류비용이 더 나갔다. 결국 삼성은 "공식적인 공장은 부산에, 실제 공장은 소하리에"로 전략을 수정하고 삼성생명을 동원해 기아자동차 인수에 나섰다. 삼성에 먹히지 않으려는 기아의 공격 경영은 부실을 가져와 97년 7월에 몰락함으로써 한국 경제에 환란의 조종을 울리는 데에 일조했다.[42]

삼성자동차는 98년 5월 출하와 판매를 시작했지만, 겨우 반년 만에 빅딜 대상으로 선정되었다. 삼성자동차는 기아자동차 인수로 활로를 모색하고자 했지만, 그것도 여의치 않았다.

---

42) 박대호, 〈삼성차 탄생과 몰락의 비화: 5년의 삼성차 일생을 보면 '환란의 단면'이 보인다〉, 『뉴스메이커』, 1999년 7월 15일, 19면.

이건희 삼성 회장과 이학수 삼성 구조조정본부장이 삼성자동차에서 생산하는 자동차의 모델을 살펴보고 있다.

고려대 교수 장하성은 『한겨레 21』 98년 10월 15일자에 기고한 〈삼성은 자동차를 버려라〉라는 제목의 칼럼에서 이건희 자신이 바뀔 것을 촉구하였다. 그는 "수많은 정경유착의 특혜의혹 속에서 사업인가를 얻어 이미 부실 기업이 된 삼성자동차가 더 큰 부실 회사인 기아자동차를 인수하는 것에 국민 세금을 5조 원씩이나 쓰는 것은 시장경제 논리로 설명되지 않는다"며 다음과 같이 주장했다.

"이건희 회장은 『생각 좀 하며 세상을 보자』는 자신의 에세이집에서 21세기 국가장래를 위해 자동차 사업을 시작했다고 밝히고 있다. 그러나 어떤 전문가도 자동차 산업을 21세기 산업이라고 생각하지 않는다. 그는 엄청난 오판을 한 것이다. 총수 개인의 오판으로 인하여 국가경제가 혼란에 빠지고 주주들이 수조 원의 손해를 보고, 수많은 삼성의 노동자들이 정리해고되었다면 그는 경영자로서 마땅히 책임을 지고 물러나야 한다."

이어 장하성은 "이 회장은 그의 에세이에서 '실패를 결코 두려워할 필요는 없지만 똑같은 실패를 되풀이해서는 안 된다', '과거의 실패 사례에서 교훈을 얻지 못하면 발전이 없다' 그래서 '버릴 줄 아는 결단과 용기가 필요하다'고 했다"며 "그렇다. 지금이 바로 이 회장 스스로가 실패를 두려워 말고 자동차를 버리는 결단을 보여 주어야 한다"고 했다.

"그리고 이 회장은 삼성이 일류 기업이 되기 위해서는 '마누라를 빼고는 모두 바꿔야 한다'고 직원들에게 이야기해 왔다. 그렇다. 스스로 자동차를 버리지 못한다면 삼성그룹은 회장을 바꿔야 한다. 삼성이 다시 태어나기 위해서는 자신의 오판으로 인하여 회사와 주주, 그리고 노동자들에게 엄청난 피해를 입힌 책임을 지고 이 회장 자신이 바뀌어야 할 때인 것이다."[43]

'나도주의'의 비극

삼성자동차는 98년 11월 기아자동차의 3차 입찰에서 기아의 인수에 실패했고, 12월 6일 삼성자동차와 대우전자의 빅딜이 언론에 발표되었다. 이 시기가 아마도 이건희의 생애에서 최악이었을 것이다. 12월 9일 삼성자동차 직원 2,000명이 남대문 삼성 본관 앞에서 시위를 벌였고, 삼성자동차 공장엔 "삼성차 몰살시킨 이건희 때려잡자"고 쓴 현수막까지 내걸렸다.

익명일망정 삼성 직원들이 언론 기사에 등장해 이건희를 비판한 것도 아마 최초였을 것이다. 삼성그룹 인사팀의 한 과장은 이건희에 대해 "출근도 하지 않는 사람이 삼성을 좌지우지한다"며 "생각만 많은 몽상가"라고 비판했으며, 삼성물산의 한 대리는 "이건희 회장은 IOC 위원으로 만족하고, 회사의 경영에서 아예 손을 떼야 한다"고 비난했다.[44]

삼성자동차는 99년 6월 30일 법정관리를 신청하기에 이르렀다. 빗발치는 비난 여론 속에서 이건희는 사재 출연을 약속하는 기자회견을 가졌다. 삼성차 경영 부실로 빚어진 채권단 손실액 2조 4,500억 원을 갚겠다

---

43) 장하성, 〈삼성은 자동차를 버려라〉, 『한겨레21』, 1998년 10월 15일, 120면.
44) 〈"IOC 위원으로나 물러앉으십시오": 삼성자동차 빅딜로 위기 맞은 이건희 회장〉, 『말』, 1999년 1월, 161쪽; 김훈, 〈김우중·이건희가 우리 인생 망쳤다: 삼성자동차와 대우전자 노동자들의 생존권 투쟁 현상을 가나〉, 『말』, 1999년 2월, 140쪽.

며 삼성생명 주식 400만 주를 채권단에 넘겼다. 삼성생명 상장을 전제로 주당 70만 원으로 계산해 2조 4,500억 원에 해당하는 350만 주는 채권단 손실 충당액으로, 그리고 나머지 3,500억 원에 해당하는 50만 주는 종업원들과 하청업체에 대한 위로금 용도로 내준 것이다. 그러나 이 사건은 과거완료가 아니다. 현재진행형인 사건이다. 지금 6조 원대 소송에 휘말려 있다. 삼성생명은 아직까지 상장을 못하고 있어, 채권단은 그동안의 이자를 합산해 6조 원의 상환을 요구하고 있는 것이다.[45]

훗날 서울대 총장 정운찬은 이건희의 자동차 시장 진출을 '나도주의 (me-tooism)'라고 비판했다. 그는 『월간중앙』 2005년 1월호 인터뷰에서 "한국 경제의 '위기경고'가 자주 나오는데, 위기에 갇히게 된 결정적 실수나 계기는 무엇이었다고 보십니까?"라는 질문에 이렇게 답했다.

"다른 무엇보다 한쪽으로 몰리는 경향이 문제죠. 현대의 자동차가 잘되자 삼성은 '건설 출신도 자동차를 하는데 전자가 있는 우리가 왜 못해'라며 자동차 시장에 뛰어들었습니다. 현대는 현대대로 '소비재 위주 기업이었던 삼성이 전자를 하는데 우리라고 왜 못해'라는 생각을 했고요. 이와 같은 '나도주의'에 따른 과잉투자와 과잉시설이 문제의 발단이죠. 그 시설을 돌리는 데 필요한 돈이 시설을 돌려 버는 돈보다 커서, 즉 현금흐름이 나빠서 문제가 생긴 겁니다. 1997년의 외환위기 시절까지를 그렇게 진단할 수 있을 것입니다."

이재용 상속 문제

이건희와 삼성에 대한 부정적인 여론의 양대 축은 '무노조 경영'과 더

---

45) 정성진, 〈16개 금융기관 참여한 삼성차 채권단 삼성·이회장에 6조 소송 낸다〉, 『조선일보』, 2005년 6월 11일, 1면; 천우진, 〈만들다 만 차 두고두고 '골치' : 이건희 삼성회장 6조 원대 소송 휘둘린 내막〉, 『일요신문』, 2005년 6월 26일, 24면.

삼성 이건희 회장과 아들 이재용의 모습.

불어 '이재용 상속 문제'였다. 참여연대를 이끈 고려대 교수 장하성은 『사회평론 길』 98년 9월호 인터뷰에서 "참여연대 경제민주화위원회가 검찰이 제대로 수사를 안 해 줄 것을 알면서도 왜 고발을 하고 법적 절차를 밟느냐?"라는 질문을 스스로 던진 뒤 다음과 같이 답했다.

"과정을 통해 스스로의 정당성을 쌓아나가기 위해서입니다. 미국에서는 법에 명시가 안 되어 있어도 법 정신에 어긋나면 위법으로 판결해요. 그런데 우리나라에선 법조문에 없으면 불법이 아니라는 주장을 하죠. 예를 들어 이전에 삼성에서 발행한 사모전환사채의 경우 미국에선 불법이란 판례들이 많이 나와 있는데, 우리나라에서는 증권감독원이 정한 규정대로 했기 때문에 삼성은 불법이 아니라고 주장합니다. 법의 악용 소지가 많은 게 사실이죠."[46]

장하성은 『서울신문』 98년 9월 2일자 '지상토론'에선 "삼성 이건희 회장이 아들에게 92년 12월 61억 원을 증여했는데, 그동안 세금 16억 원

46) 장하성·권영준, 〈인터뷰: 삼성전자 대표소송 벌이는 장하성 참여연대 경제민주위원장〉, 『사회평론 길』, 1998년 9월, 56~61쪽.

을 내고 45억 원으로 엔지니어링, 에버랜드 등을 통해 축적한 재산이 지금은 1조 원이 넘습니다. 법적으로는 큰 문제가 없지만 어떤 기준을 갖다 대도 이건 정당성이 없습니다. 열심히 일하는 사람들이 과연 인정하겠습니까"라고 비판했다.[47)

참여연대는 창립 4주년 전날인 98년 9월 7일 "국가개혁을 위한 시민행동 및 소액주주운동 5대 재벌 계열사 선정 발표"라는 제목의 기자회견을 가졌다. 참여연대는 "IMF 1년이 다가오고 있는데도 국난 극복을 위한 강력한 구조개혁 조치들이 제대로 진행되고 있지 못하다"고 지적하면서, "이는 경제위기를 초래한 재벌과 특권층의 저항 및 책임 전가에 대해 김대중 정부가 단호하고 신속하게 대응하지 못하기 때문"이라고 주장했다. 참여연대는 다음과 같은 내용의 '시민행동선언문'을 발표했다.

"지난 공정거래위원회 1차 조사에서도 밝혀졌듯이 재벌그룹은 우량 계열사의 부당한 자금 지원을 통해 부실 계열사의 퇴출을 막고 부실의 규모를 더욱 확대 재생산하고 있다. 또 구조조정을 추진한다는 미명하에 이뤄진 상호출자제한 규정 폐지는 오히려 유상증자 참여 등으로 부실 계열사에 대한 우량 계열사의 직접적 자금 지원 수단으로 활용돼 현재의 재벌 체제를 유지하는 데 악용되고 있다. 더 이상 재벌개혁이 지체돼서는 한국 경제 회생은 불가능하다. 이에 참여연대는 당면한 재벌개혁의 핵심 과제로 재벌총수 등 부실 경영 책임자의 퇴진 및 민·형사상의 책임 부과, 자금 지원 등 부당내부거래의 철저한 차단을 통한 재벌그룹 부실 계열사 퇴출, 기업 경영 투명성 확보를 제기하며 이를 위해 재벌총수 퇴진과 재산환수 캠페인, 재벌개혁을 위한 주식 10주 갖기 운동 등 재벌개혁을 위한 시민행동에 본격적으로 돌입할 것을 선언한다."

47) 장하성 외, 〈지상토론: DJ노믹스 이상과 과제〉, 『서울신문』, 1998년 9월 2일, 5면.

주식 10주 갖기 운동

특히 '주식 10주 갖기 운동'은 7년 5개월간 사회와 담을 쌓고 살아왔던 노동자 시인 박노해의 가슴까지 파고들었다. 그는 『참여사회』(98년 9월) 기자 장윤선과의 인터뷰에서 다음과 같이 말했다.

"10년 이상 함께 활동했던 우리 친구들도 한 달에 한 번 같이 모이지도 못하고 허덕이며 살아가는 것 같아요. 그런 게 참으로 아쉽죠. 하지만 현장 운동은 하지 않았지만 양심적 중산층이던 사람들은 생활 속 작은 운동이라도 하고 있는 것 같아요. 제가 요즘 그 사람들 만나면 뭐라 하는지 아세요. '장기 기증했어?', '10주 모았어?', '북한동포돕기 얼마 냈어?', '생협(생활협동조합운동) 가입했어?' 특히 사람들은 '10주가 뭐야' 해요. 그럼 저는 '그거 몰라. 요즘 참여연대에서 혁명적으로 하는 소액주주운동?' 하죠. 과거와 달리 이념만 가지고 운동을 할 수는 없다고 생각해요. 실천, 행동이 중요하지요. 머리로만 하는 진보운동을 고집하게 된다면, 우리는 곧 진보운동 모라토리움을 맞게 될지도 모르죠."

1998년 3월 참여연대가 소액주주들을 대표하여 참석한 삼성전자의 주주총회는 무려 13시간 20분이라는 세계 기록을 세웠다. 그 싸움은 점점 치열해지더니 어느 순간 신문 1면 헤드라인을 만들어 냈다. 98년 7월 25일자 신문들은 1면에 "부실경영 첫 배상판결: 제일은 소액주주 승소…' 전 경영진 400억 지급하라'(한국일보)", "'부실경영' 책임 물었다: '한보대출 전 제일은행장 등 4명 은행 측이 400억 원 배상하라'(동아일보)" 등과 같은 헤드라인을 올렸다. 그렇게 세인을 깜짝 놀라게 한, 제일은행 불법대출에 맞서 국민과 소액주주의 권리를 지켜낸 참여연대는 이제 5대 재벌을 상대로 소액주주운동을 벌이기 시작했다.

장하성은 이 운동이 어느 정도 대중성을 갖게 된 것과 관련하여 "재벌개혁에 대한 실망감이 소액주주운동의 확대를 촉발시켰다"고 명가하면

"당신이 산 10주가 재벌을 바꿉니다"

본사·참여연대, 소액주주운동 본격 전개

삼성전자·SK텔레콤·현대중·(주)대우·LG반도체 경영 감시

참여민주사회시민연대(이하 참여연대·공동대표 김중배 박상증)는 7일 오전 11시 종로구 한국통신 참여연대 사무실에서 기자회견을 갖고 재벌 개혁을 위한 '국민 10주갖기' 운동을 선언하고 소액주주운동 대상기업으로 삼성전자, SK텔레콤, 현대중공업, (주)대우, LG반도체 등 5개사를 선정했다.

참여연대는 앞으로 이들 기업의 소액주주들을 섭렵위하여 모아 이들 기업의 경영행태에 대한 감시활동을 펼쳐 나갈 계획이라고 밝혔다.

참여연대는 '본격적인 경제민주화 운동을 위해 소액주주운동 대상을 5대 그룹 계열사로 확대했다'면서 '이미 소액주주들부터 권한을 위임받아 각종 감시활동을 전개해 온 상성전자 외에 각 그룹의

핵심 계열사이면서 부실 내부거래 등의 가능성이 큰 3개 기업을 추가하기로 결정했다'고 말했다.

참여연대는 '앞으로 국민들을 상대로 이들 기업에 대해 '10주 갖기' 운동을 펼쳐 실무업한인 행사, 임시주주 소집 등을 통해 이들 업체의 불법적 경영형태에 대한 상시 감시체제를 하겠다'고 계획이라고 설명했다.

참여연대는 '부실경영과 경세위기에 대해 책임지야 할 재벌 총수들에게 먼저 철저하게 책임을 묻는 것에서부터 개혁을 시작해야 한다'고 전제하고 '재벌총수 및 친인척 재산환수를 위한 국민운동을 펼치기로 하고 이를 위해 집회와 서명운동, 형사고발, 검찰수사 촉구 등 시민행동에 나설 예정'이라고 주장했다.

이화 함께 '금권출이 해외도피로

산 신고센터를 열고 재벌해외재산 반 간하는 등 재벌에 대한 고발활동을 강화하는 한편 경제정화와 부정부패의 관행을 매기 위해 부패방지법 제정에 주력하는 등 개혁에 대한 바런 여론을 두기로 했다'고 덧붙였다.

참여연대 장하성(고대 경영학과 교수) 경제민주화위원장은 '대기업 간 대규모 사업교환(빅딜) 등 일련의 과정을 볼 때 재벌개혁이 제대로 이뤄지지 않고 있는 듯한 느낌'이라며 '재벌개혁을 앞당기어 하는 관점에서 운동 대상을 확대한 것이라고 예정을 설명했다.

그는 또 부실대출 등에 대한 책임을 물어 제일은행에 대해 주주대표 손해배상청구소송을 제기, 소송 경험을 살려 삼성전자에 대해

시도 '같은 소송을 위한 법적절차를 밟니고 곧 총수들과 별의 계획'이라고 밝혔다.

참여연대는 이밖에 △부실재벌 △부패방지법 제정 및 정치개혁을 위한 시민운동을 전면적으로 벌여나갈 예정이라고 밝혔다.

참여민주사회시민연대는 7일 오전 종로구 한국통신에서 '소액주주운동 5대재벌 확대 실시 선언발표' 기자회견을 열었다. 장하성 경제민주화위원장(가운데)이 재벌개혁을 위한 국민10주갖기 캠페인에 관해 설명하고 있다. 전성호 기자

참여연대의 소액주주운동은 98년 당시엔 재벌총수의 전횡을 막는 개혁적 운동으로 대중적인 호응을 얻었다.

서, 이 운동의 의미와 전망에 대해 다음과 같이 말했다.

"각 회사별로 1,000명이 주식을 산다고 치자. 이는 시민들이 재벌 본사 사옥 앞에서 재벌개혁을 요구하는 시위를 벌이는 효과와 마찬가지다. 재벌총수가 이를 무시할 수 있겠는가. 아무리 배짱 좋은 총수라고 해도 부실 계열사나 가족이 경영하는 계열사에 수백억 원의 주주 돈을 도둑질해 넘길 수는 없을 것이다. 재벌개혁이 성큼 다가올 수밖에 없다. 이게 6월항쟁이 아니고 무엇이냐."[48]

소액주주운동은 훗날 이른바 주주 이익만을 대변하는 주주자본주의의 문제가 불거지면서 재평가받게 되지만, 이 당시엔 재벌총수의 전횡을 막는 개혁적 운동으로 대중적인 호응을 얻었다.

---

48) 박흥신, 〈재벌 '나쁜 버릇' 피플파워로 다스린다〉, 『뉴스메이커』, 1998년 9월 24일, 28~31면.

'서바이벌게임'에 들어선 언론

'신문 찍자마자 내버리기'

대부분의 국민을 고통의 수렁으로 몰아넣은 이른바 IMF 사태는 사회 각 분야에 큰 타격을 주었지만 '거품'이 가장 많았던 분야라 할 언론에는 존재 기반을 위협할 정도로 큰 타격을 입혔다. 아마도 한국전쟁 이래로 언론에 밀어닥친 가장 혹독한 시련이 아닐까? 한 중앙 일간지 사주는 98년 초 신년사에서 이렇게 말했다.

"지난해 나는 플러스섬(plus-sum)게임은 끝나고 제로섬(zero-sum)게임이 시작됐다고 말했었다. 이제 나는 그 말을 수정하고자 한다. 지금부터는 서바이벌(생존)게임이다."[49]

신문들은 그런 서바이벌게임을 위해 대량 해고와 감봉 등을 실시했는데, 98년 5월까지 실직 언론인이 4,000명을 넘어섰다. 또 일부 신문들

---

49) 김은남·이정훈·송준, 〈'화려한 날' 끝나고 빚잔치만 남는다〉, 『시사저널』, 1998년 1월 22일, 42면.

은 파산 위기에 시달렸다. 신문사를 소유한 재벌들은 자체의 생존에 직면해 신문사를 분리하는 조치를 취해 현대, 삼성, 한화가 각각 『문화일보』, 『중앙일보』, 『경향신문』을 분리 독립시키겠다고 발표했고 이 신문들은 '홀로 서기'를 시도했다.

이는 그간 신문들이 '거품 경제'에 취해 흥청망청해 왔다는 걸 의미하는 것이기도 했다. 특히 광고 거품이 심했다. 이와 관련, 남경우는 "언론산업의 전성기는 광고수주액에 있어서도 엄청난 증가를 가져왔다"며 "81년에서 96년까지 15년간 국민총생산(GNP)은 36조 7,000억 원에서 348조 원(1995년 기준)으로 9배 증가한 데 반해 같은 기간 광고비는 3,184억 원에서 5조 6,000억 원으로 무려 17배 증가를 기록했다"고 지적했다.

"81년 국민총생산 대비 광고비는 0.76%였으나 80년대 중반에는 1%를 넘고 96년에는 1.44%에 이르렀다. 이제 언론산업은 IMF 한파에 직면, 대대적인 구조조정이 불가피해졌다. 95년 말 1만 76달러였던 1인당 국민총생산은 최근 들어 6,000달러대로 떨어져 90년 말, 91년 초(90년 5,833달러, 91년 6,757달러) 수준으로 하락했다. 단순계산만으로도 정기간행물 총수는 90년 말 수준인 6,000개 수준으로 떨어져야 할 판이다 (95년 말 현재 정기간행물 총수는 9,720개). 즉 현재 수준의 40~50%의 정기간행물이 없어져야 한다는 계산이다."[50]

부도 위기를 맞은 각 언론사는 이전보다 훨씬 더 치열한 광고 수주 경쟁을 하였다. 그야말로 죽느냐 사느냐의 서바이벌게임이었던 것이다. 한 일간지의 문화부 기자는 IMF 이후 신문사의 가장 두드러진 특징은 "문화부 기자는 줄고 경제부 기자가 는 것"이라고 말했다.[51] 보도가 신문사

---

50) 남경우, 〈국내 언론사 탈출구가 없다: 1~2년 내에 언론사 50% 무너질 듯〉, 『내일신문』, 1998년 3월 18일, 14면.
51) 서선미, 〈꿈을 저당잡힌 언론인의 슬픈 자화상〉, 『참여사회』, 1998년 10월, 28쪽.

의 광고 전략의 일환으로 노골적으로 이용되고 있는 현실을 말해 주는 것이었다. 그래서 '신문 찍자마자 내버리기'도 여전했다. 『내일신문』 98년 1월 21일자는 다음과 같이 보도했다.

"하루 평균 발행되는 일간신문은 약 1,200만 부로 추정된다. 이 중 47%인 550만 부가 무가지로 뿌려진다고 한다. 심지어 무가지의 64%, 총 발행부수의 29%인 350만 부는 포장도 뜯기지 않은 채 제지공장으로 직행한다. 날마다 20년생 나무 300만 그루를 허비해 '폐지'를 만드는 셈이다. 연간 신문용지 수입에 3억 5,000만 달러를 쓰고 있는 실정에서 신문사의 이 같은 행태는 외화 낭비와 환경파괴의 주범이라는 비난을 면할 길이 없다."[52]

신문을 많이 팔수록 손해본다

또 그래서 신문을 많이 팔수록 손해라는 어이없는 일도 여전히 벌어졌다. 이건 이미 몇 년 전부터 그랬던 것이다. 한국언론연구원이 96년 12월에 내놓은 자료에 따르면, 신문 한 부를 팔 때마다 손해를 보는 액수가 한 달 평균 211원에 이르렀다.

『미디어오늘』 1998년 1월 21일자는 수도권지역의 한 신문지국장의 월 평균 대차대조표를 분석한 결과, "이 지국의 한 달 총수입은 1,400만 원. 2,000부에 달하는 신문 구독료 수입 1,300만 원에 전단광고수입 120만 원을 더한 수치이다. 지출은 모두 1,500만 원. 약 100만 원의 손실이 발생한다. 신문 지대의 60%에 달하는 450만 원을 본사에 납입하고, 총무 1명, 배달원 12명의 인건비 650만 원, 판촉비 250만 원, 각종 경상비 150만 원을 내면 남는 것이 없다"고 했다.

---

52) 〈신문도 거품빼기 나섰다〉, 『내일신문』, 1998년 1월 21일, 12면.

"이 같은 지국의 파행 운영은 고스란히 본사가 부담을 떠 안을 수밖에 없다. 무한정적인 판촉 비용, 과도한 지국 운영비, 지대 할인이 관행화돼 있는 판매구조, 여기에 정부 당국의 무관심이 겹치면서 신문은 많이 팔 수록 손해를 보는 기현상에 시달리고 있는 셈이다. 결국 이 같은 판매시 장의 혼탁상은 한국 신문의 수입이 전적으로 광고에 의존하는 결과를 초 래했다."

언론연구원이 분석한 바에 따르면 95년 기준으로 중앙지 수익의 지대 및 광고수입 비율은 대략 2대 8이었다. 이에 비해 미국을 제외한 다른 나 라 신문들의 경우 한국과는 전혀 다른 수입구조를 갖고 있었다. 일본이 대략 6(지대수입)대 4(광고수입), 영국 4대 6, 프랑스 5대 5 정도였다. 미 국의 경우 한국과 비슷했지만 광고비는 한국과 현격한 차이가 있었다. 실제로 한국의 신문광고 단가는 비싸기로 소문나 있었다. 미국의 『월스 트리트저널』의 전면 광고의 평균 단가가 1,880만 원, 일본의 『요미우리 신문』 평균 단가는 3,300만 원 선인데 비해, 한국의 동아·조선·중 앙·한국일보의 평균 단가는 7,750만 원이었다.

『미디어오늘』은 "광고에 전적으로 의존하고 있는 상황에서 판매비용 의 손실을 만회하기 위해 광고 단가는 천정부지로 치솟고 있다"며 "그러 나 이러한 광고수입은 또 금융비용으로 3분의 1 이상이 지출된다"고 지 적했다.

"최근 경영 위기가 거론되고 있는 신문사들의 경우 은행이자 지출이 매출액의 상당 부분을 차지하고 있다. 한화그룹 소유 『경향신문』을 보 자. 이 신문사는 지난해 모두 498억 원을 이자 비용으로 지출했다. 매출 액은 1,100억 원대. 무려 매출액 대비 45% 포인트가 순수 이자로만 나간 것이다."[53]

---

53) 장현철, 〈'신문 많이 팔수록 손해'〉, 『미디어오늘』, 1998년 1월 21일, 11면.

신문들이 미처 돌아간 건 그것뿐만이 아니었다. 경쟁적인 윤전기 도입도 제정신 가지고선 할 수 없는 일이었다. 전 『서울신문』 인쇄국장 조충은 "경영주들이 일본으로 견학가면 아사히, 마이니찌 신문사의 최고급 윤전기, 무인 분공장 설립 계획 등 **휘황찬란한** 것만 보고 온다"며 "그러나 일본 신문의 50% 이상이 20~30년 묵은 구형 윤전기를 놓고 움직일 틈도 없는 비좁은 공간에서 몇 사람이 달라붙어 일한다는 걸 그들은 모른다. 내실 없이 눈만 높아져서 온다는 거다. 이제 와서 생각해 보라. 너도나도 최고급 윤전기를 내세운 시설 경쟁이 빚더미에 오른 이 나라에서 과연 할 짓이었는지"라고 개탄했다.[54]

우려되는 일부 언론의 여론 독점

문제는 그것뿐만이 아니었다. 언론산업을 넘어서 국가 전체의 차원에선 오히려 더 큰 문제가 있었는데, 그건 일부 유력 언론사들에 의한 언로(言路)의 독과점 현상이 더욱 심화될 것이라는 점이었다.

광고업계는 98년 2월 현재 조선, 동아, 중앙 등 3개지의 발행부수 합계(무가지 등 포함)가 641만 부 가량으로서 전체 10개 중앙 종합일간지 1,035만 부의 62%로 추산했다. 97 회계연도 10개 신문사(경향신문은 96 회계연도 기준)의 전체 매출액에서 이들 3개 사가 차지하는 비중도 59%에 이르렀다.[55]

경영 사정도 마찬가지였다. 97년 말 현재 국내 10개 중앙 일간지 10개 사의 부채는 3조 442억 원에 이르렀는데, 이 가운데 7개 사가 자본잠식이거나 부채비율 500% 이상을 기록하였다. 『경향신문』·『세계일보』·

---

54) 김상철, 〈'빚더미 나라에서 과연 할 짓이었는지'〉, 『기자협회보』, 1998년 3월 23일, 1면.
55) 김도형, 〈3개 신문 부수 앞세워 여론몰이 보수일변 논조 사회다양성 해쳐〉, 『한겨레』, 1998년 4월 28일, 1·2면.

『문화일보』가 자본 완전 잠식 상태였고, 『한국일보』(부채비율 1,0246%)·『국민일보』(958%)·『서울신문』(822%)·『중앙일보』(508%)는 부채비율 500%를 넘어선 것으로 나타났다. 또 부채총액 3,000억 원을 넘어선 곳은 『경향신문』(7,234억 원)과 『중앙일보』(6,015억 원), 『한국일보』(4,001억 원), 『동아일보』(3,743억 원) 등으로 나타났다. 『조선일보』는 부채총액이 1,745억 원에 부채비율 101%로 가장 양호한 상태였다.[56]

이건 극소수 신문들에 의한 언로(言路) 독과점 구조가 심화될 수 있다는 걸 시사하는 것이었다. 이와 관련, 김정기는 『문화일보』 98년 3월 14일자에 기고한 글에서 몇몇 대형 언론사들에 의한 여론 독점 현상의 가능성과 관련, "도대체 하루 평균 1,200만 부로 추정되는 총 발행부수 가운데 50%에 가까운 550만 부를 무가지로 배포하면서 분공장 건설과 고성능 윤전기를 경쟁적으로 사들여 몇천억 원씩 빚을 진 신문산업이 살아남으리라고 누가 기대했던 말인가"라며 "이런 상황에서 모 기업이 신문사 경영에서 손을 뗐다는 것은 사경을 헤매는 환자에게서 산소통을 떼어내는 것과 다름없다"고 말했다.

"나는 일부 지방의 '사이비' 언론사가 무너지는 것은 오히려 언론정화의 차원에서 바람직하다고 보지만 현재 우리나라 신문산업을 구성하는 주요 일간지들이 대량 몰락하는 것은 또 다른 사회문제를 낳는다고 생각한다. 그것은 한마디로 몇몇 대형 신문들의 여론 독점 현상을 더욱 심화시켜 민주주의 정치의 필수적인 요건인 언론의 다양성을 파괴하고 말 것이기 때문이다."[57]

장현철은 문민정부 시절 언론개혁을 주도했던 동숭동팀의 언론개혁안에 나타난 상황 인식이 98년 2월 현재의 상황 진단에도 들어맞아 보인다며 그 일부를 다음과 같이 인용했다.

---

56) 이제훈, 〈중앙일간지 10개 사 부채 3조 442억〉, 『한겨레』, 1998년 10월 12일, 1면.
57) 김정기, 〈신문산업 개혁방향〉, 『문화일보』, 1998년 3월 14일, 6면.

1998년 8월 27일 언론개혁시민연대(언개연)가 출범했다.

　"언론사의 양적 팽창은 일부 언론에 의한 여론의 독점 현상을 가져올
수 있을 것임. 즉, 언론의 협조를 얻지 않고서는 정부의 입장 전달이 제
대로 되지 않으며 정치권조차도 정치적 결단과 관련하여 운신의 폭이 매
우 좁아질 것으로 예상됨. 이 같은 상황에서 우리 언론은 경쟁에서 살아
남기 위해서 보다 영향력 있는 언론이 되기 위해 노력하는데, 그 노력은
신문지면의 개선 등을 통한 노력보다는 판매부수 확장과 같은 노력이어
서 언론사의 양적 경쟁이 보다 치열해짐. 따라서 부수확장 등을 위한 소
모적인 언론사 간의 경쟁에 국민과 정부가 피해를 볼 수 있음."[58]

　1998년 8월 27일 언론개혁시민연대(언개연)가 출범했다. 이 범국민적
기구는 언론 3단체(언론노련, 기자협회, PD연합회)와 민주언론운동시민
연합, 참여연대, 언론정보학회 등 외에도 여성민우회, 민주노총, 민주사
회를 위한 변호사 모임, 경실련 등 35개 언론·사회단체들이 힘을 합해

---

58) 장현철, 〈그들은 YS보다 힘이 셌다〉, 「한겨레21」, 1998년 2월 12일, 55면.

결성한 것이었다.

언개연의 상임공동대표 김중배는 창립선언문에서 "언제 끝날지 모를 '경제난국'을 맞아 대량해고와 임금삭감으로 생존권을 위협받고 있는 민중의 삶에 보내는 언론의 눈길은 차갑"고, "전 세계적으로 냉전이 끝난 지 오래임에도 우리 언론이 북녘을 바라보는 시선은 냉전논리에서 벗어나지 못하고 있다"고 밝혔다.[59]

언개연은 98년 10월 일간신문·통신사에 대해 재벌의 주식 소유를 전면 금지하고 족벌의 지분도 20%로 제한하는 '정기간행물의 등록 등에 관한 법률(정간법)' 개정안을 마련했다. 또 개정안은 편집권 독립을 명문화했다.[60]

---

59) 김훈, 〈언론개혁 시민연대 출범의 의미와 전망〉, 『말』, 1998년 10월, 174~175면.
60) 이강혁, 〈"족벌, 언론사 소유 지분 20%로 제한"〉, 『한겨레』, 1988년 10월 30일, 15면.

'호남 호황설' · '호남 역차별론'

1998년 영남엔 '호남 호황설'이 광범위하게 퍼졌다. 온갖 유언비어가 난무했다. 일부 영남지역 지방 의원들이 확인차 호남지역을 답사하기도 하는 등 그 '설'은 근거가 없다는 것이 판명됐지만, 언론은 그걸 제대로 보도하지 않았다. 오히려 '호남 호황설'을 유포시킬 수 있는 기사마저 나왔다.

예컨대, 『주간조선』 1998년 11월 26일자 기사 〈건설업계 '호남선을 타라' : 정권 바뀐 뒤 호남 · 충청지역 공사 몰려…지역 로비 · 정보 수집 안간힘〉이 이런 제목을 내건 근거는 박약했다. 익명의 건설업체 H, D, K사의 '관계자' 말을 인용하거나 거론한 것과 99년도 예산안에서 신규 사업 부분 10건을 거론한 게 전부였다. 그걸 근거로 이 기사는 "영남권 에서 신규로 벌어지는 사업은 하나도 없다"며 "이대로 가다가는 3년 이 상 지나면 영남지역에서는 대규모 공사 발주는 아예 없을 수도 있다는 게 건설업계 관계자들의 얘기이다"는 따위의 말을 함부로 했다.

그러면서도 이 기사는 끝부분에서 공정을 기한답시고 다른 의견을 제 시하긴 했는데, 이건 전체 기사량의 13분의 1에도 미치지 못하는 양이었 다. 다음과 같은 내용이었다.

"하지만 영남에서 호남으로 건설 시장이 대이동하는 상황은 생각보다 심각하지 않다는 의견도 있다. 한 건설업체 간부는 '과거에는 정권이 바 뀌었으면 회사 사장부터 주요 임원들을 같은 지역 출신들로 물갈이했을 텐데 이번에는 그다지 심한 것 같지 않다'고 털어놓았다. 이는 IMF 이후 불경기가 너무 심하다보니 '영남이나 호남이나 모두가 힘들다'는 것과 맥을 함께 한다고도 할 수 있다. 그래도 정권이 바뀐 뒤 건설 시장의 중 심축이 어떤 양상으로 바뀔지 주목하는 사람이 무척이나 많다."[가]

반면 호남에선 '호남 역차별론'이 제기돼 영·호남 민심의 간극은 더욱 벌어져만 갔다.

98년 11월 20일 전남지사 허경만과 전남도 예산관계자들은 국회를 찾아 "김영삼 정부 시절에 착수된 호남지역 도로공사가 새 정부 들어 중단됐다"며 '호남 역차별'에 대한 시정을 요구했다. 이들에 따르면 광양-전주, 광주-무안, 고창-장성 간 3개 도로공사가 지난해 시작돼 모두 40억원을 들여 타당성 조사까지 마쳤으나, 새 정부 출범 뒤 '신규 사업'이란 이유로 예산이 하나도 배정되지 않았다는 것이다. 허경만은 "도로망이 미비한 호남지역의 사정을 고려해서라도 예산이 배정돼야 한다"고 주장했고, 다른 간부는 "전 정부에서 공사가 시작된 다른 지역들은 연속사업이란 이유로 예산이 배정되는 상황에서 이들 세 구간 공사만 신규사업이라는 이유로 예산 배정을 않는다면 호남 역차별론이 나오지 않겠느냐"고 반문했다.[나]

98년 11월 24일 국민회의 의원 김경재는 국회예결위 '99 예산안 정책질의'를 통해 98년 예산안을 비교 분석, "영호남 간의 SOC 투자가 여전히 큰 편차를 보이고 있다"며 "국민의 정부에 들어와서도 시정 노력이 가시화되지 않고 있다"고 주장했다. 그는 이날 예결위 질의를 통해 도로·철도·공항·항만 등 4대 사회간접자본 투자를 지역별로 분석한 결과 지역차별이 여전히 개선되지 않고 있다며 국민의 정부는 이 같은 지역차별을 하루속히 개선해야 한다고 촉구했다. 그가 배포한 자료에 따르면 일반국도, 국가지원 지방도, 고속도로 건설 등 도로예산의 경우 지난한 해 동안 영남이 1조 3,907억 원이 투자된 반면 호남은 불과 6,696억원만이 투자돼 2.1배의 편차를 보였다. 이 자료에 따르면 도로연장의 경

가) 이광회, 〈건설업계 '호남선을 타라' : 정권 바뀐 뒤 호남·충청지역 공사 몰려…지역 로비·정보 수집 안간힘〉, 『주간조선』, 1998년 11월 26일.

나) 〈'호남 역차별' 허경만 전남지사 국회 찾아 시정요구〉, 『한겨레』, 1998년 11월 21일, 5면.

우 호남은 전국 17.7%를 차지하는 데 그쳤고, 철도의 경우 지난 한 해 동안 영남지역이 전국 예산의 총 40%인 7,079억 원이 투자된 반면 호남의 경우 전체 예산의 17%에 불과한 3,089억 원이 투자돼 영호남 간의 격차가 2.3배에 달하는 것으로 밝혀졌다. 또 항만은 영남이 지난 한 해 동안 3,767억 원이 투자된 반면 호남은 2,199억 원이 투자, 영남이 호남지역보다 1.7배 이상 투자된 것으로 밝혀졌다.[다]

다) 〈호남 역차별론 제기 관심〉, 『광주일보』, 1998년 11월 25일.

대중문화: 다양성 강박과 스타에 대한 욕망

일본 대중문화 개방

1998년 10월 20일 문화관광부는 일본 대중문화를 단계적으로 개방한다고 발표했다. 94년 1월 31일 공노명 주일대사가 "이젠 일본 문화를 받아들이는 문제를 적극적으로 검토할 때가 됐다"고 발언한 지 거의 5년 만이었다.

정부가 발표한 '일본 대중문화 개방 일정'은 일본 영화와 비디오, 출판, 만화 중 일부를 즉시 개방하는 내용 등을 골자로 삼았다. 정부의 발표와 함께 상영이 가능해진 영화는 세계 4대 영화제(칸, 베니스, 베를린, 아카데미) 작품상과 감독상을 받은 작품, 한일 공동제작 영화(20% 이상 출자하거나 한국인이 감독·주연 등으로 참여한 경우), 한국 영화에 일본 배우가 출연한 작품 등이었다. 이들 영화를 비디오로 만들어 배포하는 것도 허용되었으며 그간 번역의 경우에만 허용해 온 일본 만화의 수입 제한을 없애 일본어 그대로 수입해 판매할 수 있도록 했다.[61]

일본 대중문화 개방을 둘러싸고 열띤 공방전이 벌어졌으나 사실 한국엔 오래전부터 일본 문화가 철철 흘러넘쳤다. 예컨대, 시인 신달자는 94년 3월 다음과 같이 말했다.

"청담동의 어느 카페를 가보라. 그곳은 결코 서울의 카페가 아니다. 일본 그림 아래 일본식 쇼트컷을 한 일본 패션의 여자와 남자가 일본 노래에 푹 젖어 차를 마시고 있다. 물론 10대들이 태반이다. 청담동뿐만이 아니다. 명동에는 금지된 가요 음반과 금지된 잡지가 줄을 이어 널려 있다. 10대보다 더 어린이들의 놀이대상인 만화 비디오도 거의 일본 것이 압도하고 있는 것이 사실이다. 찾아서 보는 게 아니다. 그저 길을 걷노라면 쉽게 눈에 띄는 것들이다."[62]

개방을 반대하는 사람들이 가장 우려한 건 일본 대중문화 산업의 덩치였다. 일본의 영화시장은 한국의 5~7배로 추산되었다. 연간 매출 규모는 1,500억 엔(약 1조 5,000억 원)대이고, 제작 편수도 300편으로 한국의 50편 내외에 비할 때 훨씬 많았다. 일본 가요 시장의 연간 매출 규모는 5,000억 엔(약 5조 원)인데, 이는 세계 1위 음반시장인 미국의 절반 규모며 3위 독일의 2배 수준이었다. 반면 한국은 일본의 5~10% 수준에 지나지 않았다.[63]

최일남은 『경향신문』 98년 10월 16일자에 쓴 〈상품으로서의 일(日) 대중문화〉라는 제목의 칼럼에서 "생각하면 우리의 문화인식은 너무 결벽성에 치우친 감이 있다. 고급문화와 대중문화의 벽이 아주 두껍다"며 다음과 같이 말했다.

"'문화' 두 글자만 씌우면 아무거나 문화적으로 장식되는 양 착각하면서 진실로 아끼고 보존해야 할 전통문화는 막상 설 자리가 없다. 대를

---

61) 조현주, 〈일 영화-만화 즉시 개방〉, 『동아일보』, 1998년 10월 21일, 1면.
62) 신달자, 〈이미 둑을 넘어 온 일본문화〉, 『경향신문』, 1994년 3월 5일, 5면.
63) 이은주, 〈일본 문화지도: 영화〉, 『중앙일보』, 1998년 10월 20일, 36면; 강찬호, 〈일본 문화지도: 가요〉, 『중앙일보』, 1998년 10월 22일, 31면.

1998년 10월 20일 문화관광부는 일본 대중문화를 단계적으로 개방한다고 발표했다.

잇지 못해 사라져가는 인간문화재를 아쉬워할 여유마저 없다. 이러한 실정을 감안하면 일본은 차라리 부러운 면을 많이 갖고 있다. 대중문화로 돈을 몽땅 버는 사람은 돈 때문에 치켜세우고, 오랜 전통문화를 새롭게 가꾸는 사람은 문화적 자존심의 발양으로 우대하는 풍토가 그것이다. 이 기회에 우리도 그런 '이중성'을 수입했으면 싶다. 대중문화를 상품화하는 노하우를 배우고 끝끝내 자기 것을 세우고 지키려는 노력에도 더 주목했으면 한다."

일본 문화 개방 원년이 된 1998년 12월엔 80년 칸 영화제에서 황금종려상을 수상한 구로자와 아키라의 〈카게무샤(影武者)〉와 키타노 다케시가 97년 베니스 영화제에서 황금사자상을 받은 〈하나-비(불꽃놀이)〉가 수입되었다. 시장의 10%는 잠식하리라던 영화인들의 예측은 빗나갔다. 〈하나-비〉와 〈카게무샤〉는 3주 만에 종영했을 만큼 흥행이 부진했다. 장·노년층 관객이 절반을 넘었으며, 전쟁 장면을 기대하고 들어간 젊은층은 지루하다는 반응이었다.[64]

---

64) 이대현, 〈거센 외풍 속 한국 영화 웃다〉, 『한국일보』, 1998년 12월 29일, 15면; 이대현, 〈매표구 앞 "일본은 없네"〉, 『한국일보』, 1998년 12월 15일, 16면.

'다양성 집착과 주체할 수 없는 욕망'

특히 일본 대중음악 개방에 대해 우려를 하는 사람들이 많았는데, 『동아일보』 기자 김갑식은 1998년 12월 26일자 기사에서 "국내 가요계에서 주목하고 있는 것은 일본이 해외로부터 받는 저작권료다. 현재 정부의 일본 대중문화에 대한 단계적 개방 방침에 따라 음반 수입이 묶여 있는 상태이지만 개방이 허용될 경우 막대한 로열티를 지불해야 하기 때문"이라고 말했다.

"자스락(일본 음악 저작권협회)은 97년 4월부터 98년 3월까지 각국으로부터 약 6억 3,000만 엔의 로열티를 받았다. 이탈리아로부터 받은 로열티가 1억 1,400만 엔으로 가장 많았고 프랑스가 2위였다. 아시아권에서는 홍콩(8,173만 엔)에 이어 이스라엘(683만 엔)과 말레이시아(284만 엔)가 많은 돈을 지불했다. 액수는 아직 많지 않은 편이지만 문제는 증가율이라는 게 가요 관계자들의 주장이다. 일본에 내는 저작권료가 홍콩은 96년에 비해 1.6배 많아졌고 이스라엘은 무려 7배나 늘어났다. 국제적으로 저작권 보호에 대한 관심이 높아지는 추세인데다 일본 자스락은 이미 한국까지 와서 우리 시장의 저작권 보호 실태를 조사한 바 있다. 또 X-저팬, 아무로 나미에 등 국내에도 팬클럽을 두고 있는 스타를 보유한 직배사는 물론 국내 제작사들도 일본 측과 제휴한 음반을 준비하고 있다. 일본의 저작권 수입에는 음반 외에도 애니메이션과 오락물 등 TV 프로에 사용된 음악도 포함돼 있어 일본 대중가요 개방이 허용되면 우리나라 방송가에까지 적지 않은 영향을 미칠 전망이다."

그러나 한국의 대중음악은 굳이 일본 대중음악이 아니더라도 이미 충분한 토대를 갖고 있다는 주장도 제기되었다. 97년 신은희는 홍대 앞 클럽들이 만든 인디 레이블의 옴니버스 음반에 참가할 밴드를 뽑는 일종의 콘테스트에 우연히 자리를 같이했다가 "그들의 다양한 음악에 얼마나 놀랐는지 모른다"고 했다.

"으레 'Punk' 음악이나 하는 젊은이들이 몰려들겠다 싶었던 시연회장에는 펑크는 물론 바이올린을 주 선율로 하는 '제스로 툴' 같은 실험적인 밴드부터 '레이지 어게인스트 머신' 같은 하드 코어, '너바나'와 궤를 같이하는 그런지, '엘리스 인 체인스' 풍의 암울한 록 음악, 가요와 팝을 어우르는 파워 팝까지 너무나 다양한 음악들이 즐비했고 그들의 작곡, 연주 역시 내 상상처럼 차고에서 쿵짝대는 수준이 결코 아니었다. 지금 무언가 일어나고 있다. 이것은 비단 홍대 앞 클럽의 변화뿐 아니다. 경쾌한 블루스 록 〈헤이 헤이 헤이〉로 무서운 돌풍을 일으키고 있는 자우림, 제2의 유앤미블루를 연상시키는 '아이 호프 소' 같은 그룹의 등장은 인디 밴드들뿐 아니라 자금력과 홍보력이 담보된 기존의 음악 시장에도 새로운 바람이 불고 있음을 시사하는 단편적인 예이다."[65]

98년 송여주, 박애경은 "한때는 90년대를 '문화의 시대'라고도 불렀다. 지금은 '거품의 시대'라 부르지만 문화를 둘러싼 담론이 끓어 넘쳤고, 다양성에 대한 강박증적 집착과 주체할 수 없는 욕망이 그 주위를 끊임없이 부유하고 있었다. 그리고 그 중심 어딘가에 서태지가 있었고 록이 있었다"며 다음과 같이 말했다.

"미소년, 미소녀의 하이브리드 댄스음악(일명 뽕댄스곡)과 10대 소녀의 괴성이 공중파 TV를 채우고 있는 동안, 문화게릴라를 자처하는 이들과 이들에게 부화뇌동(?)하는 매체들은 '인디'라는 이 시대의 가장 쿨한 트렌드를 만들어 내었다. 그리고 이제 그 중심에는 클럽이 있고, 그 언저리에는 크고 작은 페스티벌이 포진하고 있다. 인디레이블이 본격적으로 출발하고 일본 대중문화 개방이 초읽기에 들어간 올해에도 신촌과 홍대 앞의 어느 클럽에서는 출구를 찾지 못한 욕망의 배설이 이루어지고 지상

---

65) 신은희, 〈가요를 우습게 보지 마라〉, 『상상』, 1997년 겨울, 121~122쪽.

의 가설무대에서는 떠들썩한 고함과 걸러지지 않은 몸짓들이 넘쳐나고 있다."[66]

스타 매니지먼트

97년 12월 MBC 청소년 라디오 프로그램 〈별이 빛나는 밤에〉가 서울 중고교생 500명을 대상으로 설문조사한 결과에 따르면, 학생들의 47% 가 '연예인이 되고 싶다' 고 답했으며, 그 이유는 '개성 발휘(62%)', '화려해서(27%)', '짧은 시간에 큰돈을 벌어서(9%)' 등인 것으로 나타났다.[67]

학생들의 그런 연예인 선호 동기가 말해 주듯, 한국 연예산업은 대형화의 길을 걸으면서 발군의 상업적 매니지먼트 능력을 과시하고 있었다. 『주간조선』 기자 황성혜는 98년 7월 9일자에 쓴 기사에서 가수 유승준과 관련된 매니지먼트에 대해 "'연예계의 황제'로 통하는 댄스가수 유승준이란 히트작을 낸 '베스트미디어' 신철 부사장. '철이와 미애' 출신으로 댄스 그룹 DJ DOC를 키워내 제작자로도 명성을 얻은 그는 최근 마케팅 조사를 가수 이미지 관리에 적극 이용해 재미를 보고 있다"고 말했다.

"지난해 11월 신씨는 2,500만 원을 들여 '서태지, H.O.T., 유승준의 비교 분석' 이란 주제로 설문조사를 벌였다. 초 · 중 · 고교생들에게 음반 구입 형태와 PC 소유 여부, 이들 가수들한테 받는 이미지와 선호도, 선호 요인을 꼼꼼히 물어봤다. 거울 뒤에서 이들끼리 나누는 얘기도 들어보고, '입맛을 읽기 위해' 잡지를 나눠주고 관심 있는 부분을 오려보라고 했다. '요즘 청소년들을 사로잡으려면 화제를 만들어야 해요. 활동하

---

66) 송여수 · 박애경, 〈독 베스티빌, 글팀공연의 작지만 힘있는 풍경〉, 『리뷰』, 1998년 겨울, 170쪽.
67) 〈중고교생 47% 장래희망 '연예인'〉, 『동아일보』, 1997년 12월 8일, 27면.

제9장 국가적 생존투쟁 · 1998년___**229**

다가, 적절한 때에 들어가주고, 다시 나와 깜짝쇼를 펼치고 …… 승준이를 마이클 잭슨과 만나게 하고, 뮤직비디오에 탤런트 최지우를 등장시킨 것도 이유가 있지요.(신철)' 이런 철저한 사전 준비 작업 뒤에 탄생된 유승준은 '반짝 스타'로 끝날래야 끝날 수 없었던 것. 다시 한 번 빅스타로 자리매김했고, 2집 앨범은 나온 지 한 달 만에 밀리언셀러가 됐다."

열성 팬들은 그런 매니지먼트에 화답했다. 그런데 과잉 화답이었다.

1998년 12월 30일, KBS-1TV '98 KBS 가요대상' 시상식이 끝난 자정 무렵, 10대들의 우상인 H.O.T.와 젝스키스의 팬들이 서로 자신들의 우상을 욕한다는 이유로 패싸움을 벌이는 사건이 벌어지기까지 했다. 주로 여학생들이었지만 욕설은 물론이고 주먹다짐까지 주고받아 경찰서로 연행된 사건이었다.

"TV 쇼 공개방송에서는 이들 팬클럽 간의 신경전이 치열하다. 누가 먼저 좋은 자리를 잡느냐를 두고 줄서기 경쟁이나 밀치고 들어가기 등 특공대식 작전도 수립된다. 이들은 팬클럽 유니폼과 야광막대 등으로 무장하고 후렴구 따라부르기 등으로 세를 과시하며 일사분란한 응원전을 펼친다. 이 정도는 그래도 낫다. 그러나 신경전이 과해져 패싸움으로 번지면 부상자가 속출한다. 그래서 공연 현장은 항상 화약고와 같이 불안한 상태다."[68]

'극성팬에 울고 웃는 스타들'

『주간한국』 99년 1월 28일자 기사 〈극성팬에 울고 웃는 스타들〉은 "가요팬들의 정보수집능력은 종종 CIA나 KGB와 비교(?)된다. 몇 시에 일어나 몇 시에 집을 나가고 오늘은 뭘 하며 내일은 어디에 간다는 식으

---

68) 〈극성팬에 울고 웃는 스타들〉, 『주간한국』, 1999년 1월 28일.

로 모든 스케줄을 꿰뚫고 있다. 가끔은 매니저 자신도 모르는 일을 팬들이 확인해와 쓴웃음을 짓기도 한다. 언론과 소속사, 비선(秘線)을 통해 알아낸 정보는 PC통신이나 전화로 순식간에 전파된다"고 말했다.

"인기 댄스그룹이 소속돼 있는 프로덕션은 6개월에 한 번은 사무실을 옮겨야 한다. 옮긴다기보다는 쫓겨난다는 표현이 맞다. 하루 이틀도 아니고 허구헌날 몰려드는 팬들의 극성에 건물주는 물론이고 주변 사람들이 도저히 배겨내질 못하기 때문이다. 프로덕션 앞에는 아침부터 저녁 늦게까지 10대들의 장사진이다. 덥거나 춥거나 상관없다. 이들은 우선 사무실 건물을 초토화시킨다. 먼저 낙서 …… 기물도 남아나질 않는다. 철제문은 찌그러지고 간혹 유리창도 박살난다. 고함소리는 기본. 가수들이 사무실에 들어설 때는 마치 한일 축구대항전이 벌어진 듯하다. 그래서 프로덕션들은 연예 프로덕션이라는 사실을 숨긴 채 사무실 임대를 한다."

또 이 기사는 "'영원한 오빠' 조용필은 두세 달에 한 번씩 전화번호를 교체한다. 한동안은 국번은 그냥 두고 번호만을 바꾸다가 최근에는 국번까지 교체했다"고 했다.

"스토킹에 가까운 극성팬들의 전화공세 때문. 귀신같이 번호를 알아내 안부를 묻거나 또는 목소리만 들으면 전화를 끊는 식으로 사랑을 전한다. 거의 20년 가까이 전화에 시달려온 조용필은 '노이로제 그 자체'라고 말한다. 신세대 그룹의 경우는 전화보다는 휴대폰을 통한 공세가 이어진다. 스타의 휴대폰 번호는 팬들에게는 기본. 그래서 평소에 휴대폰을 켜고 다니는 스타들을 보기 어렵다. 스타들의 휴대폰이 수신용보다는 발신용으로 주로 사용되는 이유가 바로 여기에 있다."

영화진흥법 · 스크린쿼터 · '여고괴담'

1998년 말 개정 영화진흥법과 문화산업진흥기본법이 국회 본회의를 통과했다. 이들 법안의 골자는 크게 세 가지였다. 첫째, 기존의 공연예술진흥협의회(공진협)가 폐지되고 영상물등급위원회(등급위)가 신설되었다. 둘째, 영화진흥위원회가 신설되었다. 영화진흥공사(영진공)의 업무를 물려받게 될 위원회는 문화부장관의 위촉을 받은 영화인 10명으로 구성된다. 셋째, 영화진흥 재원을 확충할 수 있는 여건이 마련됐다. 신설된 문화산업진흥기본법이 문화 관련 산업에 투자하는 회사나 투자조합에 금융·세제를 지원할 수 있게 했을 뿐 아니라 문화부 산하에 문화산업진흥위원회를 두게 한 것이다.[가] 그러나 개정 영화진흥법에서 관심을 모았던 '완전등급분류제'와 '성인영화 전용관(등급외 전용관)'은 한나라당의 반대로 삭제되었다.

98년엔 한미(韓美)투자협정이 스크린쿼터제를 위협했다. 98년 6월 10일 김대중 대통령과 클린턴 미국 대통령의 정상회담에서 한미투자협정을 맺기로 합의했고, 7월 21일 워싱턴에서 열린 제1차 한미투자협정 실무회담에서 미국은 한국의 스크린쿼터가 '자국의 재화와 용역의 사용을 강제할 수 없다'고 규정한 쌍무투자협정 표준문안에 어긋난다고 주장했다. 문화관광부는 '스크린쿼터는 한국 영화산업을 보호하고 우리 문화의 정체성을 지키기 위해 반드시 필요한 제도로 한국 영화가 국제경쟁력을 갖출 때까지는 유지돼야 한다'는 공식입장을 밝혔지만, 미국은 11월 15~20일 워싱턴에서 열린 제3차 실무협상에서 다시 스크린쿼터 폐지를 강력히 요구했다. 11월 21일 서울에서 열린 한미 정상회담에서 올해 안에

가) 김태수, 〈영화진흥법 국회 통과 심의 없애고 진흥 재원 확충〉, 『국민일보』, 1999년 1월 10일, 32면.

1998년 12월 1일 한국 영화의 죽음을 뜻한다는 걸 강조하기 위해 영화배우들은 자신들의 영정을 들고 스크린
쿼터를 사수하기 위한 시위를 벌였다.

한미투자협정을 마무리하기로 합의하면서 문화관광부도 '스크린쿼터제
축소가 불가피하다'는 쪽으로 방향을 틀었다.[나]

    영화인들은 "IMF 관리 체제를 초래한 경제관료들이 자신들의 과오를
감추기 위해 미래 산업인 영화를 흥정 대상으로 삼는 것을 묵과할 수 없
다"며 98년 12월 '스크린쿼터 사수를 위한 범영화인 비상대책위원회'를
구성했다. 비상대책위원회는 한국노총, 민주노총, 경실련, 참여연대, 환
경운동연합, 민예총 등 20여 개 시민사회단체들과 함께 '우리 영화 지키
기 시민사회단체 공동대책위'를 구성하고 '스크린쿼터 사수'를 결의했
다.[다]

나) 조종국, 〈뇌사 위기의 한국 영화!〉, 『한겨레21』, 1998년 12월 17일, 82~83면.
다) 조종국, 〈영화인 총동원령!〉, 『씨네21』, 1998년 12월 15일, 20면; 이소영, 〈'DJ, 스크린쿼터 공약 지켜
    라!"〉, 『전북일요시사』, 1998년 12월 13일, 13면; 조종국, 〈스크린쿼터를 줄여라?〉, 『씨네21』, 1998년 10월
    27일, 16면.

영화 〈여고괴담〉은 PC통신에서의 격렬한 논쟁을 통해 '여고 괴담 신드롬'을 불러일으켰다.

98년 12월 1일 영화 스타들은 한국 영화의 죽음을 뜻한다는 걸 강조하기 위해 자신의 영정을 들고 시위를 벌였다. 영화배우 문성근은 『한겨레』 98년 12월 4일자에 기고한 〈스크린쿼터, 문제는 배급이다〉라는 글에서 "우리는 민주화 투쟁 기간이 유난히 길었던 현대사의 특징 때문인지 유럽이나 미국에 비해 '영상시대'가 늦게 찾아왔다. 그 세대가 이제 막 현장에 들어오기 시작해서, 몇 년 안에는 오히려 스크린쿼터를 늘리라는 운동을 해야겠구나 마음먹고 있던 참이었다"고 말했다.

"'다자간 협상'이 좀 좋은 핑계인가? 그 기막힌 '예외조항'을 왜 우리 스스로 깨서 세계 속에 문화 삼류국으로 전락해 손가락질을 받으려 하는가? 5·6공을 거쳐 문민정부도 굳건히 지켜온 좋은 제도인 스크린쿼터에 왜 손을 대려 하는가? 미국 영화를 적절히 방어하지 못해 지금 땅을 치고 있는 나라들이 도처에 널렸는데 왜 같은 길을 가려 하나? 마지막으로 프랑스 배우 알랭 들롱이 한 말을 인용한다. '이제 영화는 제작의 문제가 아니라 배급의 문제다. 나는 미국의 문화제국주의가 지배하는 프랑스에서 더 이상 영화를 만들 수 없어서 은퇴한다.'"

98년 한국 영화 개봉편수는 43편이었다. 97년의 58편보다도 많이 줄어들었으나 관객 수는 1,260만 명으로 97년보다 4% 증가했다. 서울 개

봉관 기준으로 흥행성적은 〈편지〉 82만, 〈여고괴담〉 71만, 〈퇴마록〉 43만, 〈8월의 크리스마스〉 42만, 〈조용한 가족〉 41만, 〈정사〉 37만, 〈처녀들의 저녁식사〉 32만 등이었다.[라]

〈여고괴담〉은 PC통신에서의 격렬한 논쟁을 통해 '여고괴담 신드롬'을 불러일으켰다. 『한겨레』 98년 6월 24일자는 "신드롬의 중심에는 당연히 일선 학교가 자리잡고 있다. 학생들 책상은 때아닌 수난시대를 맞고 있다. 귀신 주인공 진주의 이름 첫머리 'JJ'가 영화 속에서처럼 일선 학교 책상에도 새겨지고 있다"고 보도했다.

"영화 광고 문구인 '내가 아직도 네 친구로 보이니?'라는 대사도 학생들 사이에 유행어로 빠르게 번지고 있다. 여고 3학년생들에게 꾸준히 이어져오던 '귀신점'도 학년을 불문하고 선풍을 일으키고 있다. 막연한 영화 따라하기만 있는 것은 아니다. 영화 속에 나오는 '미친개'나 '늙은여우'가 교사들의 별명으로 새로 붙여지고 있지만, 거기에는 학생들의 감정이 실려 있다. 영화 내용과 본질적으로 무관한 패러디도 잇따라 등장하고 있다. 흥행영화의 제목을 패러디하기로 유명한 한시네마는 이번에도 에로배우 진도희 씨가 출연하는 〈폐교괴담〉을 만들어 비디오 출시를 앞두고 있다. 한 발빠른 출판사에서는 여학교의 귀신이야기만 그러모은 〈여고쇼킹〉을 출간하기도 했다. 이 밖에 이 영화 포스터에 정치인의 얼굴을 옮겨붙인 정치만평 등 'OO괴담' 식의 신조어도 유행하고 있다."[마]

라) 〈우리 영화 점유율 25% 3편당 1편 흥행성공〉, 『문화일보』, 1999년 2월 6일, 16면; 배장수, 〈스크린쿼터 흔들 '벼랑끝 위기'〉, 『경향신문』, 1998년 12월 23일, 29면.
마) 안영춘, 〈여고괴담에 세상이 떨고 있다〉, 『한겨레』, 1998년 6월 24일, 17면.

티켓다방의 확산

1997년 2월 '대한다방업중앙회'는 '대한휴게실업중앙회'로 명칭을 변경함으로써, 커피가 개화기 외교사절을 통해 유행되기 시작한 지 약 1세기 만에 한국만의 독특한 영업형태로 자리잡은 '다방'이라는 이름은 역사의 뒤안길로 사라지게 되었다. 물론 다방들은 '다방'이라는 이름을 계속 쓰긴 했지만 말이다.[가]

97년 11월에 일어난 외환 위기는 다방에 또 다른 치명타였다. 국내에서 커피를 주로 파는 다방은 1997년 IMF 외환위기 사태 전에 3만 개를 헤아렸지만, IMF 직격탄을 맞고는 9,000개 수준으로 쪼그라들었다.[나]

경제가 어려워지기만 하면 커피를 공격 대상으로 삼는 관행은 여전히 되풀이되었다. "왜 우리만 외화낭비 주범이 돼야 합니까?" IMF로 인한 커피 안 마시기 운동으로 인해 국내 커피 제조업체들이 볼멘소리를 내기도 하였다. 국산애용 바람이 불 때마다 무조건 추방 대상 1순위로 꼽힌다는 불만이었다. 국산차로 알고 있는 둥굴레나 율무도 알고 보면 국내 소비량의 90% 이상을 중국에서 수입하고 있고, 사무실에서 주로 마시는 티백 포장의 현미녹차도 원료의 대부분을 수입하는데 커피만 유독 '동네북'이 되고 있다는 것이다. 국내 커피업계는 경기위축 때문에 전반적으로 소비량이 준 데다 커피 안 마시기 운동 영향까지 받아 매출이 30~40%나 급락하기에 이르렀다.[다]

다만 인스턴트 '커피믹스'만큼은 급성장의 길로 들어섰다. IMF 사태에 처한 기업들이 앞다퉈 인적 구조조정을 시행하면서 커피 심부름을 하

가) 김석수, 〈한국 다방문화의 변천에 관한 연구〉, 『실내디자인』, 1997년 12월, 38쪽.
나) 이거산, 〈스타벅스에 도전장 낸 자바시티〉, 『주간조선』, 2002년 12월 26일, 52면.
다) 함석진, 〈"커피만 수입품이냐" 업계 볼멘소리〉, 『한겨레』, 1998년 2월 16일, 8면.

던 여직원들을 대폭 줄였고 이에 따라 직원들 스스로가 커피를 타서 마시는 문화가 정착되었기 때문이다. 여기에 냉온수기의 보급 확대와 자판기의 위생 문제 등은 커피믹스의 소비확대를 낳게 한 또 다른 이유가 되었다. 또한 IMF 사태는 많은 여성인력의 사회경제활동을 통한 소득 확대 노력을 부채질하였고 이에 따른 가정 외 시장에서의 커피 음용 기회 확대도 커피믹스 시장 성장에 한 요인이 되었다. 경기 침체에 따른 인적 구조조정의 시행으로 서비스업의 확대 및 팽창 현상이 나타나 무한경쟁에서 차별화된 서비스를 제공하고자 하는 커피 무료 업소의 확대도 커피믹스 시장 확대의 한 요인이었다.[라]

IMF 사태로 도심지에서 문을 닫게 된 다방은 농촌으로 파고들었는데, 이는 티켓다방을 확산시키는 결과를 초래했다. 예컨대, 경북 성주군은 전체 인구가 5만 3,000명에 군내 다방 수가 140곳으로 군민 380명당 하나꼴이어서 군단위로도 인구수와 비례해 가장 많은 다방을 보유하게 되었다. 이 지역의 다방이 호황을 누린 것은 주민들이 참외나 수박농사로 목돈을 만질 수 있는 여유가 있는 데다 경제난으로 다방 여종업원을 구하기가 쉬워졌고 이들의 임금은 오히려 줄었기 때문이었다. 이 지역 대다수 다방은 월평균 최하 1,000만 원 이상의 매출을 올렸으며 매출액의 상당 부분은 '커피 값'이 아니라 이른바 불법영업인 '티켓비'가 차지하였다.[마]

또한 여종업원이 차를 배달하며 시간제로 '출장윤락'을 하는 일반 티켓다방과는 달리 남자종업원을 고용해 여성 고객을 상대로 영업을 하는 여성용 티켓다방이 일부 중소도시를 중심으로 확산되기도 하였다. 속칭 '남봉다방'이라 불리는 이 티켓다방은 '오봉돌이'라는 은어로 통하는 10대

라) 식품저널, 『2004 식품유통연감』(식품저널, 2004), 216쪽.
마) 김재선, 〈농촌에 다방이 넘친다/전국 최고 '보급률' 경북 성주군 르포〉, 『국민일보』, 1998년 7월 4일, 14면.

후반 20대 초반의 청소년들을 고용해 가정주부나 술집 여종업원 등 여성 고객들을 상대로 술시중이나 윤락을 하였다. 주요 고객은 호스트 바의 경우처럼 대개 술집 마담·여종업원들로 근무를 마치고 노래방이나 단란주점에 갈 때 파트너로 부르는 경우가 많았으며, 가정주부들이 아파트에서 고스톱을 하다가 커피를 시키면서 '이왕이면 다홍치마'라며 남봉다방을 이용하였다. [바)]

IMF 사태는 성매매 여성의 나이까지 낮추었다. 김정오는 "1990년대 초에는 이른바 '영계' 조달을 위해 가출청소년 혹은 보통의 청소년을 폭력배들이 납치하여 성을 착취하는 노예매춘의 형태로 강제 고용되는 사례가 사회적 이슈"였지만, "IMF 이후에는 제 발로 퇴폐 주점에 찾아가 술시중을 들고 접대부로 일하는 청소년이 증가하고 또 성인 여성의 성적 상대자로 남학생이 등장하는 새로운 풍조"가 나타났다고 했다. [사)]

바) 한종호, 〈부끄러운 남자들/주부 등 상대 '남봉다방'〉, 『문화일보』, 1998년 7월 2일, 23면.
사) 김정오, 〈욕망과 질주의 10대들〉, 박재환 외, 『현대 한국사회의 일상문화코드』(한울아카데미, 2004), 160쪽.

제10장

다시 '소비의 시대'로

지역주의에 발목 잡힌 김대중 정권

'영남 기업 죽이기'?

한나라당은 영남권의 장외 집회에서 대기업의 '빅딜' 논의를 '영남 기업 죽이기'로 몰아붙였다. 예컨대, 1999년 1월 24일 마산 집회에서 이 지역 출신 의원 김호일은 "삼성은 의령이 고향인 이병철 씨가, LG는 진주 구씨가 세운 기업이다. 어떻게 골라도 이렇게 경남 기업만 죽일 수 있느냐"고 주장했다. 문제는 이런 주장이 환호를 받으며 영남권에 먹혀들어갔다는 점이었다.[1]

김대중 정권은 한나라당의 지역감정 부추기기 전략에 대해 영남 민심을 잡으려는 적극 공세를 펼쳤지만, 이는 '돈 퍼주기'로 비쳐져 여타 지역의 민심을 이반시키는 문제점을 노정했다.

『세계일보』 99년 2월 6일자는 "영남지역에 대한 정부의 '돈 퍼주기'

---

1) 이영렬, 『빅딜 게임: 밀실협상, 그 숨가빴던 1년 6개월 추적 보고서』(중앙일보J&P, 1999), 259쪽.

가 노골화되고 있다. 경제장관들의 지방경제 설명회가 시작되면서 정부는 대구·경북지역에 이어 부산·경남지역에도 중소기업에 2,000억 원을 빌려주고 특별신용보증을 해 주겠다며 나서고 있다. 이 같은 조치는 정치 싸움으로 다시 고개를 드는 지역갈등을 돈으로 막아보겠다는 뜻이다. 그러나 경제부처나 민간경제 관계자들은 이 같은 조치를 곱지 않은 시선으로 바라본다. 일각에서는 '어처구니없는 조치'라는 비판이 나온다. 시장경제질서를 표방하는 정부가 '거꾸로 가는 경제정책'을 강행하고 있는 것으로 분석되기 때문이다"고 보도했다.

『문화일보』99년 2월 12일자는 "지역감정 완화를 위해 여권이 최근 당과 정부인사를 총동원하다시피 벌이고 있는 영남권 공략전략에 대해 여권 내부에서 자성론이 고개를 들고 있다. 영남권에 대한 접근방식이 즉흥적이고 무원칙한데다 다른 지역에서 볼 때 역차별적인 특혜 논란을 일으킬 수 있다는 지적이 제기되고 있다"고 보도했다.

"특히 당과 정부의 고위인사들이 영남지역에 대한 지속적인 관심보다는 일회성으로 앞다퉈 영남지역으로 내려가 각종 행사를 벌이고 썰물 빠지듯 할 경우 오히려 역효과를 낼 수 있다는 지적이 많다. …… 국민회의는 최근 당 지도부가 대구와 부산·경남지역을 방문하면서 양 지역 간의 큰 입장 차이를 빚고 있는 위천공단 문제에 대해 각각 해당 지역에 유리한 입장을 피력, 이 문제를 더욱 악화시켰다는 비판을 받고 있다."

『한겨레』99년 2월 18일자는 "여권은 지나친 'PK(부산·경남) 달래기'로 다른 지방의 민심 동요가 심상치 않다고 보고 대책마련에 들어갔다. 청와대 민정비서관실은 최근 전국 각지에 청와대 관계자들을 파견해 민심동향을 직접 파악한 뒤 김대중 대통령에게 '신지역주의'를 경계해야 한다는 내용의 보고서를 올린 것으로 알려졌다"고 보도했다.

"이 보고서에는 현 정권이 삼성자동차 빅딜 후유증을 수습하기 위해 당정 고위관계자들이 부산·경남지역을 잇따라 방문, 지역개발 약속을 쏟아 내고 신임 정무수석과 행자부장관을 모두 이 지역 인사들로 채운 데 대해 다른 지역에서 비판 여론이 고조되고 있다는 내용이 주로 담겨 있다고 한다. 특히 경기와 강원에서 이런 분위기가 심각한 편이며, 충청권은 충남보다 충북이 훨씬 더 불만이 많은 것으로 돼 있다. 이들 지역의 공무원이나 여론주도층 인사들은 '이 땅에는 영호남만 있느냐', '떼 쓰는 아이에게 젖 한번 더 먹이는 식으로 문제 해결이 되겠느냐', '우리는 뭐냐', '우리도 떼를 써야 사람들이 몰려오고 특혜도 줄 것'이라는 등의 과격한 발언을 서슴없이 하고 있다는 것이다."

국정운영 리더십의 문제

엎친 데 덮친 격으로 전반적인 국정운영 리더십의 문제도 제기되었다.

『경향신문』 1999년 2월 13일자는 "국민회의가 청와대에만 의존, 정국을 수동적으로 이끌어 가는 비정상적 행태가 심화되고 있다. 여당으로 변신한 지 1년이 지났으나 여전히 독자적인 정국운영 구상은 찾아볼 수 없고 오로지 김대중 대통령의 입만 쳐다보는 과거 야당 때의 정치 행태가 계속되고 있다. 이 때문에 가뜩이나 원활치 못한 여야관계는 관계복원 조짐에도 불구, 시종 비틀거리고 있다"고 지적했다.

『내일신문』 99년 2월 17일자는 "그동안 국민회의는 의욕적으로 '국가개조'에 매달려왔다. 그러나 결과는 의욕만 과잉. 1년이 지난 지금 국가개조의 청사진은커녕 국정의 난맥상만 가져왔다는 지적이다. 김대중 대통령이 집권 1년 만에 지금 같은 위기를 맞게 된 데에는 집권 여당 국민회의도 한몫하고 있다. 국민회의의 가장 큰 문제점으로 지적되고 있는 것은 리더십 부재. 모든 전략과 권한이 김대중 대통령 한 사람에게로 집약돼 당이 설 땅이 없다"고 지적했다.

"당 지도부의 리더십 부재에 대한 비판의 종착점은 결국 김 대통령에게로 향한다. 준비된 대통령이라고 하지만 당 지도부를 국가 경영의 지도자로 준비시키지 못했다는 비판이 그것이다. 그나마 국정에 대한 하중은 김 대통령의 소수 측근에게만 집중되어 있다. 나머지는 무엇을 해야 할지 몰라 뒷짐. 있는 역량조차도 제대로 써먹지 못하는 꼴이다."[2]

또 『내일신문』 99년 2월 17일자는 "청와대의 한 비서관은 '이제 내 몫을 찾겠다는 흐름이 우려할 만한 수준에서 일어나고 있다'며 걱정했다. 지난 1년간 김 대통령의 서슬에 눌려 '집권에 삽질 한번 보태지 않은 세력' 들에게 노른자위를 빼앗겼다고 불만을 품고 있던 인사들이 2년차를 맞아 활발히 움직이고 있다는 것이다"고 말했다.

"마사회를 비롯한 각급 산하단체에 투입된 권력인맥들의 행태도 조금씩 드러나고 있다. 권력핵심층과 관계를 과시하는 것은 이들의 기본 메뉴에 해당한다. 김 대통령은 말할 것 없고, 이희호 여사나 가족들과의 친분이 주로 과시되고 있다. 지난 정권의 비참한 종말을 연상시키는 행태가 빚어지고 있는 것이다. 집권의 공신들 혹은 김대중 정권의 기반세력들 사이에 이처럼 도덕적 해이가 심해지는 이유는 무엇일까. '차기 대권을 목표로 뛰는 인물에게 당을 맡겨라. 지금처럼 터덕거리는 일이 사라질 것이다.' 국민회의 한 다선의원이 진단 겸 처방으로 내놓은 안이다. '한 번으로 끝날 정권', '임기도 다 못 채울 정권'이라는 현 정권에 대한 비관적 전망 때문에 이 기회를 놓칠 수 없다는 사욕이 판친다는 것이다. 그는 또 '안기부, 검찰을 비롯한 공직사회에서도 정권재창출에 대한 기대가 약하기 때문에 소신껏 일하는 인사가 적다'고 잘라 말했다."[3]

『주간한국』 99년 2월 18일자는 "정치권에서 회자되는 우스개 소리 한 토막. 여야의 정치인들이 시험을 치르게 됐다. 주제는 김대중 대통령의

---

2) 남봉우, 〈구멍가계식 집권당 구조: 집권당, 그거 어떻게 하는 거야?〉, 『내일신문』, 1999년 2월 17일, 4면.
3) 진병기, 〈정권 재창출 기약 없어 소리(小利)에 집착한다〉, 『내일신문』, 1999년 2월 17일, 2면.

진심. 문제는 OX 형태로 출제됐다. 설문은 다음과 같았다. 'DJ는 정계 개편을 원한다', 'DJ는 상도동 측과 화해하기를 바란다', 'DJ는 이회창 한나라당 총재와 여야 총재회담을 하기를 원한다', 'DJ는 현 시점에서 개각을 고려하지 않고 있다' 그런데 정치인들이 내놓은 답이 이상했다. 한결같이 '△'였다. 정치인들의 해명은 이랬다. '도저히 대통령이 뭘 생각하고 있는지 감을 잡지 못하겠다'"고 보도했다.

"이 얘기는 단순히 꾸며 낸 얘기가 아니다. 실제로 상당수 정치권 인사들이 '김 대통령은 복화술사 같다'는 말을 자주 하고 있다. '굵직굵직한 정치 현안들에 대해 여권 핵심부 주변의 기류가 종잡기 어려워서 도대체 DJ가 어떤 생각을 하고 있는지 모르겠다'는 뜻이다. …… 이 같은 김 대통령의 '복화술정치' 논란에 대해 측근들은 '김 대통령이 처한 정치적 딜레마 때문'이라고 해명한다.…… '소수 정권'의 한계 때문에 이전 정권보다 훨씬 큰 부담을 안고 곡예정치를 할 수밖에 없는 김 대통령이 과연 자신의 뜻을 제대로 이뤄나갈 수 있을지 지켜볼 일이다."

국민의 정부 1년 평가

『경향신문』논설주간 이실은 1999년 2월 18일자 칼럼에서 "역대 대통령들은 왜 민심이 요구하는 국정쇄신의 기회를 번번이 놓치고 결국 실패한 대통령으로 끝났을까. 그것은 대통령에게 보고된 내용이 민심의 흐름을 제대로 반영하지 못했거나 대통령이 민심을 묵살했기 때문일 것이다. 대체로 관료들은 자신들에게 유리한 보고만 하려는 속성이 있다. 자신들에게 책임이 돌아갈 만한 내용은 감춘 채 고위층의 비위를 맞추는 데 급급하기 일쑤다. 그러다 보니 민주적 성향을 지닌 대통령이라 하더라도 모든 일이 잘돼 간다는 관료들의 보고에 기대어 국정쇄신의 동기를 찾는 데 소홀하기 쉽다"고 말했다.

국회의원회관에서 열린 '국민의 정부 1주년 기념식' 행사에서 조세형 국민회의 총재권한대행과 박태준 자민련 총재가 손을 흔들고 있다.

"여기에는 정도의 차이가 있을지라도 대통령 개인의 독선과 자만심도 작용하고 있을 것이다. 자신이 최종 결정한 국정과제가 차질을 빚고 있다는 보고보다는 원만하게 수행되고 있다는 보고를 듣기 좋아하는 유혹에 빠지기 쉽다. 비판적 직언보다는 우선 듣기 좋은 소리에 더욱 귀를 기울이는 것은 권력자의 일반적인 경향이다. 성공한 대통령이 되려면 무엇보다 이러한 권력자의 속성에서 벗어나 민심의 소재를 수시로 파악해 부단히 국정을 쇄신하는 것이 필수적이다."

99년 2월 22일 참여연대와 학술단체협의회(학단협), 민주화를 위한 전국교수협의회(민교협) 등 6개 단체가 합동으로 개최한 '김대중 정권 1년과 한국 사회 진로' 토론회에서는 분야별 정책에 대한 비판이 봇물처럼 터져 나왔다. 민교협 의장인 경상대 교수 장상환은 "정부가 제조업 가동률 하락, 실업률 및 물가상승 등 거시경제정책에서 실패해 불황을 심화시켰다"며 "지난 1년간의 경제운영은 평균점수 이하"라고 혹평했다. 사회 분야에서도 민주노총 부위원장 허영구는 대량실업과 빈익빈 부익부 심화, 노사정위 파행운영 등 부정적인 면을 집중적으로 지적했다. 같은 날 경실련 주최로 열린 토론회에서는 정치 · 행정 · 사법 분야의 개혁이 도마 위에 올라 정치개혁의 부진, 지역감정의 심화 등이 비판을 받았다.[4]

반면 2월 25일 국민회의 정책위원회가 김대중 대통령 취임 1주년을 맞아 펴낸 '국민의 정부 1년 평가' 보고서는 먼저 총괄평가를 통해 97년 12월 대통령선거 직후 39억 4,000만 달러에 불과했던 외환보유고가 지난 1월 15일 현재 490억 달러로 불어나 환란의 위기에서 벗어나게 된 것을 DJ 정부의 최대 치적으로 내세웠다. 또 △획기적인 규제 개혁 추진 △대북 포용정책 지지기반 확보 △실사구시의 정상외교로 대외신인도 제고 △노사정위원회를 통한 사회적 합의 및 경제개혁 추진 등을 주요 업적으로 평가했다. 반면 문제점으로 지적한 사안은 "실업문제에 상당한 노력을 했음에도 그 성과는 미흡한 점이 있었다"는 것이었다.[5]

'실업 · 부정부패 · 지역감정'

김대중 정부가 주장하는 치적은 진보파로부터는 오히려 비판의 대상이 되었다. 정부가 한국 경제를 신자유주의로 몰고 가고 있으며, 이런 영미식의 시장만능주의는 부의 불평등 분배와 국제적 예속의 길이라는 비판이었다. 이에 대해 서울대 외교학과 교수 윤영관은 『한국일보』 1999년 2월 25일자 칼럼에서 "이러한 걱정들은 일면 타당성이 있다. 그러나 이들은 서구학자들이 논의하는 '개념'과 한국 경제의 '현실' 간의 엄연한

---

4) 『문화일보』, 1999년 2월 24일, 21면.
5) 박진홍, 〈국민회의 '국민의 정부 1년 평가' 보고서: 자화자찬 일색〉, 『부산일보』, 1999년 2월 25일, 4면.

간격을 무시하고 있다"는 반론을 폈다.

"서구 자본주의 국가들과는 달리 한국 경제의 문제는 시장이 과도하게 작동해서가 아니라 제대로 작동을 못해서 생긴 문제라는 점을 간과하고 있는 것이다. 이제 걷는 연습하는 어린아이에게 뛰는 것은 위험하니 걷지도 말라고 하는 걱정처럼 들리는 것이다."

윤영관은 "이러한 비판에 대해서 정부는 좀 더 솔직하게 접근했어야 했다. 97년 현재 대외의존도 80%의 국가, 수출 안 되고 외국 자본 안 들어오면 당장 길거리에 나가 앉아야 될 국민들이 몇백 만인 중위권 개방형 국가가 한국이다. 그런데 많은 사람들은 그러한 현실의 제약은 무시하고, 모든 것을 우리 마음대로 할 수 있는 폐쇄경제 속에서 살고 있는 것처럼 생각하고 있다"고 했다.

"예를 들어 어느 미국 학자는 한국이 서방 금융에 의존하지 말고 동남아 채무국들과 카르텔을 맺어 대항하라는 '속 시원한' 권고를 한 적이 있다. 정부는 그러한 '속 시원한' 처방들이 얼마나 무책임할 수 있는지 보여 주지 못했다. 그 결과 국민의 기대수준을 높이고 스스로 짐을 짊어졌다. 정부는 얼마나 세계화라는 파도가 험난하고 우리의 선택의 폭은 좁은지, 그러나 왜 뒷걸음질 칠 수는 없는지를 진술하게 국민들에게 보여 주고 협조를 구하는 노력을 강화해야 할 것이다."[6]

언론인 박순철은 『경향신문』 99년 2월 26일자 칼럼에서 김대중이 '국민과의 대화'에서 언급한 '실업, 부정부패, 지역감정'이라고 하는 3대 난제에 대해 이야기한 뒤, "속 시원한 개혁이 필요한 것이다. 그렇다면 부정부패의 발본색원은 필수적인 수순이다. 국민의 가슴속에 절실하게 어필할 수 있는 것은 정계개편이나 외형상의 동서화합이 아닌 정치권의 확실한 정화다"고 말했다.

---

6) 윤영관, 〈개혁의 방향〉, 『한국일보』, 1999년 2월 25일, 5면.

"기득권 세력들과의 불안한 공존은 어차피 한시적인 것이고, 언젠가는 대척점에 설 수밖에 없는 것이 개혁의 숙명이다. 지역감정의 문제도 개혁과 떼어내 생각할 수는 없다. 김 대통령은 지역감정의 가장 큰 피해자이기도 하지만, 이제 이를 근치할 수 있는 중심적 위치에 서 있는 것도 사실이다. 김 대통령이 사심 없는 개혁의 리더로 국민들에게 전폭적으로 받아들여지는 순간, 악성 유언비어 정도는 저절로 꼬리를 감출 것이다. 이제 '고강도 개혁'으로 국민의 정부로서의 정체성을 분명히 확립해야 할 때가 됐다. 투명하고 자기희생적인 개혁을 통한 국민 신뢰의 확보, 이것이 실업·부정부패·지역감정이라는 '3재(三災)'의 저주를 물리칠 수 있는 유일한 주문인 것이다."[7]

'계엄령을 선포해야 할 상황'?

『경향신문』 1999년 2월 28일자는 "지난 26일 오후 국회의장실에서 열린 3당 총무회담에서 국민회의 한화갑 총무는 '나라를 망친 사람들이 서상목 의원 처리 문제로 또다시 국회를 파행시키려 한다'며 다음달 9일 한나라당 소속 서 의원의 체포동의안 처리 방침에 야당이 응하라고 윽박질렀다. 한나라당이 비리 동료 의원을 살리기 위해 정치를 볼모로 잡고 있다고 통박한 것이다"며 다음과 같이 보도했다.

"이에 한나라당 이부영 총무는 '할 테면 해 봐라. 봄이 되면 노동계와 실직자 등 국민들이 들고일어나 계엄령을 선포해야 할 상황이 올 테니……'라고 되받았다. 한 총무와 자민련 구천서 총무는 군사독재 시절에나 거론됨직한 '계엄령'까지 들먹인 이 총무의 발언에 발끈, 멱살잡이 직전까지 갔다. 김대중 대통령의 정치자금 시비까지 곁들여 회담장 밖에

---

7) 박순철, 〈'3災'와 개혁〉, 『경향신문』, 1999년 2월 26일, 7면.

까지 들릴 정도로 고함을 주고받는 등 협상은 뒷전이었다. 총무들은 분이 풀리지 않은 듯 27일 기자들과 만나서도 상대방 비난을 거침없이 터뜨렸다. 특히 이 총무는 '내가 어제 한 총무에게 이런 식으로 하다간 우리가 부산, 대구를 다시 찾아다니고 계엄령이 선포되는 일이 벌어질 것이라고 말했다'며 자랑스레 전날의 발언을 되풀이했다."[8]

『한겨레』 기자 성한용은 99년 3월 2일자 칼럼에서 "김대중 대통령은 외롭다. 최고 결정권자로서 원체 외로울 수밖에 없긴 하다. 그러나 지금 대통령이 느끼는 외로움은 그런 원초적인 것이 아니어서 '얘기'가 된다"며 "정치나 국가 정책상 혼란을 일으키는 일이 잇따르면서 모든 부담이 대통령 한 사람에게 쏠리고 있다"고 말했다.

"그러나 장관이나 청와대 참모들은 뒷전으로 물러나 있다. 취임 1년이 지나도록 정책 결정과 그 책임을 묻는 '시스템'이 제대로 작동하지 않은 탓이 크다. 혼자서 다 챙기려는 대통령의 스타일 때문일 수도 있다. 하지만 이보다 더 큰 문제는 장관과 참모 가운데 정권과 국민에 대해 진심으로 '몸을 바치는' 사람들이 별로 없다는 사실이다. 정치권 출신 장관 대부분은 이미 국정보다는 내년 총선에 더 관심이 많은 것 같다고 한다. 대통령을 지근거리에서 보좌하는 청와대 참모들은 더 심각하다는 얘기다. 청와대 수석들은 상당수가 장관으로 나가거나 총선 출마를 생각하고 있으며, 당 출신 비서관이나 행정관 중에도 공천을 노리는 사람이 10여 명이나 된다고 한다. 관료 출신들이 승진이나 복귀에 더 많은 관심을 갖기는 마찬가지다."[9]

『경향신문』 주필 이실은 99년 3월 4일자 칼럼에서 "국민회의는 아직도 야당 체질에서 벗어나지 못한 채 국정에 대한 주인의식이나 책임의식을 갖추지 못한 것 같다. 국가경영이나 개혁시책에 대한 뚜렷한 소신도

---

8) 이재국, 〈기자 메모〉, 『경향신문』, 1999년 2월 28일.
9) 성한용, 〈딴 데 마음 둔 청와대 참모들〉, 『한겨레』, 1999년 3월 2일, 6면.

없는 것처럼 보인다. 오직 대통령의 의중만을 금과옥조로 삼아 충성경쟁에 치중하고 있는 인상을 주고 있다"고 했다.

"그러니 당정협의인들 제대로 될 리가 없다. 하루빨리 집권당다운 면모를 갖추어야 한다. 공동정부에 참여하고 있는 자민련의 자세도 마찬가지다. 여당의 달콤한 열매는 즐기면서도 막상 책임문제가 발생하면 애써 회피하려드는 것처럼 보인다. 반쪽 여당이라고 하지만 권한을 누리는 만큼 책임도 나눠가져야 하지 않겠는가."[10]

'지역감정 극복을 위한 제언'

인천 간석 2동 천주교회 호인수 주임신부는 『경향신문』 99년 3월 12일자에 기고한 칼럼에서 지역감정 해소를 위해 교구와 교구 간의 '사제 인사이동'을 제안했다. 그는 "단언하건대 호남 출신 사제라고 해서 돌을 던질 영남 교회 신자들은 한 명도 없으며 경상도 사투리가 귀에 거슬린다고 성당에서 집단퇴장하는 전라도의 신자들 또한 단 한 명도 없을 것이다. 이렇게 되면 적어도 그 교회에 속한 신자들은 서서히 대립과 갈등을 넘어 화합과 단결의 길로 나아갈 것이라고 나는 믿는다"고 말했다.

"정치적인 이해관계가 복잡하게 얽힌 사람이 아니라면 단지 출신 지역이 다르다는 이유 하나만으로 적대적인 관계에 놓일 사제와 신자는 아무도 없다. 그런데 왜 안 하는가. 머나먼 이국 땅에 이민간 동포들을 위해서도 기꺼이 사제를 파견하면서 조그만 땅 덩어리 한반도 내에서의 동·서의 이동이 왜 이다지 어려운지 나는 도무지 그 이유를 모르겠다. 다시 한 번 간곡히 부탁한다. 한국 천주교회의 교구장들은 교구와 교구 간의 벽을 과감히 부수고 우리 민족의 장래를 위해 머리를 맞대고 대합

---

10) 이실, 〈정책혼란과 집권당 책무〉, 『경향신문』, 1999년 3월 4일, 6면.

의를 이끌어 내시라. 그리하여 망국적인 지역감정을 타파하는 데 두 팔을 걷어붙이고 나서시라."[11]

전남 정무부지사 조보훈은 『대한매일』 99년 3월 13일자에 기고한 칼럼에서 "지난 2월 하순 허경만 전남지사는 부산, 대구, 울산, 진주, 마산, 포항, 안동 등 영남권 중진 언론인들을 초청했다. 초대에 응한 분은 28개사(방송 17, 신문 11)에 총 30여 명. 1박 2일의 짧은 일정이었지만 만나 얘기를 나누고 전남지역 삶의 현장을 둘러보면서 일행은 새로운 인식을 갖게 됐다"며 다음과 같이 말했다.

"이 중 광주를 처음 방문한 분이 50%를 넘었다. 평소 사회의 구석구석을 찾아다닌다는 언론인이지만 호남 체험의 빈도는 예상외였다. 목포에 처음 발을 디딘 사람은 100%에 가까웠다. '목포의 눈물'로 이름난 항구 도시 목포를 전남도의 초청으로 난생 처음 둘러보게 됐다는 것이다. 또 한번 비교되는 것은 이분들이 대부분 동남아 등 해외는 2~3회 이상 다녀왔다는 사실이다. 김포국제공항. IMF 그늘에 잠깐 어두워진 듯싶더니 어느새 북적거린다. 제주도 가기보다는 하와이나 태국이 더 가깝다는 것이다. 눈에 보이는 자기 집 뒷산은 고이 두고 말로만 듣던 알프스산을 먼저 찾아나서는 여행패턴은 어디서 나온 것일까. 과소비를 지적하기 전에 남북 간(서울행) 도로보다 동서 간 도로는 왜 이렇게 멀리 느껴지는지부터 반성해야 한다."

이어 조보훈은 "천리길 서울보다 가까운 지방끼리 제대로 된 왕래 한번 없었다"며 "그러나 끈끈한 유대가 이미 오래전에 시작되었음을 상기시켜 드리고자 한다"고 했다.

"경북 안동의 서애 유성룡 집안과 전남 해남의 고산 윤선도 집안끼리 400년 교류관계를 연면히 이어오고 있는 것이다. 그곳에 가서 보면 안동

---

11) 호인수, 〈'지역감정' 교회가 나설 때다〉, 『경향신문』, 1999년 3월 12일, 6면.

의 하회탈은 경상도민의 순수한 인간성을 보여 주고 있다. 전남에 가서 보면 진미(眞味)를 느낄 수 있다. 푸짐한 상을 차려놓고 모두가 한데 어울려 살아가는 정겨움을 맛볼 수 있다. 이처럼 동서문제는 영호남인이 자연스럽게 자주 만나면 저절로 해결될 것이다. 이번 기회에 우리 안동 한번 가봅시다. 그리고 전라도로 한번 오시지요."[12]

'반DJ 정서' 자극은 표가 된다

그러나 늘 선거가 문제였다.

『내일신문』 99년 3월 31일자는 "각 정당이 지역에 기반하고 있는 만큼 지역 출신 의원들은 틈날 때마다 '지역감정'을 전가의 보도처럼 이용해 왔다. 그런 면에서 대구·경북지역 의원들만 들어 '지역감정 옹호자'로 몰아붙이기 힘든 측면도 있다"고 전제하면서도 "그러나 정권교체 이후 대구·경북 의원들의 지역정서 자극하기는 더욱 심해졌다"고 했다.

"본회의장이건, 상임위건, 국정감사장이건 이들은 틈만 나면 '호남 찌르기'에 열중하고 있다. '반DJ 정서' 자극이야말로 확실한 표가 된다는 것을 대구·경북 의원들은 본능적으로 느끼고 있는 것이다."

이 기사는 "대구·경북 의원들의 또 다른 한계는 맹목적인 박정희, 전두환 껴안기"라며 "과거 인물에 대한 역사적 평가보다는 표만 된다면 '악령과도 동거'할 자세를 보이고 있다"고 했다.

"지난해 말 대구·경북 의원들의 모임. 누가 누구 계보냐는 얘기가 오간 끝에 한 의원이 '나는 박근혜 의원에게 줄 서겠다'며 말을 꺼냈다. 농담이기는 했지만 박정희 전 대통령이 득표력이 있다는 것을 인정하고 있는 것이다. 이 말을 전해 들은 박근혜 의원은 '나는 아직 계보를 형성할

---

12) 조보훈, 〈지역감정 극복을 위한 제언: 안동 한번 가봅시다. 전라도로 오세요〉, 『대한매일』, 1999년 3월 13일.

때가 아니다'고 한 것으로 알려졌다. 자칭 '박근혜 계보'의 이 초선 의원 뿐 아니라 상당수의 의원들은 공사석에서 박정희 전 대통령을 추켜세우 곤 한다. 그러나 대구·경북 의원들의 박정희 받들기는 박 전 대통령의 긍정성을 계승하자는 것과는 거리가 멀다. 단지 표가 되기 때문에 이용 하고 있을 뿐이다."[13]

---

13) 〈TK 의원들이 대거 물갈이되어야 하는 이유: 지역감정의 수혜자, 이젠 역사 속으로〉, 『내일신문』, 1999년 3월 31일, 7면.

공직자 재테크와 옷 로비 사건

고위 공직자 13% 1억 원 이상 증가

1999년 2월 26일 공직자윤리위원회가 대통령 이하 1급 이상 공직자와 국회의원, 고등법원 부장판사 이상, 헌법재판관 등의 재산변동신고내용을 공개한 것에 따르면, 전체 신고대상자 1,058명(국회 290명, 법원 117명, 행정부 639명, 헌법재판소 12명) 가운데 지난해보다 재산이 증가한 공직자는 819명(국회 184명, 법원 93명, 행정부 532명, 헌법재판소 10명)으로 전체의 77.4%에 달했다. 1억 원 이상 재산이 증가한 인사는 행정부 81명, 국회 44명, 사법부 13명, 헌법재판소 1명 등 139명에 달해 공개 대상자의 13.1%를 차지했다.[14]

이에 대해 『경향신문』 국제부장 김학순은 "지난 주말 발표된 정부의 고위 공직자 재산변동 상황만 봐도 솔선수범은커녕 IMF 체제의 고통분

---

14) 임은순 외, 〈공직자 재산공개/IMF시대 고위 공직자 77% 재산증가〉, 『경향신문』, 1999년 2월 27일, 1면.

담과 거리가 멀어도 한참 먼 느낌을 준다"며 "1억 원 이상의 재산증가자만 엄청난 숫자에 이르는 사실은 200만 명에 육박하는 실업자와 수많은 저소득층 국민에게는 허탈감이라는 말로 설명이 끝나지 않는다"고 했다.

"편법, 변칙까지 활개를 쳤다는 점 때문에 분을 삭이지 못하는 국민도 적지 않다. 켕기는 게 있어선지 지면이 줄어들고 이튿날 휴간신문이 많은 주말을 택해 발표하는 '잔머리 굴리기'는 한층 얄미움을 사고 남는다. 노사정위원회에서 뛰쳐나간 노동자들에게는 또 무슨 구실을 대며 설득할 것인지 아득해진다."

이어 김학순은 "우리의 공복(公僕)들은 결코 바람직하지 않은 전통인 '승관발재(昇官發財)'의 잔재를 여전히 떨쳐버리지 못하고 있는 건 아닌지 다시 살펴보게 된다. 관료로 등용돼 권력의 일부에 끼여드는 것을 정상적인(?) 축재방법으로 여기는 사고방식은 본고장이었던 중국에서조차 혁파의 대상이 된 지 오래다"고 말했다.

"명실상부한 실사를 통해 공직자 재산의 투명성을 높이고 법을 어길 때 처벌을 강화하는 등 각종 제도를 보완하는 것은 고통분담과는 또 다른 차원의 문제다. 대만에선 총통과 행정원장을 비롯한 고위 공직자들이 재산신고법에 따라 강제로 신탁관리에 맡기는 제도를 이미 3년여 전부터 시행하고 있을 만큼 엄격하다. 대만의 고위 공직자들은 전 재산을 일단 변호사와 공인회계사에 위탁, 관리하지 않으면 안 된다. 우리에게 많은 교훈을 줘왔던 대만의 제도를 참고함직하다."[15]

『한겨레21』99년 3월 11일자는 "과거 시행됐던 종합과세제에 따르면 연간 금융소득이 4,000만 원 이상이면 최고 40%의 누진세율을 적용받는다. 연평균 금리를 10%로 잡아도 4억 원 이상의 예금이나 주식을 보유하고 있으면 누진세 과세대상이 된다. 이번 재산공개 결과를 두고 볼 때

---

15) 김학순, 〈공직자들의 '재테크'〉, 『경향신문』, 1999년 3월 3일, 6면.

상당수의 고위 공직자들이 대상에 포함된다"고 말했다.

"우리나라 세금 제도를 책임진 이규성 재경부장관도 6억 원대의 금융자산을 보유하고 있으니 대상에 들어간다. 그래서 금융소득종합과세 조기 부활이 안 되는 것은 바로 이런 고위 공직자들 때문이라는 국민의 의구심도 깊어지고 있다. 문제는 거액 금융자산 보유자들이 가만히 앉아 있지 않는다는 점이다. 최근 금리 하락으로 금융소득이 감소하자 부동산 등 좀 더 수익성 높은 쪽을 찾아다니는 양상이 나타나고 있다. 이것이 금융자산의 본성이기도 하다. 공직자의 금융자산도 이런 경제교란 행위에 한몫 거들지 않으리라는 보장이 없는 형편이다."[16]

'국민은 왜 화가 났나'

민심은 꼭 법을 어기는 비리 사건에 대해서만 분노하는 건 아니었다. 재산변동신고내용이 보여 준 고위 공직자들의 수상쩍은 재테크 실력은 그것이 법의 심판에 맡길 수 없는 것이라는 점에서 더욱 큰 허탈감을 갖게 만들었다.

96년 5월 이후 한국 사회를 떠들썩하게 만든 이른바 '옷 로비 사건'도 이렇다 할 큰 비리의 실체는 발견되지 않았을망정 IMF시대를 사는 다수 한국인들에게 체제와 정권에 대한 염증을 갖게 하기엔 충분한 것이었다. 이 사건은 '라스포사'라는 강남의 고급 의상실과 '호피무늬 반코트'라는 700만 원짜리(혹자는 2,000만 원짜리라고도 했다) 옷의 이름이 수없이 등장하면서 한국 상류층 여인들의 사는 모습을 엿보는 흥미성을 유발해 전 국민적 관심사가 되었다.

1999년 5월 24일 김대중은 2기 내각을 출범시켰다. 법무장관엔 검찰

---

16) 차기태, 〈공직자는 재테크의 귀재?〉, 『한겨레21』, 1999년 3월 11일, 32면.

총장 김태정이 임명되었는데, 바로 그 다음날 옷 로비 사건이 터졌다. 98년 말 장관·검찰총장 부인들이 어울려 다니며 고급 옷을 구입하고 재벌 회장 부인에게 옷값을 대납해 달라고 했다는 것이었는데, 그 문제의 검찰총장이 바로 김태정이었다. 여기에다 청와대의 특명사정반인 사직동팀이 그 재벌 부인을 은밀하게 조사했다는 보도가 터져 나왔는데, 특명사정반을 지휘한 법무비서관은 김태정의 광주고등학교 후배인 검사 박주선이었다.[17]

김태정 법무장관.

이 사건은 구체적으론 99년 2월 12일에 외화 밀반출 혐의로 구속된 신동아 회장 최순영의 부인 이형자가 남편의 구명을 위해 고위 공직자 부인들에게 고급 옷으로 로비를 했다는 혐의에서 출발했다.

5월 25일 청와대 측은 이형자가 고위 공직자 부인들에게 옷을 선물했다는 주장과 관련해 대통령 부인 이희호의 이름이 거론되는 데 대해 "전혀 사실과 다르다"고 해명했다. 청와대의 한 관계자는 "일부 신문에서

---

17) 박철언, 『바른역사를 위한 증언: 5공, 6공, 3김시대의 정치비사 2』(랜덤하우스중앙, 2005), 557~558쪽.

'고급 옷 로비' 의혹 사건과 관련해 법무장관의 퇴임을 요구하는 시민들.

최 회장 부인이 고위 공직자 부인들에게 옷을 선물했다고 보도한 것은 사실무근으로 당사자들이 이에 대한 법적 대응을 할 것으로 알고 있다"고 밝혔다.[18]

5월 28일 법무장관 부인 연정희가 이형자를 고발함에 따라 검찰 수사가 시작되었다. 6월 2일 '고급 옷 로비' 의혹 사건을 수사해 온 서울지검

---

18) 『동아일보』, 1999년 5월 26일, 1면.

특수2부(김인호 부장)는 "이형자 씨가 '남편 구명'을 위해 전 통일부장관 부인 배정숙 씨에게 접근했고 배씨는 당시 김태정 검찰총장 부인 연정희 씨를 통해 선처를 부탁하려 했으나 실제로 하지 못했으며, 이와 관련해 연씨에게 옷을 사 준 일도 없는 것으로 밝혀졌다"고 발표했다.[19]

김대중은 사태의 심각성을 깨닫지 못하고 있었다. 그는 6월 1일 소련 방문을 마치고 가진 귀국 기자회견에서 옷 로비 사건을 두고 "마녀사냥으로 몰지 말라"고 했다. 6월 8일 김태정은 대검 공안부장 진형구의 조폐공사 파업 유도 발언과 관련한 책임을 물어 경질되었다.

장명수는 『한국일보』 99년 6월 9일자에 쓴 〈국민은 왜 화가 났나〉라는 제목의 칼럼에서 "정권이 아무리 바뀌어도 고급 요정에서 돈을 내는 사람은 바뀌지 않고 그들이 모시는 손님들만 바뀐다고 한다. 고급 의상실이나 보석 가게에서도 같은 말이 들린다. 새 집권층의 부인들이 기존 고객들의 손님으로 찾아와서 허기가 풀릴 때까지 옷과 보석 등을 사기 때문에 정권교체기마다 특수를 누린다고 한다"며 다음과 같이 말했다.

"3공에서 6공까지는 대부분 군 출신들이 새 손님들이었고, 문민정부와 국민의 정부에서는 과거 야당 인사나 민주화운동을 하던 사람들이 새 손님으로 등장했다. 물론 정권이 바뀔 때마다 전천후로 살아남는 사람들도 있다. 그러나 그들은 조심성이 많아서 물의를 빚는 경우가 거의 없고 실속을 차리는 안전한 방법을 잘 알고 있다. 대개 권력의 맛을 처음 본 사람들이 권력에 취하여 이성을 잃기 쉽다. 문민정부 때 장학로 사건이 좋은 예다. 당사자들로서는 억울하겠지만 대도 사건이나 옷 로비 사건을 국민들은 장학로 사건과 비슷하게 보고 있다. 새 권력자들이 권력의 맛에 취해서 해이해지고 있다는 위험 신호다."

---

19) 『한겨레』, 1999년 6월 3일, 1면.

옷 로비 청문회

옷 로비 사건은 검찰 발표로 마무리되진 않았다. 8월 23일부터 25일까지 국회 법사위에선 옷 로비의 주인공들이 등장한 청문회가 열렸고, 그래도 가시지 않은 의혹을 해결하기 위해 10월 7일에는 특별검사가 임명되었다.

8월 23일 첫 청문회는 KBS와 MBC, SBS, YTN이 생중계하는 가운데 취재진 50여 명이 몰려들어 북새통을 이뤘다. 청문회는 정쟁의 무대이기도 했다. 접전은 야당의원들이 대통령 부인 이희호를 거론하면서 시작됐다. 안상수는 "라스포사 정일순 사장이 '이 옷들이 청와대에 들어간다'고 말하는 것을 들은 적 있나"고 물었다. 배정숙은 "그런 적이 있다"며 "(이희호 여사가) 러시아 방문 때 입은 옷도 같은 디자인이라는 말을 들었다"고 답했다. 배정숙은 또 안상수가 "이형자 씨가 편지를 써 가지고 와서 이희호 여사에게 전달해 달라고 정일순 씨에게 부탁했다는데"라고 묻자 "그런 말을 들은 적 있다"면서 "정씨가 '내가 바보냐, 그걸 전하게'라고 하더라"고 답했다. 이에 국민회의 의원 조찬형과 한영애 등은 "청와대에 선이 닿아있다면 왜 배씨에게 로비했겠느냐"면서 "정치공세를 말라"고 항의했다. 한영애는 "상황을 오도하지 말라"며 "이 여사가 남대문시장을 이용하는 것은 알만한 사람은 다 안다"며 발끈했다.[20]

『한겨레』 8월 26일자는 청문회를 결산하면서 한 시민의 말을 인용, "대질신문을 하면 뭔가 나오지 않겠느냐 생각했는데, 당사자들이 서로 거짓말이라고 주장해 한마디로 어리둥절했다"며 "청문회가 마치 누가 거짓말을 잘하는가를 보여 주는 자리인 것 같았다"고 말했다. 시민단체

---

20) 홍희곤·최성욱, 〈'옷 로비 청문회' 청문회장 이모저모〉, 『한국일보』, 1999년 8월 24일, 4면.

옷 로비 의혹 청문회에 증인으로 출두, 대질신문을 받고 있는 (왼쪽부터) 정일순, 이형자, 연정희, 배정숙.

들은 "이번 청문회는 완전히 실패작"이라고 규정하며 특별검사제를 통한 철저한 진실규명을 거듭 요구했다.[21]

결국 특별검사제가 도입되었고, 특검팀은 99년 12월 20일 발표를 통해 배정숙의 1인극이라는 검찰수사결과와 달리 배정숙과 정일순이 각각 이형자에게 옷값대납을 요구한 사건으로 판단했다. 특검은 또 이형자의 '실패한 로비'가 아니라 '포기한 로비'라고 규정했다. 이형자가 남편인 최순영의 구명을 위해 이희호와 연정희에게 접근하려 했으나 연정희로부터 최순영의 구속방침을 접하고 김태정 낙마로 방향을 바꿨다는 것이다.[22]

노승희는 "5월 말 사건이 공개되고 정치적 쟁점으로 부각된 후 한편

---

21) 권혁철, 〈막내린 '옷 로비 청문회' 시민들 분통〉, 『한겨레』, 1999년 8월 26일, 15면.
22) 손석민, 〈검찰 "실패한 로비" 특검 "포기한 로비"〉, 『한국일보』, 1999년 12월 21일, 3면.

에서는 정치권 내부의 권력갈등설, 정치보복설이 제기되는가 하면, 다른 한편으로는 대다수 '보통사람들'의 한 달 생활비를 훨씬 초과하는 고가 의류 및 장신구들의 거래구조가 대중의 관심거리로 등장했다"며, "TV 스크린을 통해 전 국민에게 실시간 중계된 국회 청문회장에서는 증인으로 출두한 패션 디자이너들의 화려한 옷차림이 조사 대상자들인 고관부인들의 비도덕적 소비행각에 대한 국회의원들의 질책과 묘하게 대조되면서 이질적인 분위기를 자아냈다"고 했다.[23]

이어 노승희는 "처음에는 단순히 옷 한 벌의 구매와 연관된 '로비 의혹' 사건으로 시작되었던 것이 그런 일련의 공론화 절차와 의미화 과정을 거치면서 IMF라는 전대미문의 경제적, 도덕적 위기국면에 처한 한국 사회의 집단적 허위의식과 기만적 시선이 집중된 스펙터클이 되었다"고 했다.[24]

'대통령 부인이 입은 옷은?'

이 사건은 '거짓말 논쟁'으로 비화되기도 했다. 사건 주인공들의 활동 무대가 교회, 기도원, 봉사회라고 하는 점이 그 논쟁의 드라마성을 더욱 키웠다. 노승희는 "옷 로비 스캔들의 여주인공들은 검사의 조사실에서, 국회 청문회장에서, 성경에 손을 얹고, 양심에 걸고, 하나님에게 맹세하면서, 진실을 말하겠다고 공언했고, 진실을 말했다고 주장했"지만 "그녀들은 서로 상대방의 말을 '거짓말'이라고 비방했다"는 점에 주목했다.

---

23) 노승희, 〈옷 로비 사건에 대한 보고서: 소비/권력/욕망의 스펙타클〉, 『여/성이론 제2호』(여성문화이론연구소, 2000), 164쪽.
24) 노승희, 위의 글, 164~165쪽.

"그래서 사람들은 '그녀들은 모두 거짓말을 한다'고 결론지었다. 이 사건을 해결하도록 임명된 특별검사팀은 실패한(포기한) 로비가 이 사건의 본체이며 전 검찰총장의 처가 호피무늬 반코트를 외상 구입한 사실을 두고 당국의 수사가 잘못 진행된 점을 이 사건의 문제라고 결론을 내렸다. 이런 관점에서 보면 그녀들의 거짓말은 고작 호피무늬 코트의 구입과 반환시점, 대납 요구 등에 관한 것에 불과하다. 그러나 정말 그것뿐일까? 그 정도의 거짓말 때문에 한 해 내내 그렇게 많은 국가 장치들이 바쁘게 움직였단 말인가?"[25]

그러나 정말 그것뿐이었다. 훗날(2006년)에 나온 한 평가도 다음과 같았다.

"1999년 김대중 정부 시절 메이저 신문이 앞장서고 한나라당이 장단을 맞춘 옷 로비 사건은 헌정사상 최초로 특검까지 도입하는 난리를 피우고도 결국 관련 인사 김태정, 박주선 씨는 무죄판결을 받았고 사법부는 '실체 없는 해프닝'으로 마무리했다."[26]

그러나 오히려 그게 더 문제였다. 정권 상층부가 민심과 멀리 떨어진 곳에 있었거나 그렇게 보였다는 게 문제의 핵심이었다. 보수 언론도 나중엔 바로 그 점을 파고들었다. 예컨대, 『동아일보』 논설실장 어경택은 99년 12월 4일자에 쓴 〈대통령 부인이 입은 옷은?〉이라는 제목의 칼럼에서 "로열패밀리가 국민과 친해지려면 보다 투명하고 솔직해야 한다. 지금이라도 알고 싶다"고 말했다.

"대통령 부인께서는 그 국회의원의 말대로 20년간 남대문시장 옷만 입었는지, 남대문시장에서 구입한 옷은 몇 벌이나 되는지, 문제의 라스포사에서 산 옷은 없는지, 있다면 몇 벌이나 샀는지, 라스포사 것 이외의

25) 노승희, 〈옷 로비 사건에 대한 보고서: 소비/권력/욕망의 스펙타클〉, 『여/성이론 제2호』(여성문화이론연구소, 2000), 184쪽.
26) 〈우리의 주장: '이해찬 게임'의 승리자는?〉, 『기자협회보』, 2006년 3월 15일, 1면.

고급 옷은 어느 어느 디자이너의 것을 구입했는지, 특히 이번 필리핀 방문 때 입고 간 옷은 참 좋아 보이던데 어디서 만든 것인지. …… 무슨 옷을 입느냐는 것이 로비의 본질과는 무관하겠으나 이런 것들을 소상히 밝힐 때 이 여사와 청와대를 감싸고도는 갖가지 소문들은 사라지고 국민과 청와대의 간격도 좁혀질 것이다."

서해교전: '햇볕정책' 논쟁

서해교전 사태

1999년 6월 15일 서해교전 사태가 일어났다. 이른바 '꽃게 전쟁'이었다. 북한 꽃게잡이 어선이 서해 연평도 인근 북방한계선(NLL) 너머로 침범해 들어오면서 촉발된 사건이었다. 남한 경비정들이 북한 어선들을 쫓아내기 위해 돌진하면서 북한 어선 몇 척이 손상을 당했고, 그런 갈등의 와중에서 북한 경비정이 총을 발사하자 훨씬 현대적인 무장 시스템을 갖고 있는 남한 경비정들의 발포로 대략 20명이 승선한 것으로 추정되는 북한 어뢰정이 격침된 사건이었다.

『한국일보』 6월 16일자는 "서해 연평도 근변 북방한계선(NLL) 인근 해역을 두고 벼랑끝 대치를 벌여온 남북 해군 간에 15일 급기야 무력충돌이 발생, 한반도는 한치 앞도 예측할 수 없는 긴장상태에 돌입했다. 북한 경비정익 선제공격으로 야기된 숨막히는 함포전은 심각한 피해를 입은 북한의 사격중지로 5분 만에 종결됐다. 그러나 이 5분은 앞으로 한반

1999년 6월 15일 서해교전 사태가 일어났다. 북한 꽃게잡이 어선이 서해 연평도 인근 북방한계선 너머로 침범해 들어오면서 촉발된 사건이었다.

도의 운명을 가늠할, 가장 길었던 5분으로 기록될 전망이다"고 보도했다.[27]

이 사건의 발생 이유에 대해 온갖 설들이 분분했으나, 돈 오버더퍼는 "돌이켜볼 때 남한 고위관리들은 이 총격전이 훨씬 더 현실적인 동기에서 벌어진 일임을 확신하게 됐다"며 "북한이 부족한 경화를 벌어들이는 수단인 북한 어선단의 게잡이 어획 할당량이 전년도에 비해 2배로 증가했고 이것은 남한 영해까지 진출하지 않고서는 거의 채우기가 불가능한 양이었던 것이다. …… 이때의 군사적 대응은 당분간 그(김대중)의 입지를 공고히 만들었다"고 말했다.[28]

이종석은 『동아일보』 99년 6월 16일자에 기고한 〈서해교전 상황악화

27) 정덕상, 〈남북 서해교전: 하늘찢는 '꽝꽝꽝 5분' 북어뢰정 '불기둥'〉, 『한국일보』, 1999년 6월 16일, 3면.
28) 돈 오버더퍼, 이종길 옮김, 『두개의 한국』(길산, 2002), 613~614쪽.

막으려면〉이라는 제목의 칼럼에서 "정부는 이번 사태와 상관없이 북한이 먼저 거부하지 않는 한 남북차관급회담을 계속 추진하며 금강산 관광도 지속하는 의연함을 보여야 한다. 강력한 안보와 의연한 대화는 동전의 양면이다. 안보를 바탕으로 한 대화는 전쟁 위험성을 줄이며 평화를 추구하는 유력한 방법이다"고 말했다.

'언제나 죽은 자만 억울한 땅'

『조선일보』 주필 김대중은 1999년 6월 19일자에 쓴 〈'햇볕'과 '햇볕만'의 차이〉라는 제목의 칼럼에서 "김대중 대통령은 햇볕정책의 당위성에서 한발도 물러날 기색이 없다. 그는 오히려 거의 매일이다시피 햇볕론을 역설하고 다닌다. 보기에 따라서는 정책 자체의 유효성보다는 자신의 일관성과 정당화에 더 집착하는 것 같은 인상마저 주고 있다. 노(老)정치인의 고집 같은 것이다. 이에 맞서 야당은 햇볕정책 재고(再考)를 정치적 쟁점으로 들고나와 정부를 맹공하고 있다. 여기에도 역시 햇볕정책 자체의 무효용성보다는 DJ 정부의 기(氣)를 꺾겠다는 정치성의 요소가 엿보인다"고 말했다.

『조선일보』는 기사들을 통해서도 '서해교전' 사건을 '햇볕정책' 비판의 용도로 활용했다. 이에 대해 한국기자협회의 기관지인 『기자협회보』 99년 6월 21일자 사설은 "일부 보수 언론은 기다렸다는 듯이 햇볕론을 공격하며 대북 강경분위기를 부추기는 기사를 내보냈다. '한쪽에선 전쟁을 하는데 금강산 관광이 웬말이냐' 는 식이다"고 지적하면서 다음과 같이 말했다.

"그러나 우리는 보수 언론들의 논조가 오히려 최근 상황을 악화시킬 수 있는 논리적 모순을 지니고 있음을 지적하지 않을 수 없다. 왜냐하면 이들 언론 주장대로 최근 상황이 전쟁분위기 조성단계에 이른 것이라면,

이때야말로 군사적으로는 강경입장을 취하면서 정치외교적으론 경협이나 대화 등을 통해 '전쟁임박 단계' 까지 진전되는 것을 막아야 하기 때문이다. 국민들이 언론보다 차분히 대응했던 것은 어느 정도 햇볕정책의 성과라고 볼 수도 있다. 우리는 언론들이 과거의 냉전적 행태에서 벗어나, 좀 더 거시적이고 유연한 보도를 해 주기를 기대해 마지않는다."[29]

『동아일보』 논설실장 어경택은 99년 6월 26일자에 쓴〈'달빛정책'〉이라는 제목의 칼럼에서 "어느새 두 패로 갈라져 이것을 지지하는 사람은 진보적인 통일론자로, 반대하는 사람은 냉전적 사고의 틀에 갇힌 보수론자로 몰리는 경향이 있다. 또 햇볕론자는 개혁적인 인물로, 반(反)햇볕론자는 반개혁적인 성향의 인물로 치부되기도 한다. …… 햇볕정책의 반향이 옳으냐고 근본적인 문제 제기를 하는 사람도 적지 않지만, 문제는 방향이 옳다고 해서 그것의 털끝 하나라도 건드려서는 안 된다는 식의 교조적인 태도다. …… 자식이 귀엽다고 무슨 떼를 쓰더라도 다 받아주고 매일 맛있는 음식만 먹인다고 해서 우등생이 되는 것이 아니다. 때로는 회초리를 드는 게 효과적일 수 있다. 종아리를 때린다고 해서 자식을 사랑하지 않는 것은 아니다"고 말했다.

99년 6월 한국을 방문한 '파리의 택시운전사' 홍세화는〈20년 만의 귀국일지〉에서 "귀국과 때를 맞추어 서해교전이 일어났다"며 다음과 같이 말했다.

"상황이 살얼음판인데도 북쪽을 강력하게 응징하라고 요구하는 극우의 목소리들. 그들은 정말로 전쟁이 터지길 바라는 듯했다. 권력을 놓치느니 차라리 전쟁을 일으키라? 나치도 그랬고 파쇼도 그랬다. 한국을 떠날 무렵에는 씨랜드 참사가 일어났다. 북쪽 사람들의 죽음은 다만 북(北)의 탓이고, 씨랜드 참사의 죽음은 다만 남의 탓이라는 결론은 미리 정해

---

29) 〈우리의 주장: 고개든 보수언론〉, 『기자협회보』, 1999년 6월 21일.

져 있다. 어차피 곧 잊혀질 죽음. 언제나 죽은 자만 억울한 땅이다."[30]

국가보안법 논쟁

『월간조선』 편집장 조갑제는 99년 8월호 '편집장의 편지'에서 "'세계의 인권 지도자'라는 김대중 대통령은 북한 인권 문제에 대하여 한번도 구체적인 언급을 한 적이 없습니다. 아프리카도 아니고 남태평양도 아니고 바로 지척의 거리에서 살고 있는 동포 300만을 굶겨 죽인 김정일에게 대한민국의 대통령이 한마디도 하지 않고 있다는 것은 무슨 논리로 설명이 가능할까요. '인권을 좋아하는' 선진국 지도자들은 그런 김 대통령을 속으로 어떻게 생각할까요"라면서 다음과 같이 주장했다.

"'흡수통일을 하지 않겠다'는 그의 대북 약속(헌법 정신에 위배된다는 주장이 있다)과 요사이 거론되고 있는, 국가보안법의 개정을 통한 '북한 정권=반국가단체' 공식의 폐기 움직임은 소위 햇볕정책이 지향하는 종착역에 대해 의구심마저 갖게 합니다. …… 북한을 반국가단체로 보지 않겠다는 태도는 북한을 사실상 국가로 인정하겠다는 것으로서 우리 민족의 자랑인 '1민족 1국가'의 전통을 스스로 폐기하는 반민족적·반역사적 행위가 될 수 있습니다. 인민을 먹여 살리는 국가로서의 의무를 포기한 집단에게 '국가'란 월계관을 씌워주는 것은 반민주적·반도덕적 행위이기도 할 것입니다."

『조선일보』는 7월에서 12월에 이르기까지 수개월간 국가보안법 문제를 집요하게 물고 늘어졌다. 『조선일보』 99년 7월 10일자 사설 〈보안법 7조의 문제〉는 국민들이 작금의 상황에 몹시 불안해한다며 "현 정부 들

---

30) 홍세화, 〈20년 만의 귀국 일지〉, 『창작과 비평』, 제105호(1999년 가을), 348쪽. 씨랜드 참사는 1999년 6월 30일 0시 30분께 경기도 화성군 서신면 백미리 청소년 수련 시설인 '늘이동산 씨랜드'에서 불이 나 유치원생 23명이 숨지는 끔찍한 사고였다.

어 간첩 검거 사례가 발표된 적이 없다는 점을 지적하는 사람들도 있다"
고 주장했다.

『조선일보』는 1999년 8월 17일자 사설 〈'보안법' 서두르는 이유 뭔가〉,
9월 30일자 사설 〈'자발적 친북'은 괜찮다?〉, 10월 25일자 사설 〈또 재
촉받는 '보안법'〉, 12월 7일자 사설 〈DJ '보안법 논리' 타당한가〉 등을
통해 국가보안법 개정에조차 결사 반대하고 나섰다. 결국 이런 공세에
밀려 김대중 정부는 국가보안법 개정안을 제출하지 않기로 했다.[31]

---

31) 〈여권, 보안법 개정 사실상 포기: 내년 총선 보수층 반발 우려 법안 제출 않기로〉, 『국민일보』, 1999년 12월
14일, 1면.

DJP: 내각제 논쟁

자민련 강경파의 도전

『중앙일보』정치부 기자 전영기는 『월간중앙 원』 1999년 2월호 〈DJ
정권 1년을 평가한다〉는 '특집'에 기고한 글을 통해 "'국민의 정부'의
권력은 탄생 때부터 깊은 고민을 안고 출발했다. 김 대통령은 유효 투표
의 40.3%의 지지로 당선됐다. 이회창 후보보다 겨우 39만 표 앞선 것이
었다. 승부를 가른 이 39만 표는 김종필 총리의 지지기반인 충청권에서
나타난 김대중 · 이회창 후보 간 표차와 정확히 일치하는 수치다. 김 총
리가 공동정권 탄생에 결정적인 기여를 했다는 점이 여실히 드러나는 부
분이다"고 말했다.

"이회창 총재가 이끄는 한나라당은 야당으로 입장이 바뀌었지만 여전
히 원내 제1당으로 막강한 국회 권력을 갖고 있었다. 39만 표의 격차에
서 짐작되듯 표의 동서양분 현상은 과거와 조금도 다를 바 없었다. 지난
해 6월의 지방선거와 두 차례의 재보궐선거에서 이런 현상은 더욱 강화

됐다. 말하자면 김대중 대통령의 권력은 소수정권인데다 그나마 권력이 나뉜 연합정권의 구조적 취약점을 고스란히 안고 있는 것이다."

이어 전영기는 "김 대통령은 내각제 개헌 시기에 대해 '일부 여론이나 언론이 시기조절론을 펴고 있다'는 말을 함으로써 김종필 총리와의 담판 여하에 따라서는 내각제 개헌을 연기할 수도 있지 않겠느냐는 희망을 내비치는 것처럼 보였다. 그는 말을 바꾸었고, 말을 바꾸는 순간 그 말을 현실화시키기 위한 여러 차원의 작업에 들어가곤 했다. 야당은 이를 정치공작이라고 비난했으며 자민련은 정면공격 대신 '거짓말쟁이 대통령'이라며 뒤에서 수근거렸다. 그러나 이는 김 대통령 입장에서 보면 소수 연합정권의 본질적 문제를 여론의 힘을 업은 정치력으로 풀어가는 고도의 정치 행위이다"라고 말했다.

99년 초부터 자민련 강경파는 99년 말까지 대통령 발의로 내각제 개헌을 하고 2000년 총선을 마친 뒤 자민련에 정권을 넘기라는 요구를 하고 나섰다. 당시의 정당별 의석 수는 야당인 한나라당이 134석으로 원내 1당이었고, 국민회의 104석, 자민련 53석으로 공동여당이 157석으로 과반수를 넘기고 있을 뿐이었다. 개헌을 위해선 재적 국회의원 299명의 3분의 2인 200명이 찬성해야 하는데, 43석이 부족한 실정이었다.

연내 내각제 개헌 유보

1999년 7월 20일 여권의 연내 내각제 개헌 유보가 확정됐다. 자민련 의원들의 반응은 극명하게 엇갈렸다. 부총재 박철언과 사무총장 김현욱 등은 개헌 유보 결정을 불가피한 선택으로 받아들였다. 이건개도 "공동 여당이 국회 개헌의석(3분의 2)을 확보하지 못한 처지여서 개헌 유보는 어쩔 수 없었다고 본다"면서 "수뇌부 결정을 적극 지지하고 협력하겠다"고 거들었다. 그러나 충청권 의원들을 중심으로 한 내각제 강경파 의원

1999년 7월 20일 여권의 연내 내각제 개헌 유보가 확정됐다.

들은 "내각제 개헌이 사실상 물 건너갔다"면서 격한 감정을 토로했다.[32]

『동아일보』 논설실장 어경택은 99년 7월 24일자에 쓴 〈DJP 2인극이 남긴 것〉이라는 제목의 칼럼에서 보통사람들의 대화 기법의 형식을 빌어 다음과 같이 말했다.

"그분들(DJP)은 웬만한 거짓말을 하고서는 떨 사람들이 아니지. 그분들이 떨고 있었다면 국민에게 벌써 정중하게 고개 숙여 사죄했을 텐데. 뒤늦게 김 대통령이 '유감'을 표하면서 경제사정과 남북관계 때문에 약속을 지킬 수 없다고 했는데, 그 두 가지 이유는 박정희 전 대통령이 3선 개헌과 10월유신을 선포할 때도 내걸었던 메뉴야. 김 대통령이 내건 두 가지가 '사정변경'의 충분한 사유가 되기는 되는 건가. 이미 물 건너간 얘기 갖고 왜 꼬치꼬치 따지고 드나. 여하튼 내각제 짐을 벗었으니 두 분은 아주 홀가분하겠군. 그러나 더 큰 짐을 지게 됐잖은가. 불신의 짐이

---

32) 『동아일보』, 1999년 7월 22일, 4면.

지. 최고의 정치지도자가 신뢰를 잃는 것, 도덕적 기반에 큰 흠을 남기게 된 것처럼 큰 짐이 어디 있겠나."

『조선일보』 주필 김대중은 99년 7월 31일자에 쓴 〈이회창론〉이라는 제목의 칼럼에서 한나라당 총재 이회창에 대해 "그는 27일 기자간담회에서도 3김정치 불가(不可)의 원칙론만 되풀이했을 뿐, 호재를 등에 업은 날카로운 공격수의 모습은 조금도 보여 주지 못했다"며 "그는 DJP연합이 이렇게 취약할 수 없는 시점에 법관 같은 자세로 원칙론에 머물고 있다"고 비판했다.

"정부 내에 비리가 터지고 의혹이 일어도 '증거가 없어' 딱 부러진 문제 제기를 안 하는 것 같은 인상이다. 이 총재는 지금 여기서 '재판'을 하고 있는 것이 아니다. 그는 지금 정치를 하고 있고 야당을 이끌고 있다. 사사건건 아귀가 딱 맞는 그런 게임만을 고집하다가는 그는 분명 후3김시대를 열어주는 길잡이 노릇이나 하고 말 것이다. 만일 이 총재가 집권세력의 정치적 부실(不實)과 정책적 혼선들을 적극적으로 공격하지 못하고 야권세력의 불협화음에도 우왕좌왕한다면 그는 그 자리에 앉아서 야당의 진로와 정권교체를 가로막는 장애물 신세밖에 되지 못한다. 야당 총재로서 정권을 견제하고 비판하며 대안으로서의 위상을 강하게 부각시키지 못한다면 그는 역대 한국 야당의 역사에 큰 오점과 불명예를 기록할 것이다."

이 칼럼이 나온 뒤 이회창은 충남 예산에서 휴가를 보내고 서울로 올라오자마자 가진 8월 4일 당무회의에서 김대중 대통령이 내각제 철회 등으로 국민을 기만했고 마땅히 재신임을 물어야 하며, 김종필 총리 불신임안 제출을 반드시 관철할 것이라고 밝혔다. 또 그는 3김정치는 반드시 청산해야 한다고 공식 선언했다.

『미디어오늘』 99년 8월 12일자 기사 〈'김대중 칼럼-이회창론' 정가 파문〉은 "지난 7월 31일 『조선일보』 김대중 주필이 쓴 칼럼 '이회창론'

이 한나라당은 물론 국민회의 등 정치권에 파장을 일으키고 있다. 이 칼럼이 파장을 일으키고 있는 것은 이회창 총재에게 정확한 행동지침을 제시한데다 이 총재가 그 칼럼 내용을 그대로 따라했기 때문이다"고 보도했다.

"국민회의의 한 출입기자는 '신문의 비판기능을 김 주필이 잘못 생각하고 있다. 공적인 신문지면을 통해 한 정당에 이렇게 해라 저렇게 해라는 식의 코치를 해 주는 것이 말이 되는가' 라고 말했다. 다른 출입기자도 '지난해 7월 한나라당 전당대회를 앞두고 이회창 씨 말고 새로운 사람이 등장해야 한다고 주장했던 김 주필이 다시 이회창 총재를 옹호하는 칼럼을 쓰는 것은 앞뒤가 안 맞는다' 라고 꼬집었다."

『동아일보』·『조선일보』의 내각제 관심

『동아일보』 논설실장 어경택은 1999년 8월 7일자에 쓴 〈민심이 천심이라면서〉라는 제목의 칼럼에서 김영삼 전 대통령과 노태우 전 대통령은 약속을 어기게 된 것에 대해 국민에게 사과했고 성의 있는 설명을 했다는 걸 소상히 지적하면서 다시금 DJP의 약속 위반에 대해 다음과 같이 말했다.

"그런데 DJP(김대중-김종필)는 대선공약인 '99년 말까지 내각제 개헌 완료' 를 지키지 못하게 됐다면서도 사과다운 사과를 했는가. 하지 않았다. JP는 기자회견(7월 21일)에서 연내 개헌 불가 이유라며 몇 가지를 얘기했지만 '사과' 는 없었다. DJ는 그 다음날 지방나들이를 하던 중 '유감스럽게 생각한다' 고만 했지 '사과' 는 안 했다. 공약으로 내걸 때는 '합의문에 사인하고 칵테일 마시고 기념 사진까지 찍더니……(자민련 이원범 의원의 국회 발언)' 그 공약을 깨면서는 겨우 '유감' 표명 정도다. 공약의 성격은 다르나 그 비중은 노태우 후보의 '중간평가 실시' 나 김영삼

후보의 '쌀 시장 개방 불가' 공약만 못하지 않은 게 내각제 개헌 공약 아닌가. 그렇다면 '국민에게 드리는 사과의 말씀' 정도의 담화문은 있을 법도 한데 말이다."

『조선일보』 주필 김대중은 99년 8월 14일자에 쓴 〈JP는 살아남은 것일까〉라는 제목의 칼럼에서 "그(김종필)가 정부에 들어간 이후 그의 보수적 생각이 먹혀들고 있다는 징후가 없다. 이 정권의 거의 맹목적이다 싶은 햇볕정책, 일관성 없는 귀순자 정책, 월북자 사태, 사면정책, 정치자금 문제, 국가보안법 문제 등 JP가 말하는 '환상' 과 '분홍빛' 의 문제는 이제 우리 사회를 불안하게 만드는 단계에까지 왔는데도 JP는 자신의 정체성에 충실하기보다는 권력유지에 안주하려는 인상이라는 것이 보수층, 식자층의 지적이다"고 말했다.

"지금 일부 환상주의자들은 북한의 8·15 선전술에 최대한 이용당하고 있는 상황도 벌어지고 있다. 이런 상황에서 눈치를 보며 입 다물고 있는 지도자와 정치인들에게 한국의 보수층이 더 이상 표를 던질 이유가 있을까. JP를 옹호하는 사람들은 '그래도 JP가 있기에 DJ 정권이 이 선(線)에 머물고 있다고 봐야 한다' 고 주장한다. 정치에서는 결과가 중요하다. '나는 열심히 발언하고 노력했는데……' 운운하는 것으로 그치는 지도자는 지도자의 자격이 없다. 이제 정체성마저 의심받는 JP라면 그의 존재가치는 무엇이며 그가 설 땅은 어디인가. 어떤 만화가가 'DJ 과수원에서 과일이 익어 떨어지기를 기다리는 JP' 를 그린다면 JP는 화를 낼까, 껄껄 웃을까? 김 총리는 세상을 걱정해서 그런다는데, 그만이 세상 걱정하는 것 아니라는 것을 알아야 한다."

재벌개혁 논쟁

김대중의 8·15 경축사의 핵심은 재벌개혁이었다. 김대중은 "앞으로 재벌개혁에 역점을 두겠다. 이제는 시장이 재벌구조를 받아들이지 않는 시대다"라고 말하고 집권 초부터 추진해 온 경영진 책임강화 등 5가지의 원칙에 금융지배를 막고 내부거래와 변칙상속을 억제하겠다는 '5+3' 원칙을 천명했다.

『조선일보』 8월 16일자는 '결국 재벌해체로 가나'는 해설기사에서 "내년 경기가 좋지 못하다면 재벌은 그 책임을 재벌해체 정책으로 돌릴 수 있다"며 재벌의 입장을 대변했으며,『중앙일보』 8월 16일자 사설 〈재벌개혁에 유의할 일〉은 "재벌을 몰아붙이는 것은 문제에 도움이 되지 않고 미우나 고우나 재벌은 한국 산업을 끌고 가는 견인차"라며 정부의 재벌개혁 방법과 과정에 문제를 제기했다.

이에 『미디어오늘』은 "재벌개혁을 반대한 것은 재벌이 아니라 보수 언론이었다. 그들은 '적법한 절차와 심사숙고'를 이유로 정부의 재벌개혁 의지를 강하게 비판했고 정부도 늘 그렇듯이 보수 언론이 막무가내로 휘두르는 '눈먼' 칼날이 두려워 피하기에 급급한 무기력한 모습을 연출했다"고 분석했다.

"2라운드는 역시 이념공세였다. 조선은 '재벌이 해체된다면'이라는 제목의 17일자 사설에서 '결국 정부가 재벌해체를 지향하고 있고 정치적 판단마저 마친 것으로 짐작된다'고 지적했다. 또 조선은 다른 사설에서는 '보안법 서두르는 이유는 뭔가'라며 정부의 대북관을 함께 비판했다. 오비이락일까? 한나라당 이회창 총재는 바로 그날 김대중 대통령의 재벌정책과 국가보안법 개정 문제를 강도 높게 비판했다. 이회창 총재는 '김 대통령의 정책은 시장경제 원리에 반하는 것'이라고 주장했다. 조선, 중앙이 처음에 제기했던 절차와 방법론 문제로 딴죽걸던 재벌개혁이 색깔론 공방으로 둔갑하는 순간이었다."[33]

---

33) 〈'재벌개혁' 쌍심지 켜고 반대하는 '보수언론': 재벌개혁 의지 '재벌해체·색깔론' 둔갑〉,『미디어오늘』,
   1999년 8월 26일.

1998년 당시 김대중 대통령 당선자가 4대 그룹 총수와 첫 상견례할 때의 모습이다.

8월 17일 대통령자문 정책기획위원회 위원장 김태동은 국민회의 정책위의 '중장기 정책방향수립 세미나'에서 "재벌의 재무구조개선작업을 평가해 (개선유도 실적이 저조한) 합병은행의 임원진을 교체해야 한다"고 주장했다. 그는 "과거 재벌의 거대여신에 책임 있는 사람들이 재벌을 길들일 수 없다"면서 "이런 사람 구성으로는 재벌개혁도, 금융개혁도 거북이 걸음을 피할 수 없다"고 강조했다. 그는 또 "금융계는 과거 재무부나 재경원 출신을 중심으로 한 과거지향 인사들이 상층부를 형성하고 있으며, 공무원 조직도 개혁을 할 뜻이 없고, 개혁의 방법과 방향도 가늠하지 못하는 사람들이 많다"고 지적했다.

김태동은 특히 "지난 1년 반 동안 재경부나 금융감독위 등 관련 부처는 디제이노믹스에 대해 이해하려는 노력이 부족한 채 과거 정권의 틀에 안주하면서 경제개혁 추진에 소홀히 해 왔다"며 "하루빨리 정부가 혁신

돼 3급 이상 고급 공직을 외부인사에 20%라도 조속히 개방해야 한다"고 주장했다. 그는 또 재벌개혁과 관련, "재벌이 가족에 의해 경영되고, 경영권이 세습되는 한 공정한 경쟁은 이루어질 수 없고 기업은 전문경영인이 경영해야 한다"면서 재벌의 1인 지배체제 혁파를 강조했다.[34]

이에 대해 『조선일보』 8월 18일자 사설은 "이 정권의 이념적 정체성을 덮어놓고는 나라의 앞날을 말할 수 없다"며 "그렇지 않아도 야당은 김 대통령의 경축사 내용과 관련해 '좌경화'라는 말을 하고 있다. 현 집권세력은 2년 전 대선공약 때와 현재의 이념적 스펙트럼의 차이를 분명히 설명할 필요가 있을 것 같다"고 주장했다. 『조선일보』는 8월 19일자 '정부 정책 왜 두말하나?' 사설과 'DJ 재벌개혁 속뜻은……' 해설기사에서 정부가 오락가락한다고 공격했다.

이에 청와대 대변인 박준영은 "대통령 경축사는 물론 정부가 재벌해체라는 말을 사용한 적이 없다"며 "일부 언론이 스스로 재벌해체라는 용어를 사용했다가 정부가 이를 부인하자 오히려 정부가 말을 바꾸었다거나 혼선을 빚는 것으로 비난했다"고 반박했다.[35]

12월 15일 한나라당 부총재 최병렬은 전 대통령 김영삼의 민주산악회 재건을 포기시키기 위해 상도동을 방문한 자리에서 "나라를 위해 불행한 일이지만 DJ가 실패하면 (YS의) 명예회복은 자연스럽게 되는 것"이라고 말했다. 이에 대해 국민회의는 "나라가 망해도 김대중 정부가 성공하면 안 된다는 한나라당의 본심을 나타낸 것"이라고 비난했다.[36]

2000년 1월 20일 국민회의는 새천년민주당으로 이름을 바꾸었지만, 그건 '밀레니엄 붐'에 편승한 이상의 의미는 없었다.

34) 『한국일보』, 1999년 8월 17일, 1면.
35) 〈청와대 조선일보 보도에 발끈: 재벌경책 '말 바꾸기' 비난에 언론중재 신청키로〉, 『기자협회보』, 1999년 8월 23일.
36) 유민, 〈나라를 위해 불행한 일이지만 DJ가 실패하면 YS 명예회복〉, 『대한매일』, 1999년 12월 16일, 1면.

『조선일보』 논쟁

『조선일보』의 준법서약 요구

리영희는 『한겨레』 1999년 2월 11일자에 쓴 〈특별기고: 김대중 대통령에 대한 부탁〉에서 수많은 '인권사범' 들에게 '준법서약' 이라는 굴욕을 강요하지 말 것을 부탁하면서 "혹시라도 김 대통령께서 아직도 냉전시대의 몽매 상태에 있는 소수의 극우, 반동, 수구 세력을 배려해서 '준법서약' 이라는 구차스러운 절차를 허가하셨다 하더라도 이제는 상황이 웬만큼 달라졌다고 평가됩니다"라고 말했다.

김대중 정부가 8·15사면시 공안사범 가운데 준법서약을 하지 않은 49명도 형집행정지로 석방시키기로 한 것에 대해 『조선일보』가 비판하고 나섰다. 『조선일보』 99년 8월 14일자 사설 〈정부 스스로 허문 '준법서약'〉은 "장기간 복역한 사람에게 국가의 은전을 베푼 것은 그렇다 하더라도, 정부가 정한 준법서약 원칙을 정부 스스로 묵살해 버렸다는 것은 정부가 앞장서서 국가기강을 우습게 만들어 버렸다는 비판을 사 마땅하다"며 "국가에 대한 최소한의 존중표시라 할 준법서약 정도도 하지 않 겠다고 하는 것은 그 당사자의 선택이겠지만, 나라의 영(令)을 세워야 할 정부가 그것을 '인정' 또는 묵인해 주었다는 것이 과연 체통이 서는 일 인지 자문해 볼 일이다"고 주장했다.

이에 대해 홍세화는 『한겨레』 99년 8월 16일자에 쓴 〈자유주의자의 책임 방기〉라고 하는 제목의 칼럼에서 "준법서약이란 제도가 이른바 자 유민주주의국가에선 한국 말고는 찾기 어려운 제도라는 게 자유민주주 의를 방어한다는 『조선일보』에겐 잘 보이지 않는 모양이다. 국가기강과 체통은 잘 보이는데"라면서 다음과 같이 말했다.

"한국의 자유(민주)주의자들은 극우 파쇼가 자유민주주의를 참칭하는 것을 보고도 눈감아 왔다. 또는 스스로 극우 파쇼에 몸을 팔기도 했다. 그것도 반세기 동안이나 그랬다. 줄기차게 자유민주주의를 주창해 온 나 라에서 벌어진 일이다. 왜 그동안 '이것은 극우 파쇼지 자유민주주의가 아냐!' 라는 소리가 자유(민주)주의자들의 입에서 제대로 나오지 못했는 가. 그 엄청난 책임 방기에 대하여 먼저 참담한 자기반성이 있었어야 마 땅했다. 그런 과정이 있었다면 스스로 '진보 진영' 을 말하는 사람이 『조 선일보』에 글을 싣는 일은 없었을 것이다. 뿐만 아니라 『조선일보』가 지 금과 같은 『조선일보』가 되지 않을 수도 있었을 것이다."

'그 신문에 침을 뱉어라'

출판인 김규항은 『씨네21』 99년 9월 7일자에 쓴 〈그 신문에 침을 뱉 어라〉라는 제목의 칼럼에서 "나는 만만치 않은(적어도 나 같은 건달보다 는 훨씬 훌륭해 보이는) 지적 능력을 가진 지식인들이 그 신문이 다른 보 수 신문들과 다른 게 무어냐, 반문할 때 맥이 풀린다. 나는 차라리 이 나 라의 전근대적인 교육 시스템을 원망한다. 그들은 그 신문에 기고하면서 말한다. 어떤 신문이든 글만 바르면 되는 일 아닌가. 나는 이런 순진한 사람들에게『월간조선』과 그 신문의 문화면을 찬찬히 비교해 보기를 권한다. 그 둘 사이의 믿기 힘든 간극이야말로 '『조선일보』라는 극우조직' 의 운영 원리다"며 다음과 같이 말했다.

"그 신문의 정치 사회면이 다른 보수 신문과 다를 바 없는 얼굴을 하다가 먹이가 나타났을 때만 기동한다면『월간조선』은 '『조선일보』라는 극우조직' 의 별동대로서 상시적인 전투를 수행한다.『월간조선』은 '『조선일보』라는 극우조직' 의 정신이 좀 더 노골적으로 드러나며 심지어 사무라이 정신과 몽골기마민족론 따위의 위험천만한 파시즘 멘털리티로 무장되어 있다. 그에 반해 그 신문의 문화면은 '『조선일보』라는 극우조직' 을 중화하는 임무를 띤다. 문화와 학술로 포장된 진보적이고 비판적인 담론들은 그 신문에 어떤 위협도 주지 않지만, 수많은 좌파나 자유주의 성향의 지식인들이 '자유롭게' 기고하는 신문은 그저 건전한 보수 신문이 되는 것이다. 나는 그 신문의 소품 노릇을 마다하지 않는 지식인들이, 오늘날 근대성을 가진 나라라면 지식인이 극우신문에 기고하는 일만으로도 사회적 스캔들이 된다는 상식쯤은 갖길 바란다."

김규항과 번갈아가며『씨네21』에 칼럼을 쓰는 한신대 사회학과 교수이자 문화평론가인 김종엽은『씨네21』 9월 14일자에 쓴 〈그 신문에는 침 뱉을 필요도 없다〉는 제목의 칼럼에서 "많은 진보적인 사람들이 하는 말 중에 적을 알기 위해서『조선일보』를 본다는 말이 있다. 딴은 맞는 말이다. 그러나 그것은『조선일보』의 부수를 늘려주는 일일뿐이며,『조선일보』의 사회적 영향력을 유지하는(시켜주는) 길일뿐이다"고 말했다.

"『조선일보』의 사주와 편집진들은 자신의 기사들이 모든 사람들에게 아무런 우회나 논의 없이 직접적으로 통용된다고 생각하는 바보가 아니다. '서글픈 일이지만 그 신문은 300만 부가 팔린다(그 신문의 주장대로라면)' 고 하며, '그 얘긴 1,000만 명이 그 신문을 보고 읽는다' 는 것을

2000년에 들어서도 지식인 · 시민운동 사회에서는 '조선일보 논쟁' 이 치열하게 전개되었다.

뜻한다. 그러나 그것이 『조선일보』의 논조에 1,000만 명이 휘둘리며, 그들이 전하는 메시지에 공감한다는 것을 의미하지 않는다. 그것은 다만 1,000만 명 사이에서 그것이 읽혀지고 논의되고 있음을 뜻할 뿐이다. 그런 일이 일어나는 이유는 『조선일보』의 논조를 좋아하는 사람들 못지 않게 그것에 둔감한 사람과 싫어하는 사람 모두가 『조선일보』를 읽어야 하는 매체로 여기기 때문이다."

이어 김종엽은 "그리고 그렇게 인식되는 한, 『조선일보』의 영향력은 기묘한 방식으로 확장되는 것이다. 팔리는 만큼의 화폐가 『조선일보』로 흘러 들어가며, 읽힌다는 사실 때문에 높은 광고료를 받으며, 그 읽힌다는 매력 때문에 필자로 쓰여지는 것을 영광(?)으로 여기는 사람들이 늘어나게 되며, 각종 단체와 정부기관이 그들에게 지극히 성의 있는 보도자료를 보내는 것이다"고 말했다.

"『조선일보』가 겁내는 것은 자신들에 대한 혐오나 공격성이 아니다.

그들이 진정으로 두려워하는 것은 그런 태도가 행동으로 전환되는 것, 즉 더 이상 사람들이 『조선일보』를 사지 않고 읽으려 하지 않으며, 그것의 논조를 문제적이고 고려할 만한 것으로 여기지 않는 것이다. …… 문제는 행동으로의 이행이다. 더 이상 『조선일보』를 보지 않으며, 그것을 보지 않아도 정치적 식견을 갖는 데 아무런 지장이 없다는 것을 단호히 믿는 태도, 그리고 누군가 『조선일보』에 난 어떤 기사나 칼럼을 입에 올리며 나에게 보았느냐고 물을 때 그저 어리둥절한 표정을 지으며 주눅은 커녕 약간의 냉소를 보낼 줄 아는 격조 있는 태도, 그것이 필요한 것이다."

『조선일보』 거부운동

참여연대 정책실장 김기식은 『한겨레21』 1999년 12월 16일자 〈김규항·김어준의 쾌도난담〉에 초청되었는데, 그 자리에서 김기식은 "이른바 최장집 사태 때 공동대책위원회가 결성돼 『조선일보』에 보도자료 보내지 말기 운동이 있었죠. 그때 참여연대의 입장은 뭐였나요"라는 질문에 대해 다음과 같이 답했다.

"사실은 공대위 참여단체의 동의 없이 일방적으로 발표된 거예요. 절차적인 문제가 있었는데 그건 부차적으로 하더라도 『조선일보』를 『조선일보』적 방식으로 대응하면 안 된다는 게 우리의 입장이에요. 『조선일보』는 사실보도나 언론이 가져야 할 균형도 없이 자기 입장만 가지고 취사선택해서 죽일 놈 죽이고 살릴 놈 살린단 말예요. 똑같은 이야기죠. 이쪽 진영이 그쪽 방식으로 해서는 안 된다는 거죠. 그런 점에서 문제를 제기한 거고."

이에 대해 한일장신대 교수 김동민은 "내가 공대위 집행위원으로 참여해서 아는데, 공식적으로 회의 소집을 알리고 논의해서 결정한 일인데 이렇게 둘러대도 되는 일인가? 참여연대는 애초에 『조선일보』에 맞서는 일에는 소극적이었다. 이름만 걸어놓았지 적극적으로 참여하지 않았다"고 반박했다.

"참여연대의 입장을 전혀 이해 못하는 바는 아니다. 김 실장의 표현 그대로 해서 참여연대는 『조선일보』가 취사선택해서 살릴 놈 만들어 준 덕에 컸다. 『조선일보』를 따돌리기가 쉽지만은 않을 것이다. 그걸 이렇게 돌려서 표현했을 것이다. 참여연대가 공대위의 『조선일보』 거부운동에 협조하지 않은 사이에 『조선일보』는 보다 더 신경을 써서 참여연대 기사를 부각시켜주는 것으로 화답하고 회유했다. 그러면 이걸로 은덕을 갚은 것으로 치면 되지 않을까? 참여연대는 사사로운 정리에 얽매여 대의를 그르치지 않기를 바란다."[37]

이후에도 계속 『조선일보』를 대하는 자세는 지식인·시민운동 사회에서 치열한 논쟁 이슈가 되었다.

37) 김동민, 〈아직도 조선일보를 보십니까?〉, 『열린전북』, 2000년 2월.

'제1권부'로 등극한 언론

총 광고비 32.6% 성장

행정부, 사법부, 국회, 언론, 재계, 시민단체 중에서 한국 사회의 가장 영향력 있는 집단은? 참여연대의 기관지인 『참여사회』가 창간 5주년을 맞아 한길리서치에 의뢰해 정치인, 공무원, 언론인, 직장인 등 각각 60명씩 총 240명을 대상으로 2000년 4월에 실시한 여론조사에서 응답자들은 언론을 한국 사회의 '제1권부'로 꼽았다(30.4%). 다음으로 행정부(22.5%), 국회(19.6%), 재계(11.7%), 시민단체(9.6%), 사법부(5.0%) 순이었다.[38]

1999년 10월 2일 세무비리와 관련하여 『중앙일보』 사장 홍석현을 구속한 사건은 김대중 정권과 『중앙일보』 사이의 전면전으로 치달았지만, 이 또한 '최장집 사건'의 경우와 마찬가지로 봉합의 수준에서 일단락되

---

38) 김병기, 〈"시민운동이 사회변혁의 견인차" 87.1%〉, 『참여사회』, 2000년 5월, 48쪽.

었다.

제일기획 조사에 따르면, 99년도의 총 광고비는 4조 6,205억 원으로 전년대비 32.6%의 성장을 기록한 것으로 나타났다. 4대 매체 광고비 2조 6,027억 원, 광고제작비 1,814억 원, 옥외 및 SP 광고비 6,271억 원, 뉴미디어 광고비 2,093억 원 등이었으며, 주요 매체별 광고비 점유율은 신문 39.1%, TV 32.3%, 뉴미디어 4.5%, 라디오 3.8%, 잡지 2.8% 등이었다.[39]

KADD 조사에 따르면, 99년 10대 광고주는 삼성전자(1,071억), SK텔레콤(830억), 기아자동차(579억), 남양유업(554억), 현대자동차(546억), LG화학(509억), 대우자판(509억), 태평양 (497억), 매일유업(461억), 현대증권(460억) 등인 것으로 나타났다.[40]

한국신문협회가 발표한 99년 언론현황에 따르면, 일간지는 112개, 기자는 6,844명, 언론업계 전체 종사자 수는 1만 5,670명인 것으로 나타났다.

1999년 10대 중앙 일간지의 총 매출액은 1조 7,264억 원으로 전년대비 31%의 사상 최대 성장률을 기록했는데, 조선·중앙·동아 등 상위 3개 사가 총 매출액의 60% 이상을 점유한 것으로 나타났다(전년 55.7%). 매출액 순위는 조선(3,912억), 중앙(3,344억), 동아(3,105억), 한국(2,314억), 대한매일(1,577억), 한겨레(838억), 경향(690억), 문화(531억), 국민(484억), 세계(331억) 등이었다.

상위 3개 사의 순이익은 2,100억 원으로 200~300억 원의 법인세를 내 대부분 적자를 기록한 나머지 신문사들과 대비를 이루었다. 순이익 순위는 중앙(921.3억), 조선(398.0억), 동아(202.9억), 세계(70.4억), 문화(-17.2억), 국민(-41.8억), 한겨레(-44.4억), 대한매일(-103.7억), 경향

---

39) 〈광고업계 호황〉, 『한국일보』, 2000년 4월 10일, 38면.
40) 금동근, 〈광고비 지출로 본 99 재계변화〉, 『동아일보』, 2000년 1월 12일, B11면.

광고비 지출로 본 99재계변화

SK 뜨고
대우 지고

광고는 시대를 반영한다. 경기가 좋은지 나쁜지, 어떤 업종이 뜨고 지는지 광고를 들여다보면 알 수 있다. 재계에 커다란 판도 변화를 불러온 국제통화기금(IMF) 한파, 지난해 거세게 불어닥친 정보통신 열풍…. IMF 이전인 97년부터 99년까지 3년간 한국광고데이터가 집계한 '100대 광고주 4대 매체 광고비 현황'을 통해 재계에 어떤 변화의 바람이 불었는지 분석해본다.

10대 광고주 6000억 지출

▽99년 광고비, IMF이전 수준 회복=10대 광고주의 97년 광고비는 5200억원 가량이었으나 98년에는 15% 정도 줄어든 4400억원에 그쳤다. 지난해는 97년보다 늘어난 6000억원을 기록했다. 3년 연속 '부동의 1위'를 지킨 삼성전자의 광고비도 97년 1002억원에서 98년 670억원으로 대폭 줄었으나 지난해는 1007억원으로 97년 수준을 회복했다.

현대 계열사도 부진

▽전통의 명가 퇴진=지난해 IMF의 거센 바람에 무너진 대우그룹의 퇴조가 확인하게 드러났다. 대우그룹은 97년 3위를 차지한 대우자동차 10위를 기록한 대우전자 등 4개 계열사가 50위권에 들어 '대접받는' 광고주였지만 지난해에는 대우자동차가 7위로 밀려진 것을 비롯해 50위권에 2개 계열사만 진입시켰다. 반도체 빅딜에 시달리고 부채비율 200%를 맞추느라 고생한 현대그룹도 현대자동차가 97년 4위에서 작년에는 한 계단 내려갔고 12위였던 현대전자는 26위로 주저앉았다. 현대증권이 '증권바람'을 타고 10위에 올라 그나마 체면을 지켰다.

증권·정보통신업체 약진

▽신흥 명가 부상=SK의 약진이 눈부시다. 97년 59위였던 SK텔레콤이 98,99년 연속 2위 자리면서 삼성전자에 이어 '부동의 2위'로 굳힐 태세. SK㈜도 97년 24위에서 지난해 14위로 크게 도약했다. 업종에서도 '신흥 세력'이 눈에 띄게 부각됐다. 정보통신업체와 증권사들이 신흥 세력의 대표 주자다. 97년의 경우 SK텔레콤 5위, LG정보통신 18위, 데이콤 20위 등 20대 광고주에 3개 업체만 들었으나 지난해는 SK텔레콤 2위, 한국통신 12위, 한통프리텔 13위, LG텔레콤 15위, 한솔PCS 16위, 신세기통신 20위 등 정보통신업체가 20위권에 대거 진입. '주류'로 자리잡았다. 증권사의 경우 97년에는 100대 광고주에 포함된 업체가 한 곳도 없었으나, 그러나 지난해에는 주요 일간지 1면 광고를 '독식' 하다시피 한 현대증권이 10위에 오른 것을 비롯해 삼성증권(23위) 대우증권(36위) LG투자증권(39위) 굿모닝증권(61위) 한화증권(64위) 대신증권(74위) 세종증권(85위) 동원증권(99위) 등 대부분의 증권사가 100위권에 들었다. 외국기업도 97년에는 한국휴렛팩커드(82위)가 유일했지만 지난해에는 모토롤라(40위), 한국코카콜라(41위), 한국피앤지(50위), 한국론슨앤존슨(76위), 한국존슨(84위), 한국네슬레(90위) 등이 주요 광고주로 부상했다.

〈금동근기자〉
gold@donga.com

99년 20대 광고주				
순위	회사	광고비(천원)	98	97
1	삼성전자	107,132,689	1	1
2	SK텔레콤	83,036,550	2	5
3	기아자동차	57,923,830	11	8
4	남양유업	55,433,233	6	9
5	현대자동차	54,016,449	4	4
6	LG화학	50,933,693	7	6
7	대우자동차	50,888,000	3	3
8	태평양	49,667,891	5	21
9	매일유업	46,088,107	20	17
10	현대증권	46,047,953		
11	LG전자	44,820,095	13	2
12	한국통신	41,228,635	26	27
13	한통프리텔	40,238,195	9	33
14	SK㈜	33,732,508	21	24
15	LG텔레콤	33,123,044	12	48
16	한솔PCS	32,981,009	16	28
17	동아제약	32,681,022	15	26
18	제일제당	30,971,861	18	16
19	농심	29,380,572	8	19
20	신세기통신	28,163,513	10	41

*신문 TV 라디오 잡지에 실린 광고를 집계한 것임.
〈자료:KADD-구 한국 광고데이터〉

(-297억), 한국(-363.9억) 등이었다.[41]

10개 일간지의 총 부채는 1조 8,648억 원인 것으로 나타났는데, 신문사별 순위는 한국(5,590억), 중앙(3,683억), 동아(3,602억), 대한매일(2,339억), 조선(1,421억), 경향(1,415억), 세계(1,246억), 한겨레(433억), 국민(206억), 문화(134억) 등이었다.[42]

재계의 변화를 광고비 지출 내역으로 살펴본 동아일보 2000년 1월 12일 기사.

---

41) 순이익에서 『중앙일보』와 『세계일보』가 큰 '성장'을 보인 건 99년에 실시된 세무조사와 무관하지 않은 것으로 보인다.
42) 김일, 〈99 언론사 재무제표: 매출액 31% 성장 "사상 최대"〉, 『기자협회보』, 2000년 4월 24일, 1면.

통합방송법 제정

1999년도 방송 3사 합계 흑자도 2,008억 원에 이르러 전년 합계 적자 1,036억 원과 큰 대비를 보였다. 매출액과 순이익은 KBS(매출 9,502억/순이익 956억), MBC(4,450억/559억), SBS(3,718억/493억) 순이었다. 경인, 광주, 대구, 대전, 부산, 울산, 전주, 청주 등 지역민방 8개 사도 경영 실적이 호전돼 매출 총액이 전년대비 65% 이상 상승했고, 흑자 회사도 1개 사에서 4개 사로 늘어났다.[43]

99년 방송 분야에서 일어난 가장 큰 변화는 통합방송법의 제정이었다. 99년 11월 30일 국회 문광위, 12월 17일 법사위를 통과한 방송법의 가장 큰 의미는 무엇보다도 방송위원회의 위상 강화였다. 그간 지상파방송(방송위원회), 케이블TV(종합유선방송위원회), 중계유선방송(정보통신부) 등 다원화됐던 소관부처가 방송위원회로 일원화됐으며, 위성방송법이 통과됨에 따라 향후 실시될 위성방송까지 다루는 막강한 권한을 갖게 됐다.

또 그간 심의기능만 갖고 있던 방송위원회는 문화관광부에 있던 방송정책권은 물론 방송운영, 편성정책, 방송영상진흥정책, 방송기술정책 등을 도맡게 됐다. 힘이 커진 만큼 방송위원회의 방송위원 구성 방안을 놓고 여야는 막판까지 첨예하게 대치했는데, 결국 정부 여당이 9명 가운데 7명의 위원을 자당 인사로 채울 수 있게 된 것으로 마무리되었다. 교육방송(EBS)은 교육방송공사법 제정으로 운영 자율권과 예산 문제가 해결돼 보다 안정적인 기반에서 방송할 수 있게 되었다.[44]

95년부터 시작된 케이블TV는 출범할 때엔 '황금알을 낳는 거위' 인

---

43) 김일, 〈99 언론사 재무제표: TV 3사 지난 한해 '즐거운 비명' 〉, 「기자협회보」, 2000년 5월 1일, 3면.
44) 최우규, 〈방송위, 다채널·매체 주무른다〉, 「경향신문」, 1999년 12월 1일, 3면.

1999년 방송 분야에서 일어난 가장 큰 변화는 통합방송법의 제정이었다. 사진은 여의도에 위치한 MBC, SBS, KBS 사옥의 모습이다.

것처럼 과대포장되었으나 이젠 '돈 먹는 하마'라는 별명이 붙을 정도로 적자의 수렁에서 헤매고 있었다.[45] 98년까지의 4년간 누적 적자가 1조 원을 웃도는 것으로 추산되었다. 프로그램 공급사(PP)들의 4년간 누적 적자는 모두 7,963억 원, 각 지역 송출을 담당하는 케이블 방송사(SO)의 97년까지의 누적 적자만 1,500억 원에 이르렀다.[46]

언론사의 주식투자

1999년 4월 28일 신문윤리위원회는 『문화일보』 4월 12일자 '주식형 펀드 한번 믿어볼까?-바이 코리아 여성투자 설명회 대성황' 제하 특집 기사에 대해 비공개 경고키로 결정했다. 윤리위는 "최근 열풍을 일으키

---

45) 이성욱, 〈케이블TV '수렁 탈출' 보이나〉, 『한겨레』, 1999년 7월 16일, 24면.
46) 『동아일보』, 1999년 4월 1일.

며 주요 일간지에 연일 전면 광고를 게재하고 있는 현대증권의 '바이코리아 펀드'와 관련 이익치 현대증권 회장이 주장하는 홍보성 내용을 일방적으로 과대보도했다"며 "실적 배당상품으로 원금의 손실이 발생할 수 있는 주식형 펀드에 대한 올바른 이해를 돕기 위해서는 독자들을 현혹할 수 있는 애용은 자제되어야 마땅하다"고 제재 이유를 밝혔다.

이와 관련, 언개연 사무총장 김주언은 『기자협회보』 99년 5월 24일자에 기고한 글에서 "일부 신문사들은 앞다퉈 투자설명회라는 이름으로 재테크 강좌를 열어 '전 국민의 투기꾼화'를 부추기고 있다. 일부 경제신문이 시작한 투자설명회가 중앙 일간지로 확산됐다. 경제부 기자들을 강사로 내세워 일반인들에게 '투기 기법(?)'을 가르치고 있는 셈이다. 대부분 주식투자의 위험성을 강조하기보다는 수익률을 많이 올릴 수 있는 비법에 초점을 맞추고 있는 것으로 알려졌다"고 말했다.

"언론사들은 '전 국민의 투기꾼화' 캠페인을 벌이는 데서 더 나아가 자신들이 직접 '투기꾼'으로 나서고 있다. 막강한 정보력을 주식투자에 활용하고 있는 셈이다. 문제는 언론사들이 주가에 영향을 미칠 수 있는 보도를 한다는 데 있다. 언론사들은 자신들에게 유리한 방향으로 주가 예상보도를 하고 있다. 많은 경우 밑도 끝도 없이 일부 전문가의 말을 빌어 주가가 오를 것이라는 기사를 내보낸다. 물론 형평성을 강조하기 위해 반대 입장도 곁들이지만 주된 논조는 주가가 오를 것으로 예상하는 기사다. 언론사들은 투기꾼이라는 오명에서 벗어나려면 당장 주식투자를 중단해야 할 것이다."[47]

『미디어오늘』 2000년 1월 13일자는 "중앙 언론사의 주식투자 사례가 속속 드러나고 있다. 언론사들은 지난 96년부터 최근까지 코스닥시장에 상장된 정보통신주를 중심으로 주식을 매입해 적지 않은 수익을 얻은 것

---

47) 김주언, 〈이젠 언론사도 투기꾼?〉, 『기자협회보』, 1999년 5월 24일, 4면.

으로 확인됐다. 또 정보통신주를 중심으로 지분에 참여해 1,000억 원대의 자산가치 증액 효과를 본 것으로 확인됐다"고 보도했다.[48]

문제는 언론사의 주식투자가 언론 보도에 큰 영향을 미친다는 점이었다. 언론사들은 주식투자를 통한 돈벌이를 위해 '조세 정의'를 외면하는 주장을 쏟아 냈다. 『한겨레』 2000년 2월 10일자는 "지난 1일 김유배 청와대 복지노동수석이 일정 기간에 걸친 주식 · 채권 등 유가증권 매매차익에 대해 세금을 매기는 이른바 '자본이득세' 도입을 적극 추진한다고 밝히자, 주요 언론들이 약속이나 한 듯 한목소리로 딴죽걸이에 나섰다"고 보도했다.

"언론개혁시민연대, 민주언론운동시민연합 등 언론시민단체들은 주요 언론들이 자본이득세 도입에 적대적 태도를 보일 수밖에 없다고 지적한다. 『조선일보』, 『중앙일보』, 『동아일보』, 『한국일보』 등 중앙 일간지들이 엘지텔레콤 · 한국통신프리텔 등 정보통신 주식에 투자해 막대한 시세차익을 보고 있기 때문에 애초 공정한 보도는 기대할 수 없다는 것이다. 현재 경제협력개발기구(OECD) 대부분의 회원국이 시행 중인 자본이득세가 우리나라에 도입이 불가능할 것이라는 우려가 나오는 것도 이런 이유에서다."[49]

결국 언론시민단체들이 중앙 일간지들의 주식투자를 본격적으로 문제삼고 나섰는데, 민주언론운동시민연합(이사장 성유보)은 중앙 언론사들의 주식투자 현황에 대해 금감원에 정보공개 청구를 하였으며 뒤이어 언개련은 중앙 언론사들의 주식투자와 관련해 금융감독원에 5개항의 공개질의서를 보냈다. 언개련은 질의서에서 △언론기업이나 언론종사자가 주식투자할 경우 주식과 관련된 공정보도가 가능하다고 보는지 △언론기업의 주식투자가 헌법이 보장하는 국민의 알 권리를 침해한다고 보는

---

48) 〈중앙언론사 주식투자 '대박'〉, 『미디어오늘』, 2000년 1월 13일, 1면.
49) 조준상, 〈주식 양도차익 과세 주요 언론 반대 알고보니…〉, 『한겨레』, 2000년 2월 10일, 9면.

지 △미공개 정보가 많이 모이는 언론기업의 주식투자가 증권거래법의 불공정거래 행위에 해당한다고 보는지 등을 물었으며, 또 △언론기업의 주식투기에 대해 조사한 적이 있는지, 없다면 조사할 계획이 있는지 △ 언론기업의 주식투자를 규제할 법적 근거가 있는지, 없다면 관련 법률 개정의 뜻이 있는지를 밝혀달라고 요구하고, 외국에서 언론기업의 주식 투자 규제사례가 있다면 알려달라고 촉구했다.[50]

언론사들의 도덕적 해이는 기자들에게까지 나타났다. 기자들 역시 다양한 방법을 통해 벤처기업의 주식을 거래하고 있지만 이를 법적으로 금지할 방법이 없어 대책 마련이 필요하다는 지적이 나오게 된 것이었다.[51]

여전한 촌지와 향응

언론의 비윤리적 행위는 그것만이 아니었다. 촌지와 향응도 여전했다. 88년 『한겨레』의 윤리강령 제정을 시작으로 중앙 일간지들과 방송사들은 앞다퉈 개별 윤리강령을 제정했지만 대부분 사문화됐다고 해도 좋을 정도로 아무런 의미를 갖지 못했다.

『기자협회보』 기자 이경숙은 『기자통신』 99년 6월호에 쓴 글에서 촌지와 향응의 실태에 대해 "한때 기자들 사이에선 '1단 기사 10만 원, 2단 기사 20만 원, 인터뷰 기사는 40만 원'이라는 농담이 오갔다"며 "지난해 4월 군포 경제정의실천시민연합이 밝힌 '군포시 출입기자 촌지사건'이후 떠돌던 말이다"고 했다.

"한편 촌지 받길 껄끄러워하는 기자들도 접대나 향응은 받아들이는 경우가 많다. 취재원들과 밀접한 관계를 맺을 수도 있고 뜻하지 않은 정

---

50) 권혁철, 〈"중앙일산시 구식투자 밝혀라" 언론단체 공개질의·정보청구〉, 『한겨레』, 2000년 2월 10일, 9면.
51) 권은중·김성완, 〈기자들 '벤처기업 주식매입' 위험수위: '대박' 앞에 기자윤리는 '휴지조각'〉, 『미디어오늘』, 2000년 3월 9일, 5면.

보를 얻을 수도 있다는 기대 때문이다. 그렇지만 접대나 향응은 촌지 못지 않게, 때로는 훨씬 많이 비용이 든다고 홍보관계자들은 말한다. 남자 기자들에겐 매춘 기회를 제공하기도 한다. 대검이 '국제마약회의'라는 행사를 주최했을 땐 남자 기자들의 방에 아가씨를 들여보낸 일도 있었다. 법 집행기관이 불법행위까지 서슴지 않고 제공한 '향응'이 단순히 기자들의 여흥을 위한 것이라고 말할 수 있을까?"

이어 이경숙은 "최근 들어선 경제불황과 박세리 열풍의 영향인지 술자리 접대보다는 골프 접대가 느는 추세다"며 "일주일 안팎의 '해외연수'도 본질은 촌지나 향응과 같다"고 했다.

"비용 면에서 보면 오히려 더 강력한 뇌물일 수도 있다. 한 기자는 '촌지 규모가 기껏해야 30~50만 원인데 비해 해외연수나 해외 취재편의 제공은 몇백만 원의 촌지 효과'라며 '촌지보다 더 나쁜 관행'이라고 지적했다."[52]

---

52) 이경숙, 〈흔들리는 '기자윤리' 현장스케치: "아직도 촌지, 향응 접대 사례가 사라지지 않았다"〉, 『기자통신』, 1999년 6월, 57~58쪽.

'쉬리' 열풍: '한국 영화의 르네상스'?

'한국 영화 대약진의 해'

1999년 공전의 히트를 기록한 영화 〈쉬리〉는 당시 한국 영화 평균 제작비의 2배가 넘는 27억 원을 썼지만, 이후 영화 쪽에 돈이 몰려들면서 제작비 규모는 눈덩이처럼 불어나기 시작했다. 이때부터 '한국형 블록버스터'라는 용어가 언론에 의해 본격적으로 쓰이기 시작했다.

다소 호들갑스럽긴 했지만, 2000년 4월 미국의 시사주간지 『타임』을 비롯해 연예전문지 『버라이어티』, 『할리우드 리포터』 등은 한국 영화 특집을 통해 "한국 영화가 1999년 할리우드 영화를 밀어내고 시장점유율 40%에 이르는 등 르네상스를 맞고 있다"며 "한국이 동양의 할리우드로 떠오르고 있다"고 보도했다.[53]

또 『동아일보』 99년 12월 31일자는 "먼 훗날, 21세기 영화사가(史家)

---

53) 김갑식, 〈한국 영화 50편 해외노크〉, 『동아일보』, 2000년 5월 9일, C4면.

영화와 대자본이 결합한 할리우드적인 영화 〈쉬리〉의 한 장면.

의 노트에 99년은 '한국 영화 대약진의 해'였다고 기록되지 않을까. 60
년대 시장점유율 40~50%로 절정을 이루다 기나긴 침체에 빠졌던 한국
영화가 90년대 들어 부활하기 시작하더니 올해에는 욱일승천의 기세로
맹위를 떨쳤다. 할리우드 영화의 세계 지배가 더욱 공고해지고 있는 90
년대 말, 자국 영화의 시장점유율이 40%에 육박하는 나라는 세계에서
미국을 제외하고는 한국이 거의 유일하다"고 했다.[54]

정확하게 99년의 한국 영화 국내 시장점유율은 36.1%였다. 영화진흥
위원회 집계에 따르면 99년 한국 영화 관객 수는 서울 기준 911만 8,345
명으로 36.1%의 점유율을 기록했고, 매출액은 499억 원으로 그 전해의
295억 원에 비해 크게 늘었다. 이는 85년 이후 최고치로 98년의 점유율

---

54) 김희경, 〈한국 영화 대약진 "올해만 같아라"〉, 『동아일보』, 1999년 12월 31일, A12면.

22.5%에 비해서도 크게 늘어난 것이었다.[55)]

서울 관객 수 기준으로 1999년 한국 영화 흥행 베스트 10은 〈쉬리〉 244만 명, 〈주유소 습격사건〉 96만 명, 〈텔미 썸딩〉 72만 명, 〈인정사정 볼 것 없다〉 68만 7,000명, 〈용가리〉 50만 명, 〈자귀모〉 42만 명, 〈해피 엔드〉 40만 명, 〈유령〉 36만 5,000명, 〈링〉 34만 명, 〈태양은 없다〉 32만 9,000명 등이었다.[56)]

99년 10대 히트상품 중의 하나가 된 〈쉬리〉는 영화와 대자본이 결합한 할리우드적인 영화였다. 제작은 강제규필름이 했지만 삼성영상사업단에서 27억 원을 출자했고 한국종합기술금융에서 4억 원을 댔다. 이 영화의 성공으로 강제규필름은 50억 원, 삼성영상사업단은 100억 원, 종합기술금융은 4억 원 이상을 배당받은 것으로 추정되었다. 주연배우였던 한석규도 러닝개런티제를 채택함으로써 10억 이상을 벌었다.[57)]

강제규는 96년 〈은행나무 침대〉로 데뷔할 때부터 속도감, 특수효과, 앵글 처리 등 할리우드 기법을 활용하는 등 할리우드적인 흥행 영화에 뛰어난 실력을 보여 주었다.[58)] 〈쉬리〉는 남북분단을 소재로 한 첩보·액션·멜로영화였지만, 냉전논리 구도를 따르고 있다는 지적도 제기되었다.[59)] 이와 관련, 이광일은 다음과 같이 말했다.

"결국은 완성도 높은 작품성에서 이유를 찾곤 한다. '아주 잘 만들었기 때문'이라는 것이다. 물론 개봉 초기에는 신문, 방송의 소개기사가 큰 역할을 했다. 그러나 한 달이 지나고도 관객의 극장점유율이 50~85%를 차지하고 있다는 것은 홍보 차원만으로는 잘 설명이 되지 않는다. …… 이 영화를 반공드라마로 인식하는 관객은 많지 않은 것 같다. 그저

---

55) 〈한국 영화 점유율 작년 36%〉, 『대한매일』, 2000년 3월 9일, 17면.
56) 김희경, 〈한국 영화 대약진 "올해민 같아라"〉, 『동아일보』, 1999년 12월 31일, A12면.
57) 성경준, 〈쉬리와 한국 영화의 가능성〉, 『사회비평』, 2000년 봄, 175쪽.
58) 성경준, 위의 글, 177쪽.
59) 성경준, 위의 글, 180쪽.

긴박감 넘치는 오락영화로 인식하는 편이다. PC통신에 오른 관객들의 평을 보면 일부 줄거리의 말 안 되는 설정 등을 꼬집는 것을 제외하면 신나는 한판 오락영화라는 평이 주류를 이룬다."[60]

〈쉬리〉엔 한석규 외에 최민식, 송강호, 김윤진 등이 주연으로 출연했는데, 한석규는 이미 98년에 '한석규 신드롬'을 일으킨 스타였다. 98년 한기는 "한석규는 한국 영화의 희망인가. 이제 이런 얘기로 영화에 관한 얘기를 시작해 봐도 좋을 때인 듯하다. 〈닥터봉〉으로부터 〈은행나무 침대〉, 〈초록물고기〉, 그리고 〈넘버 3〉, 〈접속〉을 거쳐서 최근작 〈8월의 크리스마스〉에 이르기까지, 최근 한국 영화계에 일고 있는 어떤 선풍 현상은 과연 한석규를 빼고는 얘기할 수 없게 되었다"고 했다.[61]

성인용 비디오 시장

한편 국내 비디오 소프트웨어 시장은 1조 원 규모로 성장하였다. 90년 전국에 8,000개에 불과하던 비디오 대여점은 94년엔 4만 5,000개까지 폭증하였고, 95년부터 급속히 늘어난 노래방과 단란주점의 영향으로 서서히 줄어 99년엔 1만 7,000개 수준에 머물렀다. '16mm 성인용 비디오(AV: Adult Video)' 시장은 600억 원 규모에 이르렀다.[62]

1999년 6월 8일, 영화진흥위원회(영진위)와 영상물등급위원회(등급위) 현판식이 한 시간 간격으로 열렸는데, 현판식이 끝나고 장관과 국회의원 등 손님들이 등급위 건물 내부를 돌아보는 시간, 비디오부 심의실에 다다랐을 때 재미있는 광경이 벌어졌다.

"장관이 도착하기를 기다렸다는 듯이 가지런히 놓여 있는 10대 가량

---

60) 이광일, 〈'쉬리' 돌풍에 '타이타닉' 침몰?〉, 「주간한국」, 1999년 3월 18일, 21면.
61) 한기, 〈한석규, 혹은 낭만적 사실주의의 기호〉, 「리뷰」, 1998년 여름, 97쪽.
62) 노만수, 〈욕망을 판다, 고로 존재한다〉, 「뉴스메이커」, 2000년 4월 13일, 57면.

의 심의용 모니터에서는 국산 비디오용 에로영화가 나왔다. 갖가지 성애 장면과 야릇한 신음소리가 장관을 세워두고 브리핑하는 목소리를 덮어 버렸다. 삼삼오오 서 있던 사람들은 애써 눈길을 피하며 곤혹스러워하는 빛이 역력했다. …… 등급위 직원들이 '시위'라도 한 것일까. 등급위 한 관계자는 '심의 과정을 보여 주려 한 것뿐이다'고 해명하고, 하필이면 정사장면이냐고 되묻자 '보통 비디오용 영화에서 성애장면이 상영시간 의 몇 %나 되는지 아느냐'고 대답해 묘한 여운을 남겼다."[63]

1999년의 새로운 풍경 가운데 하나는 이른바 '비디오방'의 급증이었 다. 99년 5월 국무총리실 산하 청소년보호위원회는 전국적으로 2,900여 곳에 이르는 비디오감상실(속칭 비디오방) 대다수가 남녀 간의 성적 접촉 장소로 이용되고, 비디오방에서의 풍기문란도 심각하다고 밝혔다.[64]

이에 대해 '사단법인 한국비디오물 감상실업협회 전국업주 일동'은 〈'청소년보호위원회'는 최근 '비디오(방)감상실'에 관하여 단편적이고 편견에 가득 찬 자료를 모든 보도매체에 제공 보도케 하여 진실을 왜곡 하고 있는데 이것은 국민을 위한 정부기관이 해야 할 진정한 역할이 아 님을 지적하면서 반박자료를 제시한다〉는 긴 제목의 신문 광고를 게재 하기도 했다.

스크린쿼터 사수 삭발투쟁

영화인들은 "IMF 관리 체제를 초래한 경제관료들이 자신들의 과오를 감추기 위해 미래 산업인 영화를 흥정 대상으로 삼는 것을 묵과할 수 없 다"며 98년 12월 '스크린쿼터 사수를 위한 범영화인 비상대책위원회'를 구성했다. 비상대책위원회는 한국노총, 민주노총, 경실련, 참여연대, 환

---

63) 조종국, 〈심의실의 신음소리〉, 『씨네21』, 1999년 6월 22일, 16면.
64) 추영준, 〈비디오방 남녀 성접촉장소 전락〉, 『세계일보』, 1999년 5월 10일, 25면.

정부의 무역개방 정책에 반발, 영화인 700여 명이 스크린쿼터 축소저지대회를 가졌다. 이날 집회에서 영화인 100여 명은 삭발을 감행, 이른바 '6월 대투쟁'을 시작하였다.

경운동연합, 민예총 등 20여 개 시민사회단체들과 함께 '우리 영화 지키기 시민사회단체 공동대책위'를 구성하고 '스크린쿼터 사수'를 결의했다.

1999년 1월엔 '한국 영화 의무상영제 유지 촉구 결의안'이 국회에서 통과되었다. 이것은 스크린쿼터제 축소 또는 폐지를 내용으로 하는 한미 투자협정이 체결된다 하더라도 국회가 비준 동의를 해 줄 수 없다는 공식 결의였다. 이에 영화인들은 2월 3일 63일간의 농성을 풀었지만, 3월에 한국을 방문한 미국 상무장관 윌리엄 데일리와 미국영화협회 회장 잭 발렌티는 청와대를 예방하고 한국의 스크린쿼터제 폐지를 공식 요청하였다.[65]

7월로 예정된 대통령 김대중의 방미(訪美)를 한 달 앞둔 6월 사태가 심상치 않음을 눈치 챈 영화인 100여 명은 삭발을 감행하는 이른바 '6월 대투쟁'을 시작하였다. '스크린쿼터 사수 범영화인 비상대책위원회(공동위원장 김지미·임권택·이태원)'는 '스크린쿼터 축소 음모 저지를 위한 투쟁'을 선포했다.

정부가 스크린쿼터 축소의 대안으로 제시한 것은 영화산업 인프라 구축이었다. 문화관광부 장관 박지원은 99년에 400억, 2000년과 2001년에 각각 300억 원씩을 투자하겠다고 밝혔다. 그러나 영화인들은 "그 어떤 지원책도 스크린쿼터를 대신할 수 없고, 다른 지원책은 필요 없으니 스크린쿼터를 현행대로 유지시켜 달라", "지원은 하되 간섭은 않겠다는 방침대로 스크린쿼터를 지원하고 스크린쿼터에 간섭하지 말아 달라"고 요구했다.[66] 이런 강경 요구에 밀린 정부는 6월 24일 "7월 김대중 대통령 미국 방문 때 한미투자협정 문제가 확정되지 않는다"고 공식 발표함으로써 스크린쿼터 문제는 다시 수면 밑으로 가라앉았다.[67]

2000년 3월 문화관광부와 영화진흥위원회는 〈21세기 영상문화시대의 영화진흥정책〉을 발표해 말로나마 영화인들의 가슴을 크게 부풀게 만들었다. 이 정책에 따르면, 한국 영화는 2004년까지 연간 150편 이상 제작되고 국내 시장점유율 50% 이상 확대되며 2003년까지 영화진흥금고는 1,700억 원 이상으로 확충된다. 또 한국 영화 제작 활성화, 종합촬영소의 디지털 인프라 구축 및 경쟁력 강화, 아카데미 운영 및 우수 영상 전문 인력 양성, 영화산업 정책연구와 정보화 사업 지원 등 5대 중점 추진 과제를 위해 2000년에 770억 원을 비롯해 2004년까지 총 2,281억 원을 지원하기로 했다.[68]

---

65) 홍병기, 〈미, 스크린쿼터 폐지 요구〉, 「중앙일보」, 1999년 3월 27일, 2면; 김호일, 〈스크린쿼터와 대통령의 공약〉, 「부산일보」, 1999년 3월 27일, 5면.
66) 배장수, 〈스크린쿼터 '정부의 변심'〉, 「경향신문」, 1999년 6월 22일, 29면
67) 조종국, 〈쿼터, 한숨 돌렸다〉, 「씨네21」, 1999년 7월 6일, 16면.
68) 배장수, 〈한국 영화 시장점유율 크게 늘린다〉, 「경향신문」, 2000년 3월 31일, 16면.

자세히 읽기

IMF가 만든 한류?

한국 대중문화가 1997년부터 중국에 진출해 성공을 거두기 시작하자 중국 언론은 99년경 '한류(韓流)'라는 말을 본격적으로 쓰기 시작했다. "다른 문화가 매섭게 파고든다"는 의미의 '한류(寒流)'라는 말을 변용한 것이다.^{가)}

그간 일어났던 주요 한류일지를 살펴보면 ① 97년 중국 CCTV(중앙TV) MBC〈사랑이 뭐길래〉방영, ② 98년 중국 TV방송 MBC〈목욕탕집 남자들〉방영, ③ 98년 5월 5인조 그룹 H.O.T. 앨범 중국에서 히트, ④ 98년 5월 베트남 호치민TV MBC〈의가형제〉방영, 7월에 재방영(장동건 신드롬), ⑤ 99년 중국 TV방송 MBC〈별은 내 가슴에〉방영, ⑥ 99년 3월 2인조 그룹 클론 한국과 타이완에서 앨범 동시 발매, ⑦ 99년 4월 영화〈쉬리〉일본에서 125만 명 관람, ⑧ 2000년 2월 H.O.T. 중국 베이징 공연 대성공 등이었다.

1999년 흥행은 해외 시장으로까지 이어졌다. 〈쉬리〉는 홍콩에서 개봉한 지 10일 만에 372만 홍콩 달러(약 5억 5,000만 원)를 벌어들였으며, 〈거짓말〉은 우리 영화 가운데 유럽 지역 수출금액으로는 가장 큰 30만 달러를 받았다. 대만에서는〈텔미 썸딩〉이 20만 달러, 애니메이션〈원더풀 데이즈〉가 30만 달러, 〈주유소 습격사건〉이 12만 달러에 각각 팔렸다.^{나)}

2000년 한국 영화 시장점유율은 32.8%였다. 제작 편수는 99년의 42편에서 58편으로 늘었다. 한국 영화의 해외수출액은 698만 3,745달러로 99년에 비해 2배 이상 증가했다. 영화진흥위원회는 수출대상국의 경

가)〈한류(韓流)의 어원〉,『경향신문』, 2005년 10월 6일, 47면.
나) 임범,〈한국 영화 시장점유율 40% 기염 "3박자가 맞았다"〉,『한겨레』, 1999년 11월 30일, 17면.

우, 99년의 11개국에서 24개국으로 다변화됐으며 "특히 일본을 비롯한 아시아 국가에 대한 수출이 크게 늘어난 가운데 대일 수출액이 550만 9,000달러로 전체 수출액의 79%를 차지했다"고 밝혔다.[다]

이어령은 훗날 "1997년 한강의 기적으로 불리던 제조업 중심의 한국이 무너졌습니다. 바로 IMF입니다. 한류는 바로 IMF 때 생겨난 독특한 문화이기도 합니다. IMF가 없었더라면 한류는 생겨날 수 있었을까요? 대답은 '노'입니다"라고 주장했다.

"그랬다면 우리도 일본처럼 '트렌디(trendy) 드라마' 쪽으로 갔을 겁니다. 트렌디 드라마라는 말은 일본에서 만든 신조어입니다. 이른바 '재패니스 쿨'은 철없는 10~20대 아이들이 쫓아다니는 기승전결이 없는 분위기나 휘황한 조명, 소리를 드라마로 끌어들였습니다. 한때 우리도 일본 것을 들여와 트렌디로 갔지만 IMF는 새 변화를 요구했습니다."

이어 이어령은 "한국의 근대산업주의는 IMF를 통해 완전히 와해됐습니다"라면서 "이로 인해 TV에서는 가족주의와 순정주의를 내세운 〈육남매〉, 〈옥이 이모〉 같은 이른바 'IMF형 드라마'들이 출현하게 됐죠"라고 말했다.

"우리는 이미 체험했던 현대적 트렌디 드라마를 바탕으로 지난 산업사회와 농경사회의 정서들을 새롭게 리메이크했습니다. 10대와 20대들의 난잡한 가치관을 다룬 할리우드 버전과 다르게 약간은 보수적이고 가족적이며 순정적 요소들이 끼어들었습니다. 바로 그 유형의 드라마가 아시아인들의 마음을 사로잡았습니다. 한류입니다. 더구나 드라마 속에 나타나는 현대적 음악과 촬영기술, 로케이션, 패션 등이 흐름을 증폭시킨 것이고요."[라]

다) 〈투자·배급 CJ엔터테인먼트, 제작 명필름, 배우 송강호의 해〉, 『한국일보』, 2000년 12월 27일, 19면; 이성욱, 〈올 한국 영화 잘나갔다 해외수출액 작년 2배〉, 『한겨레』, 2000년 12월 15일, 34면.
라) 이어령, 〈인터뷰/문화석학 이어령의 한류 읽기: '개짱이'의 힘! 블루오션 한류 계속된다〉, 『월간중앙』, 2006년 1월, 248~251쪽.

인터넷과 휴대전화의 폭발

세계에서 가장 빠른 인터넷 성장

세계 모든 나라 사람들이 새로운 것을 좋아하겠지만 그 정열에 있어서 한국을 능가할 나라가 또 있을까 하는 생각이 들 정도로 한국은 첨단 매체의 유행 속도가 매우 빠른 나라였다.

인터넷의 보급 속도는 세계에서 가장 빨랐으며, 초고속인터넷사업은 1999년 6월부터 서비스를 시작했다. 정보통신부 발표에 따르면, 2000년 2월 말 현재 인터넷 이용자 수는 1,297만 명이었는데, 인터넷 이용자 산정 기준인 만 7세 이상 국민(4,215만 명) 대비 이용률은 30.8%로 국민 3.24명당 1명꼴이었다.[69] 미국 시카고의 인터넷 시장조사업체 eT포캐스

---

69) 이희정, 〈인터넷이용자 1,300만 휴대폰가입자 2,500만〉, 『한국일보』, 2000년 3월 16일, 1면. 이 통계는 만 7세를 기준으로 삼고 있어 실제보다 부풀려진 건데 "외국 기준으로 엄격하게 계산하면 국내 인터넷 인구는 600만명 가량에 불과하다"는 의견도 있다. 성동기, 〈인터넷인구 1,400만의 허상〉, 『동아일보』, 2000년 5월 15일, D1면.

츠가 2000년 말에 내린 전망에 따르면, 세계의 인터넷 인구 3억 7,490만 명 가운데 한국은 7위를 차지할 것으로 예상되었다.[70]

이와 같은 분위기 속에서 인터넷 방송이 급증하였는데, 종합인터넷방송 서비스업체인 캐스트서비스에 따르면 2000년 4월 19일 현재 인터넷 방송국 수는 350개로 99년 9월 130개, 12월 200여 개에 이어 급격히 증가하는 양상을 보였다. 인터넷 방송국의 분야를 보면 음악 방송국(23.5%)이 가장 많고 종합 방송국(20.7%), 교육(9.0%), 문화·예술·생활(8.0%), 개인 마니아(8.0%), 연예·오락·게임(6.1%) 등의 순이었다. 채널별 콘텐츠 역시 음악이 64.5%로 압도적으로 많았으며 영화(9.7%), 연예(8.3%), 뉴스·경제·스포츠(6.3%) 등이 그 뒤를 이었다. 인터넷 방송국이 급증함에 따라 채널 수도 5,000여 개로 늘어났다.[71]

인터넷 신문도 크게 늘어 인터넷 신문 기자들의 기존 기자단 가입 문제가 언론계의 현안으로 대두되기도 했다. '인터넷 한겨레'가 2000년 4월 1일에 창간한 인터넷 신문 '하니 리포터'를 만드는 사이버 기자단 617명은 4월 29일 '사이버 기자 윤리강령'을 선포하였는데, 이 강령은 출입처는 없으며, 취재 영역에 금기와 성역이란 없다, 사실에 입각한 보도를 하고 퍼온 글의 출처는 반드시 밝힌다, 사이버 촌지를 비롯한 일체의 촌지를 받지 않는다, 크래킹하지 않는다, 네티즌의 반론권을 보장한다, 이메일 취재원도 철저히 보호한다, 사이버상의 인권 보호와 올바른 인터넷 문화를 만들기 위해 노력한다 등 7개의 문항으로 돼 있다.[72]

사이버 언론의 성장과 더불어 '사이버 스토킹(Cyber Stalking)'도 사

---

70) 미국 1억 3,570만명(36.2%), 2위는 일본 2,690만명(7.2%), 3위는 독일 1,910만명(5.1%), 4위 영국 1,790만명(4.8%), 5위 중국 1,580만명(4.2%), 6위 캐나다 1,520만명(4.1%), 7위 한국·이탈리아 1,160만명(3.1%), 9위 브라질 1,060만명(2.8%), 10위 프랑스 900만명(2.4%)인데, 인터넷 인구의 연령 기준이 달라 국내 통계와는 차이가 있다. 최기수, 〈한국 인터넷인구 올 연말 세계 7위〉, 「한국일보」, 2000년 5월 4일, 2면.

71) 전성철, 〈사이버방송 검색사이트 인기폭발〉, 「뉴스메이커」, 2000년 5월 4일, 76면.

72) 박미영, 〈사이버언론의 윤리〉, 「기자협회보」, 2000년 5월 1일, 4면.

회적 문제로 떠올랐다. 99년 7월 법원은 최초로 특정인을 지목해 집중 비방하는 이른바 '사이버 스토킹' 행위는 괴롭힘에 해당하는 만큼 피해 자에게 배상해야 한다는 판결을 내렸다.[73]

인터넷 광고·인터넷 영화관

1998년 7월 4일에 출범한 '딴지일보'는 98년 말 처음 광고를 실었고, 99년 6월 중순 조회 수 1,000만 회를 돌파했다. '명랑사회' 건설을 목표 로 내세운 딴지일보의 가장 두드러진 형식적 차이는 "풍자적 합성사진과 함께 저속한 말투"였다.[74]

인터넷매체의 급증은 기존 광고시장의 판도에도 적잖은 변화를 불러 일으켰다. 『기자협회보』 2000년 1월 1일자는 '신년 특집'으로 〈인터넷 매체 새로운 '매스미디어'로 급부상〉이라는 제목의 기사에서 "인터넷매 체의 산업성은 매년 2배 이상 껑충껑충 큰다. 인터넷 광고대행사 '디킴 스' 자료에 따르면 99년 인터넷 광고 집행총액은 300억 원에 달했다. 98년에 120억 원 규모의 시장이었던 데 비하면 엄청난 성장률이다"며 다음과 같이 말했다.

"김기원 광고주협회 기획부장은 '기업체들이 2000년부터 인터넷에 정식으로 광고 예산을 잡고 있다'며 올해도 인터넷 광고시장이 2배 이상 성장할 것으로 내다봤다. 이주현 디킴스 전략기획팀장은 2000년의 인터 넷 광고시장 규모를 680억 원으로 예측했다. PC통신 광고시장까지 합치 면 1,000억 원에 이를 예상이다. 이 정도면 라디오매체 광고시장에 거의 육박하는 수준이다. 인터넷 광고시장이 아직까지는 기존 매체의 광고시

---

73) 박광주·김강호, 〈'사이버 스토킹' 첫 배상 판결〉, 『문화일보』, 1999년 7월 17일, 31면.
74) 홍성태, 〈웹진의 매력, 그 황홀한 가능성: '딴지일보'의 경우〉, 현실문화연구 편, 『문화읽기: 삐라에서 사 이버문화까지』(현실문화연구, 2000), 380쪽.

장을 침범하고 있지는 않다. 그러나 광고전문가들은 라디오나 잡지의 경우 성장률이 크게 둔화되면서 인터넷에 밀리는 조짐이 보인다고 분석했다. 김기원 광고주협회 기획부장은 '신문, 방송, 라디오, 잡지 4대 매체 시대는 가고 조만간 신문, 방송, 인터넷 3대 매체시대가 올 것'이라고 말했다."[75]

99년엔 인터넷이 영화까지 파고들어 인터넷으로 영화를 보는 인터넷 영화관이 생겨났다. 『한국일보』 2000년 7월 19일자는 "'성인 에로영화, 더 이상 비디오는 필요 없다.' 인터넷 성인영화관들이 에로영화를 놓고 비디오 대여점 및 소극장들과 한판 대결을 선언하고 나섰다. 그동안 다소 떨어진다는 평을 받았던 화질을 대폭 개선하고 최신 영화들로 중무장하며 에로영화 시장 공략에 나선 것"이라고 보도했다. 이 기사에 따르면, 인터넷 영화관 측은 "야한 비디오를 빌리러 간 비디오 대여점에서 괜히 머뭇거리다 엉뚱한(?) 비디오만 잔뜩 빌려 오지 않아도 됩니다. 또 용기를 내 성인비디오물을 주문했다가 '지금 대출 중인데요'란 말을 들을 필요도 없지요"라면서 "특히 동네에서 야한 비디오를 자주 빌려 간다는 소문이 날까 걱정할 필요가 없다"는 점을 강점으로 내세웠다.[76]

'O양의 비디오' 사건

섹스에 굶주린 인터넷의 모습을 잘 보여 준 게 1999년 큰 사회적 논란을 빚은 'O양의 비디오' 사건이었다. 『한국일보』 99년 3월 16일자는 "'섹스, 여배우, 그리고 비디오테이프' 최근 포르노를 고리로 한 '관음(觀淫) 신드롬'이 무차별적으로 번져가고 있다. 은밀하게 나돌던 음란물

75) 이경숙, 〈인터넷매체 새로운 '매스미디어'로 급부상〉, 『기자협회보』, 2000년 1월 1일, 7면.
76) 박원식, 〈에로영화 '당당한 외출' "인터넷 야한 바람났네"〉, 『한국일보』, 2000년 7월 19일, 37면.

과 악성 육담이 순식간에 세상 밖으로 마구 분출하는 형국이다. 노란 황사처럼 전국을 뒤덮고 있는 포르노 열풍을 부추긴 것은 이른바 'O양 비디오'. '못 보면 팔불출'이라는 말이 나올 정도로 유명해진 이 비디오테이프를 구하려고 청계천을 헤매는 이들을 찾기는 어렵지 않다. 심지어 중고등학생들도 인터넷 등을 통해 CD롬을 구입, 돌려보고 있다. O양 비디오가 시중에 범람하면서 괴소문이 꼬리를 무는가 하면 공공기관의 인터넷망이 마비되는 등 사회적 파문은 확대일로다"고 보도했다.

"이 와중에 '유명 여가수인 O양의 포르노테이프를 갖고 있다'며 협박하던 섹스숍 업주가 경찰에 구속되고 참다못한 O씨가 14일 공개적으로 포르노를 촬영한 적이 없다고 밝히는 해프닝마저 일어났다. 사태가 심각한 것은 이 여가수의 공개해명을 접하고도 믿지 않으려 할 만큼 사람들이 붕 떠있다는 사실이다. 루머의 대상은 이 여가수뿐 아니다. '톱 탤런트 B양이 몇 년 전 매니저 C씨와 함께 찍은 포르노테이프가 있다', '톱 모델 D양의 섹스 비디오가 더 낫다'는 등의 미확인 소문도 사람들의 입을 거치면서 확대재생산되는 양상이다. 급기야 연예인은 아니지만 한 여성 방송인이 혼외정사를 했다는 밑도 끝도 없는 루머까지 흘러나왔다. 그러자 검찰과 경찰도 바빠졌다. 검찰은 전담수사팀을 꾸려 연예인 음란비디오 근절을 위한 대응에 나섰고 경찰도 강력반을 통해 유통 조직에 대한 추적을 벌이고 있다. 신경정신과 전문의 이나미 씨는 '음란물은 친근한 사람이 나올수록 더욱 자극적'이라며 '특히 요즘 들어서 더 유행하는 것은 사회가 자포자기한 상태에 빠져 있기 때문'이라고 말했다. 건강한 사회를 만드는 것만이 유일한 대책이라는 지적이다."[77]

'O양의 비디오' 사건의 전말은 이랬다.

90년대 초, 두 청춘남녀가 사랑을 하던 중 남자는 갑자기 그녀와의 섹

---

77) 윤순환, 〈연예인 포르노 신드롬: 구하기 전쟁 속 검찰은 수사팀 가동〉, 「한국일보」, 1999년 3월 16일, 26면.

스 행위를 비디오 기록으로 남겨 자신만의 추억으로 간직하고자 했다. 그러나 그 비디오는 유출되었고, 90년대 말 이제는 유명해진 그 여자에게 협박전화가 걸려왔다. O양이 돈을 거절하자 협박자는 문제의 비디오를 인터넷에 터뜨렸고, 사람들은 앞 다투어 그 비디오를 구경했다.

문제의 비디오는 O양에게 치명타를 입혔지만 다른 결과를 낳기도 했다. 조흡은 이 비디오가 프로이트의 남근중심의 사고를 부정했다고 평가했다. 두 사람의 30여 분에 걸친 지속적인 성행위는 온몸이 동원된 사랑으로 서로의 진정한 쾌락을 보살펴주는 상호주의를 보여 주었다는 것이다. 그는 이를 '낭만적 사랑의 가능성을 보여 준 획기적인 사건'으로 평가했다.

"소동의 원인이 바로 여기에 있다. 이 비디오를 본 남성들은 하나같이 충격을 느낀다. 쾌락의 원천이 남근에서 비롯되는 것이 아니라는 사실을 보고 놀란다. 포르노에서 펼쳐지는 여성의 가식적 오르가슴에만 익숙해 있던 그들이 진정한 황홀감을 경험하는 여성을 목격하는 순간 그들은 '예술'을 경험한 것이다. 남성들이 진정한 여성의 쾌락은 곧 자신의 쾌락으로 회귀된다는 사실을 비로소 깨달은 것이다."[78]

조흡은 "이 비디오는 페미니스트들의 포르노에 대한 전략적 가치를 제공했다고 볼 수도 있다"는 평가를 내리면서 '이 비디오의 주인공을 위한 한마디 변명'으로 O씨의 '모험정신'을 긍정 평가했다.

"본인의 의도와 관계없이 결과가 그렇게 된 셈이지만, 그에게 던져진 수많은 지배적 질시는 그가 선구자적 삶을 살았다는 데에 대한 질투며 시기며 억압일 뿐이다. 그러나 억압은 반드시 저항을 부른다. 그 저항은 또 동조자의 행렬로 가득 찰 것이다."[79]

---

78) 조흡, 〈맑스, 프로이트, 그리고 'O양의 비디오'〉, 강준만 외, 『인물과 사상 11』(개마고원, 1999), 375쪽.
79) 조흡, 위의 글, 379쪽.

정보의 빈익빈 부익부 현상

인터넷이 기존의 빈부격차를 심화시킬 수 있다는 우려도 제기되었다. 유엔개발계획(UNDP)은 1999년 7월에 공개한 '인간개발 보고서'에서 "인터넷이 부유한 나라, 그 중에서도 백인·남성·고소득층의 전유물이 됐다"면서 "집단·지역마다 인터넷 접근 기회가 불공평한 정보의 빈익빈 부익부 현상이 심화되고 있다"고 지적했다. 예컨대, 경제협력개발기구(OECD) 29개 회원국은 세계 인구의 19%밖에 차지하지 않지만 전체 인터넷 사용자의 91%를 점하고 있다. 미국은 국민 중 인터넷 이용자가 26.3%나 되는 반면, 남미·동유럽·아프리카는 각각 1% 미만에 그치고 있고, 컴퓨터 1대를 사기 위해 미국에서는 한 달치 임금만으로 충분하지만 방글라데시의 경우엔 8년치 임금을 쏟아 부어야 했다. 또 영어를 모국어로 사용하는 사람은 세계 인구의 10%밖에 안 되지만 세계 웹사이트의 80%는 영어로 돼 있기 때문에 언어에 의한 정보 불평등도 심화될 것으로 예측되었다.[80]

정보의 빈익빈 부익부 현상은 인터넷 내부에서도 일어나기 시작했다. 포털의 등장 때문이었다. 한국 최초의 검색 엔진 '코시크'가 95년 12월에 생겼고, 96년에 최초의 상업적 검색 엔진 '심마니', 97년에 '야후 코리아', 98년에 '네이버'가 서비스를 시작했다.

98년 무렵 포털이 뉴스시장에 진입했을 때 사람들은 큰 관심을 기울이지 않았다. 당시 처음 등장한 미디어 사이트들은 수익을 노리고 포털에 뉴스를 팔았으며, 포털들은 뉴스를 사들여 이렇다 할 편집 없이 목록만 보여 줬다. 미디어의 입장에서 포털은 수익원이었고, 포털에 미디어는 뉴스 공급원이었다. 뉴스에 대한 호응이 크자 포털들은 기사를 사들

---

80) 이동준, 〈'인터넷이 빈부차 심화'〉, 『한국일보』, 1999년 7월 14일, 12면.

이는 미디어 수를 늘려 갔는데, 그렇게 몸집을 불려나간 포털은 훗날 '공룡'으로 커지면서 다른 모든 미디어를 지배하게 된다.[81]

휴대폰은 '종교' 인가?

1999년 4월 미국 『보스턴 글로브』지의 칼럼니스트인 앨런 굿먼은 "미국에서 휴대폰 남용과 그에 따른 분노를 경험하지 않은 사람은 드물 것이다. 지금 이 순간에도 6,600만 대의 휴대폰이 울리고 있다. 이 가운데 10%는 다른 사람을 짜증나게 만든다고 나는 확신한다"고 말했다.

"얼마 전만 해도 사람들은 워크맨이 얼마나 공공생활을 개인화했는지에 대해 비평해 왔다. …… 휴대폰은 '폐쇄적 언어공동체'를 조장한다. 휴대폰은 타인에게 신경 쓰지 않는 사람들을 그들만의 세계 속에 갇혀 살게 만드는 개인 액세서리가 됐다. 머지않아 우리는 항상 우리를 따라다니는 개인 고유전화번호를 갖게 될 것이다."[82]

휴대폰의 세계적인 확산은 휴대폰 시장에 목숨을 걸고 있는 전자통신산업의 치열한 마케팅 때문에 가능해진 것이었다. 한국의 경우 99년 4분의 1분기 휴대폰 판매량은 430만 대로 미국(970만 대)과 일본(450만 대)에 이어 세계 3위를 차지했다.[83] 관련 업체들이 보조금 지원에 따른 공짜 판매에다 공격적인 광고 등과 같은 치열한 마케팅 공세를 하지 않았다면 그런 '경이로운' 일이 일어날 수 있었겠는가.[84]

---

81) "포털이 미디어로 부상한 결정적 계기는 2002년 한일 월드컵이었다. 뉴스를 소비만 하던 사람들은 당시 특정 이슈에 관해 다수의 사람과 의견을 나누게 됐고, 그 과정에서 평소 접하지 못했던 정보를 얻는 새로운 경험을 한다. 포털들은 포털들대로 전통적 미디어들과 달리 이용자들의 요구를 만족시키기 위해 활발히 움직였다. 효순·미선 양 사망 사건으로 촉발된 촛불시위(2001), 대통령선거(2002) 등도 포털의 성장을 도운 외부 동력이었다." 이필재·오효림, 〈브레이크 없는 포털…그 무서운 질주〉, 『월간중앙』, 2006년 4월, 96쪽.
82) 앨런 굿먼, 조찬제 옮김, 〈유대폰―ㄴ 분노의 울림〉, 『경향신문』, 1999년 4월 12일, 6면.
83) 황순현, 〈휴대폰 '2천만 시대', 단말기 시장이 뜨겁다〉, 『주간조선』, 1999년 7월 15일, 66면.
84) 이원호, 〈또다시 불붙은 휴대폰 탈법 경쟁〉, 『중앙일보』, 1999년 7월 28일, 27면.

인터넷 보급 속도만큼이나 휴대폰 가입자 수도 기하급수적으로 늘어났다.

1999년 6월 한국의 휴대폰 가입자는 1,800만 명을 넘어섰다. 휴대폰
은 사이버 공간과 연결된 정보통신기기로 탈바꿈하면서 놀라운 변화를
주도하기 시작했다. 그로 인한 소음 공해도 심각했다. 99년 3월 법정에
서 휴대폰 신호음을 낸 방청객에게 최초로 3일간의 감치 결정이 내려졌
다.

관련 업체들의 공격적인 마케팅 전략에 힘입어 휴대폰 가입자 수는
99년 9월 유선전화 가입자를 처음 앞지른 데 이어 2000년 3월에는
2,542만 8,000여 명으로 전체 인구(4,727만 명) 중 53.8%가 휴대폰을
이용하게 되었다.[85]

덕분에 죽어나는 건 삐삐 사업자들이었다. 급기야 나래이동통신, 서

---

85) 이희정, 〈인터넷이용자 1,300만 휴대폰가입자 2,500만〉, 「한국일보」, 2000년 3월 16일, 1면.

울이동통신, 부일이동통신 등 12개 지역 무선호출 사업자들은 99년 11월 25일 정보통신부에 제출한 탄원서에서 "이동전화 사업자들이 무선호출 서비스를 무상으로 제공하고 단말기를 무료로 제공하는 바람에 도산 위기에 몰려 있다"며 "무선호출 서비스의 고유영역을 보장해 주고 이동전화 서비스에 대응할 수 있는 서비스 허가와 주파수를 배정해 줄 것"을 요구했다. 무선호출 가입자는 지난 97년 1,519만 명까지 늘어났다가 휴대전화 등장 이후 급격히 감소해 99년 9월 말에는 482만여 명으로 1년 9개월 만에 1,000만 명 이상이 이탈했다.[86]

고영삼은 1991년에서 2001년까지 한국인 가계의 소비지출 항목 중 연평균 증가율에서 통신비가 11.06%로 1위를 차지한 점에 주목하면서 "가계비 지출은 경기에 매우 영향을 받기 때문에 IMF 관리 체제에 들어서면서 소비지출은 급격하게 줄었지만, 정보통신비만큼은 이때에도 증가한 것이 참으로 놀랍다"고 했다.

"이동전화는 사람들에게 안도감을 주는 매력적인 도구이다. 조금 오래된 큰 휴대전화를 '무기'라고 하는 농담도 있지만, 이동전화는 위급한 상황에서 사회적 안전망과 즉시에 연결될 수 있는 훌륭한 도구라는 점에서 거의 '종교'와 가까울 정도이다."[87]

'한국에선 개나 소나 휴대전화를 갖고 있다'

언론은 '생활과학정보'의 이름으로 휴대폰 붐을 부추겼다. 예컨대, 〈휴대폰 깜짝 서비스 "안 되는 게 없어요"〉라는 제목의 기사는 " '아직도

---

86) 〈삐삐 사업자들 '우리 살길 찾아주오'〉, 『한겨레』, 1999년 11월 26일, 7면.
87) 고영삼, 〈새로운 인간유형 호모 디지털 로쿠엔스〉, 박재환 외, 『현대 한국사회의 일상문화코드』(한울아카데미, 2004), 78~81쪽. 2005년 한국의 가계비 중 통신비 비중은 6.3%로 경제협력개발기구(OECD) 평균(2%)의 3배를 넘었으며, 한국 가정의 한 달 통신비는 평균 120.7달러로 OECD 국가 중 1위를 차지했다. 고재학 외, 〈디지털 과소비 심각〉, 『한국일보』, 2006년 5월 2일, 1면.

휴대폰으로 전화통화만 하시나요.' 휴대전화 가입자 가운데 심심할 때 혼자 게임을 하거나 뉴스나 주가, 날씨를 알아보는 정보단말기로 사용하는 사람이 늘고 있다. 자동차나 가전제품 등 중고품을 사고파는 벼룩시장이 되기도 하고, 단말기 화면에 나타난 상대방의 얼굴을 보고 마음에 들면 미팅을 신청하는 중매쟁이 역할도 한다"고 보도했다.

"한솔PCS(018)는 최근 연예계 스타와 미팅을 할 수 있는 '스타마니아' 서비스를 시작했다. 고객이 좋아하는 스타를 선택하면 김현정, 핑클, 젝스키스 등 가수들에 대한 정보와 이들의 음성메시지를 받을 수 있다. 신세기통신(017)은 16일 구인구직정보와 부동산, 컴퓨터, 가전제품, 자동차 등 상품정보를 제공하는 벼룩시장 서비스를 시작했다. 자신이 팔고 싶은 물건을 올려놓는 것도 가능하다. 한국통신프리텔(016) 단말기로 할 수 있는 게임은 '모의주식투자게임' 1인당 가상현금 2,000만 원씩 나눠 주고 실세 주식시세에 따라 게임이 이뤄진다. 주식 초보자들이 연습삼아 해 볼 수 있는 게임으로 대학생들 사이에 인기가 높다. LG텔레콤(019)은 18일 다마고치, 블랙잭, 퀴즈나라, 오목, 심리테스트 등 인터넷으로 즐길 수 있는 5가지 게임을 선보였다. LG는 결혼정보회사들과 계약을 맺고 지난달부터 '결혼정보서비스'도 제공하고 있다. 인터넷 웹브라우저가 장착된 휴대폰을 이용하면 상대방의 신상정보는 물론 얼굴 모습도 미리 볼 수 있다. 자신이 원하는 타입이면 즉시 프로포즈를 해 미팅이나 맞선을 볼 수 있다. 휴대전화업체들이 제공하는 전자쿠폰서비스도 인기를 끌고 있다. SK텔레콤(011)은 신세대 브랜드 TTL을 출시하면서 TTL카드를 소지한 고객이 TGI프라이데이, 롯데리아 등에서 할인을 받을 수 있도록 하고 있다. 018 고객은 아예 휴대폰에 쿠폰 메시지가 표시돼 음식점에서 계산할 때 휴대폰 화면을 보여 주기만 하면 할인요금을 적용받을 수 있다. LG텔레콤이 6월부터 시작한 '이지채널'은 일종의 방송서비스. 기상, 뉴스, 증권, 스포츠, 연예 등 9개 채널 가운데 고객이 마음에 드는 것을 신청해 두면 매일 3~20건의 정보가 휴대폰에 자동으로 뜬다. 버튼 몇 개만 누르면 라디오처럼 아나운서가 음성으로 자세한 내용을 알려준다. 이들 서비스는 휴대전화업체들이 타사와 차별화를 위해 개발한 것으로 무료서비스가 많지만 정보이용료를 따로 받는 것도 있으므로 미리 알아보고 이용하는 것이 좋다."[88]

초등학생들에게도 "삐삐는 필수, 핸드폰은 선택"이 되었다. 『한국일보』 99년 6월 4일자는 "서울 종로에 있는 모 초등학교의 경우 한 반 40명 중에 20명 정도는 무선호출기(삐삐)를, 2~3명은 휴대폰도 지니고 있다. 특히 최근에는 업계에서 어린이 전용호출기와 핸드폰을 판매하면서 숫자는 급격히 늘어나고 있다. 맞벌이 부부가 많아지면서 부모들이 비상연락용으로 아이들에게 하나 둘 사주던 것이 이제는 아이들 사이에 경쟁이 붙을 정도로 붐을 이루고 있다. 사용처도 비상용보다는 친구와의 연락용이 주류. 수업이 끝난 후 만나거나 급히 물어볼 내용이 있을 때 이용하고 고학년들은 서로에게 비밀스러운 메시지를 남겨놓기도 한다. 따라서 부모와 어린이가 제한된 메시지를 주고받을 수 있는 어린이 삐삐나 핸드폰은 인기가 없다"고 했다.

"핸드폰은 아직 일반화하지는 않았지만 '받고 싶은 선물'의 1순위로 꼽힌다. 특히 졸업을 앞둔 6학년 학생들은 핸드폰을 선물로 받을 수 있다는 이유 때문에 졸업을 기다릴 정도. 최근 생일선물로 핸드폰을 받았다는 이모군(12)은 '언제 어디서나 통화할 수 있다는 게 신기하기도 하지만 친구들 앞에서 우쭐하는 기분으로 항상 들고 다닌다'고 말했다."[89]

99년 6월 한국을 방문한 '파리의 택시운전사' 홍세화는 〈20년 만의 귀국일지〉에서 '휴대전화'에 대해 다음과 같이 썼다.

---

88) 〈휴대폰 깜짝 서비스 "안 되는 게 없어요"〉, 『동아일보』, 1999년 8월 19일, 31면.
89) 최진환, 〈휴대폰이 제일 갖고 싶어요〉, 『한국일보』, 1999년 6월 4일, 35면.

"한국에선 개나 소나 휴대전화를 갖고 있다고 한 선배가 말했다. 한국에 도착한 날 나도 휴대전화를 갖게 되었다. 한국을 떠나면서 반환했다. 나도 한국에선 개나 소가 되었던 셈이다."[90]

---

90) 홍세화, 〈20년 만의 귀국 일지〉, 『창작과 비평』, 제105호(1999년 가을), 348쪽.

'소비의 천국'이 된 대한민국?

서울 강남이 주도한 소비주의 문화

IMF 사태의 충격은 소비사회의 쾌락을 더 이상 즐기기 어렵게 되었다는 데에서 비롯된 고통이기도 했다. 이영자는 "특히 소비사회에서 태어난 젊은 세대들에게 그 충격은 우선 용납하기 어려운 사실로 감지되면서 '왜 우리만 희생되어야 하나?'라는 억울함과 좌절감을 안겨다 주는 것이었"으며 "기성세대들에게도 IMF의 극복은 곧 소비사회의 꿈을 되찾는 것과 동일시되는 듯하다"고 했다.[91]

1999년 7월 19일 대우그룹의 파산상태가 세상에 알려지면서 한국 경제엔 다시 먹구름이 끼는 듯했지만, 97년 11월의 IMF 사태에 비할 바는 아니었다. 99년 IMF 사태는 극복된 듯 보였고, 99년 11월 김대중은 외환위기를 완전히 극복했다고 선언했고, 12월 초에 방한한 IMF 총재 캉

---

91) 이영자, 『소비자본주의 사회의 여성과 남성』(나남, 2000), 8쪽.

대우본사에서 구조조정 이행의지를 밝힌 성명을 낭독하는 김우중 회장.

드쉬도 한국이 IMF를 졸업했다고 말했다.

다시 소비주의 물결이 한국 사회를 휩쓸기 시작했다. 언제 그런 일이 있었느냐는 듯 99년 연말연시 호텔 연회장은 만원 예약의 호황을 누렸다.

99년 윤혜준은 "오늘날 대한민국은 '소비'의 천국이다. 오늘날 대한민국에는 '소비'의 천국을 믿는 사람들이 득실거린다. 생산자로서, 시민으로서, 인간으로서 대한민국 사람들이 결여한 모든 것들을 대한민국 사람들의 소비가 메워준다"고 말했다.[92]

소비주의 문화는 서울, 특히 강남이 주도했다. 서울시 인구는 70년에 550만 명에서 99년 1,030만 명으로 증가했는데, 인구증가 수 480만 명의 81%가 강남지역에서 증가했다.[93] 강남엔 이른바 FIRE(Finance, Insurance, Real Estate)산업, IT산업, 기타 첨단기업들이 몰려들었다.[94] 조명래에 따르면, "1990년대 들어서는, 특히 IMF 위기 전후로 강남은 신자본주의의 요람이 되었다. 국가 전체 벤처기업의 반 이상이 집결한 '테헤란밸리', IT산업이 빽빽이 들어찬 '양재밸리', 소프트웨어·

92) 윤혜준, 〈한국인의 전형으로서의 '소비자'〉, 『사회비평』, 1999년 겨울, 189쪽.
93) 장상환, 〈해방 후 한국자본주의 발전과 부동산 투기〉, 『역사비평』, 제66호(2004년 봄), 61쪽.
94) 김형국, 〈강남의 탄생〉, 『황해문화』, 제42호(2004년 봄), 23쪽.

애니메이션·패션 등이 회랑을 이루며 밀집한 '압구정엘리' 등은 이러한 요람의 구체적인 모습들이다."[95]

그러니 강남으로 부가 집중되는 건 당연한 일이었다. 강남구와 서초구의 주민 수는 100만 명이었지만 이 2개 구의 관내 5개 세무서가 2000년에 거둔 소득세는 2조 369억 원으로, 이는 한국 전체 소득세의 11.6%를 차지하는 것이다.[96]

"최소한 이 수치만으로도 강남구, 서초구로 일컬어지는 서울의 강남이 우리나라 경제에서 중요한 부분을 차지하고 있음을 알 수 있다. 그러나 강남의 진짜 중요성은 이곳에 집중된 첨단 경제활동이 한국 경제 전반을 선도하고 있다는 점이다. '강남을 잡으면 한국을 잡는다'는 국내외 투자자들의 전략은 강남의 중요성을 가장 실감나게 해 준다. 강남 없는 한국 경제는 상상조차 할 수 없게 되었다."[97]

벤처 광풍(狂風)

벤처 열풍도 한몫 거들었다. 아니 그건 광풍(狂風)이었다.

"삼성, LG, 현대 등의 우수한 엔지니어 수백 명이 수직적이고 권위주의적인 기업구조에서 탈출해 닷컴 붐과 국내 인터넷 광풍에 편승하며 자신들의 야망을 키워 나갔다. 대학생까지 갑자기 사업 설명회를 쓰기 시작한 때도 이 시절이다."[98]

예컨대, 97년 설립 당시 10여 개에 불과했던 서울대 신기술창업네트워크 내 벤처기업은 99년 5월 현재 대학가에 불어닥친 창업 열풍과 함께

---

95) 조명래, 〈신상류층의 방주(方舟)로서의 강남〉, 『황해문화』, 제42호(2004년 봄), 31쪽.
96) 조명래, 위의 글, 32쪽.
97) 조명래, 위의 글, 32쪽.
98) 타릭 후세인, 이세민 옮김, 『다이아몬드 딜레마: 주식회사 한국, 숨겨진 성장 코드』(랜덤하우스중앙, 2006), 139쪽.

제10장 다시 '소비의 시대'로·1999년___**321**

50개로 늘어났다. '첨단기술의 요람'으로 불리는 한국과학기술원 (KAIST) 대학산업기술지원단에도 101개의 업체가 들어섰다. 대학생들이 벤처기업을 창업한 대학은 50여 개를 넘었으며, 대학가의 벤처창업 열풍은 신드롬으로 자리잡아 갔다. 정부의 지원과 더불어 대학생들이 IMF 사태로 인한 최악의 취업난을 극복하기 위해 창업 쪽으로 눈을 돌리면서 나타난 현상이었다.[99]

『한겨레』 99년 12월 20일자는 "사람들은 새해, 새 세기를 얘기하지 않는다. 미래형 화두는 없고, 모였다 하면 돈 얘기다. 세기말 한국에는 돈바람이 불고 있다. 한 다리 두 다리 걸쳐 억대 부자가 생겨난다. 코스 닥 등록으로 주식값이 폭등해 사원들이 모두 억대 계열에 들어간 회사도 있다. 월급쟁이들이 짧은 기간에 이런 재산을 모을 수 있는 길은 비행기 사고확률보다도 낮다는 복권당첨 정도가 유일했다. 비록 절대 숫자는 여전히 극소수지만, 그 확률이 100배, 1000배 높아진 것이다"고 보도했다.

"돈바람은 직업, 나이, 지역을 가리지 않는다. 외과의사 ㅅ씨는 툭하면 병원문을 걸어잠그고 PC로 주식을 사고판다. '환자도 별로 없고, 주식이 훨씬 돈벌이가 되기 때문'이라고 한다. 사법시험을 준비 중인 김아무개 씨는 '고시생들 가운데 상당수가 공부도 중요하지만 기회가 있을 때 돈을 벌어야 한다며 주식투자를 하고 있다. 나도 내년 총선 때까지 투자에 전념할 생각'이라고 말했다. 주부 유아무개 씨는 가족 친지의 이름을 빌려 계좌 20개를 운용하며 청약이 있는 날이면 이 증권사에서 저 증권사로 뛰어다닌다."

이 기사는 "돈바람이 불면서 직장인들의 직업관이 급속히 바뀌고 있다. 대학생들은 대기업보다 벤처를 선호한다. 엘리트 공무원들도 잇따라 사표를 내고 몸값을 높이 쳐주는 민간회사로 옮아간다. 굴지의 대기업

---

99) 박정훈, 〈 '나도 제리양처럼…' 대학가 벤처창업 열풍〉, 『동아일보』, 1999년 5월 24일, 25면.

국가 전체 벤처기업의 반 이상이 집결한 서울 강남의 테헤란밸리.

현대가 직원들을 붙들어매기 위해 스톡옵션 제도를 도입했다"고 했다.

"우리사주, 스톡옵션, 코스닥 등록이 좋은 직장의 새로운 요건이 되고 있다. 직장 충실도는 크게 떨어졌다. 은행원 ㅂ씨는 '언제건 쫓겨날 수 있다. 불안해서 돈을 빌려서라도 주식투자를 할 생각'이라고 말한다. 지위·직위·직업 같은 전통적 질서에 대한 인식과 함께 돈에 대한 가치관이 급격히 바뀌고, 돈과 경제적 성취가 성공의 잣대가 되고 있다. 코스닥 열기에 따른 일시적 현상이 아니라, 경제질서와 사회구조가 크게 바뀌고 있는 것이다."

또 이 기사는 "얼마 전까지만 해도 우리 사회의 '가진 자'는 재벌, 졸부 등이었다. 이제는 직장인 가운데 가진 자와 갖지 못한 자의 계층분화가 이뤄지고 있다. 이들 신흥부자들이 세상의 흐름을 일정 부분 주도한다. 한 인사는 '최근 동문회 모임에서 경제부처 고위관계자와 모 펀드 회장 등이 자리를 함께 했다. 관심의 초점은 펀드 회장이었고, 경제부처 고위관리는 찬밥신세를 면치 못했다'고 말한다"고 했다.

"빛에는 그림자가 있다. 절대다수의 상대적 박탈감, 불안감은 더없이 깊어만 간다. 택시 운전을 하는 ㄱ씨는 '코스닥이 뭔지는 모르겠으나 우리와는 다른 세상 사람들의 얘기'라고 말한다. 은행원 ㅈ씨는 '지금 돈 못 벌면 평생 고생한다고들 한다'며 '집에 들어가도 어깨가 푹푹 처진다'고 말한다."

그러나 이 기사는 "사람들은 돈 열풍이 언제까지, 어디까지 계속될지 불안해하고 있다. 코스닥은 '묻지마 투자'라고 할 정도로 투기 열풍에 휩싸여 있다. 합리적인 가격이 형성됐다고 보기 어렵다. 한 기업분석가는 '종목 매도 신호는 내보낼 엄두를 내지 못한다. 투자자들의 항의 전화가 거의 협박 수준이기 때문이다'고 말한다. 이와 함께 주식 양도차익에 대한 비과세 등으로 돈 버는 데 룰이 없다는 지적도 많이 나오고 있다"고 했다.

"그러면서도 많은 사람들이 돈 열풍을 경쟁 효율을 강조한 신자유주의 구조조정의 귀결로 여기며 대열에 합류하고 있다. H은행은 업무시간에 주식투자를 하는 직원들을 단속하느라 숨바꼭질을 하고 있다. 반면 ㅅ주식회사 ㅂ과장은 상사들이 좋은 정보 없냐며 은근히 부추겨 근무 중에 당당히 주식투자를 한다. 대학강단도 벤처 열풍에 흔들리고 있다. 공대 교수들은 요즘 어떻게 하면 좋은 아이템 하나 물어 벤처기업을 차릴 수 있을까 고민한다. 대기업 간부인 ㄱ씨는 '조직이 사람을 마구 자르는 것을 보고 믿을 것은 돈밖에 없다고 생각하는 것이 당연하다'고 말한다. 불행지수가 높아진 상태에서 2000년을 맞게 됐다."[100]

코스닥 광풍(狂風)

『한국일보』 1999년 12월 29일자는 "올해는 '주식의 해'였다고 해도 과언이 아니다. 연초 500대에 머물던 종합주가지수가 경기회복과 맞물리면서 1,000선을 돌파했고, 벤처기업들이 등록한 코스닥시장은 초호황기를 맞아 급팽창했다. 또 인터넷을 이용한 사이버거래가 폭발적으로 늘고 증권계좌수도 700만에 육박, 전 국민적 주식시대를 연 한 해였다"고 평가했다.

"올해 주식시장의 기록적인 사건은 역시 지수 1,000 돌파. 3년 8개월 만에 1,000을 탈환한 지수는 28일 폐장일에는 1,028.07로 연중 최고치를 기록하며 4자리 지수시대를 활짝 열어 젖혔다. 하루 거래대금이 최고 7조 원까지 이르고 고객예탁금도 10조 원 시대에 돌입했다. 연초 세계적 신용평가기관인 S&P와 무디스사가 '투자적격'으로 국가신용등급을 상향조정한 뒤부터 주식시장은 상승세를 탔다. 그러나 7월 하순 '대우쇼크'에 따라 하락세로 돌아서 10월 말까지 지루한 조정기를 맞기도 했다. 이후 2차 상승기는 정보통신과 인터넷 관련주가 견인했다. 대표적 정보통신주인 SK텔레콤은 400만 원을 돌파, '황제주'라는 별칭을 얻었다. 그러나 정보통신주 이외 대다수가 소외되는 차별화장세가 심화, 문제점으로 지적됐다. 28조 7,449억 원의 유상증자물량이 쏟아져 나와 사상 최고를 기록했고 담배인삼공사 공모주청약에만 11조 원이 몰리는 등 공

---

100) 정영무 외, 〈'세기말 돈열풍' (1) '주식·벤처투자 안 하면 대화 소외'〉, 『한겨레』, 1999년 12월 20일, 1면.

모청약 열풍도 불었다. 뮤추얼 펀드가 평균 수익률 38%의 실적을 내며 1년 만에 정착했고 사이버거래규모도 500조 원을 넘어 지난해에 비해 무려 20배 이상 급증했다."

또 이 기사는 "코스닥시장은 시가총액이 100조 원을 넘어 1년새 12배의 증가세를 기록할 정도로 폭발했다. 지수는 연초 76.40에서 256.14로 무려 3배 넘게 뛰었고 거래대금도 2조 원을 넘어섰다"고 했다.

"인터넷 및 정보통신주의 경우 등록만 하면 연일 상한가 행진을 지속, 97개 기업이 신규등록하는 러시를 이루며 코스닥시장은 '벤처드림' 의 대상이 됐다. 한글과컴퓨터, 한국정보통신 등은 연초대비 50배가 뛰었으며 주당 100만 원이 넘는 고가주도 다음커뮤니케이션, 새롬기술 등 4개 종목이 나왔다. 특히 새롬기술의 경우 8월 등록 후 급등, 벤처오너인 오상수 사장을 3,000억 원대 주식거부로 등장시켰다. 이달 20일 정부가 코스닥 진정대책을 발표한 이후부터 열기가 가라앉으며 조정기에 들어가긴 했지만 이 같은 코스닥 열풍은 '묻지마 투자'를 불렀고 과열 · 거품론을 낳기도 했다. 또 끊임없이 제기된 작전 · 주가조작설과 전산시스템 낙후에 따른 매매체결 지연 등의 문제점도 발생했다."[101]

훗날 『내일신문』 발행인 장명국은 내수침체의 원인은 경제양극화이며, 경제양극화의 주요 원인은 코스닥에 있다고 주장했다. 그는 "코스닥시장에서 일어난 양극화는 서구나 시장경제를 추구하는 어떤 나라에서보다도 투기가 난무하고 범죄적이고 유혈적으로 진행됐다"며 다음과 같이 말했다.

"1996년에 만들어진 코스닥시장은 1999년부터 본격화되어 막대한 부를 중산층으로부터 빼앗아 금융모리배와 부패한 정치권과 일부 관료 출신들의 배를 불려주었다. 코스닥시장은 1999년 말 2,561.40의 지수일

---

101) 김정곤, 〈99년은 '주식의 해'〉, 『한국일보』, 1999년 12월 29일, 3면.

때 시가총액이 98조 7,000억 원으로 최대였다. 5년 후인 2004년 10월 말 357.04로 시가총액은 30조 1,000억 원이었다. 대략 68조 6,000억 원이 사라진 것이다. …… 이렇게 코스닥시장에서 구조적으로 돈을 약탈당한 중산층·서민의 자제들은 카드를 통해 소비를 할 수밖에 없었던 것도 카드사태 원인 중의 하나일 것이다."[102]

벤처에 투자했던 사람들은 훗날 평균적으로 투자원금의 5%밖에 건지지 못할 정도로 날벼락을 맞게 되고, 진승현·정현준·이용호 등 사람 이름 앞에 붙은 각종 '게이트'가 난무하게 되지만, 90년대 말은 아직 광풍(狂風)의 영향권 내에 있었다.

신용카드와 'IMF시대의 저승사자들'

1999년 6월 말 현재 국내에서 발급된 신용카드는 4,369만여 장으로 연간 시장 규모는 70조 원대에 이르렀다. 신용카드 회사들이 앞다퉈 신제품 개발에 나서는 바람에 생소한 이름의 카드들이 대거 등장했다. 직불카드와 신용카드의 장점을 결합한 체크카드, 사용금액을 매달 갚을 필요 없이 일정액만 상환하고 계속 쓸 수 있는 리볼빙카드, 제휴카드의 각종 서비스를 모두 망라한 탑카드, 우량회원을 대상으로 한 플래티늄카드, 신용카드 이용액 중 일정 비율을 적립해 나중에 고객의 결제계좌에 현금으로 돌려주는 캐시백 서비스, 교통요금 등의 결제 기능을 첨가한 패스카드 등등 끝이 없었다.[103] 카드 종류도 400여 종에 이르러 언론은 카드 사용법을 상시적인 '생활정보'로 제공하곤 했다.[104]

---

102) 장명국, 〈양극화의 진원 코스닥〉, 「내일신문」, 2004년 11월 1일.
103) 박원재, 〈"현금은 필요없나" 카드 하나면 만사 OK〉, 「동아일보」, 1999년 9월 30일, D1면.
104) 이영태, 〈카드 400여종…뭐가 이렇게 많지?: 내게 맞는 신용카드 어떻게 고르나〉, 「한국일보」, 1999년 7월 19일, 21면.

1999년 6월 말 현재 국내에서 발급된 신용카드는 4,369만여 장으로 연간 시장 규모는 70조 원대에 이르렀고, 신용불량거래자(법인 제외)만도 231만 명에 이르렀다.

정부는 신용카드 사용액 소득공제, 카드 미취급 업소 세무조사 강화, 가맹점 공동이용제, 신용카드 복권제, 현금서비스 한도 70만 원 규제 폐지, 법인세의 접대비 손비의 신용카드 사용분 인정 등으로 신용카드 사용을 적극 권장했다. 언론은 "카드 안 받곤 못 배기게 시민운동을 펼쳐야 한다"거나 "카드 잘 쓰면 돈 번다"며 업소·시민 상대로 공격적인 신용카드 사용 캠페인에 앞장섰다.[105] 모두 다 좋은 뜻으로 그랬겠지만, 신용카드 사용이 늘면 늘수록 신용불량자도 늘어만 갔다.

1999년 6월 말 현재 신용불량거래자(법인 제외)는 231만 명에 이르렀으며, 6개월 이상 연체한 액수도 1조 2,700억 원에 이르는 것으로 집계됐다.[106] 속칭 '카드깡(신용카드 매출전표 불법 할인)' 수법에 의한 소득탈루 규모도 99년 3조 5,000여억 원에 달했으며, 이들 자금 중 대부분이

105) 장일현·나지홍, 〈"카드 안 받곤 못 배기게 시민운동 펼쳐야할 때"〉, 「조선일보」, 1999년 8월 11일, 3면.
106) 유승호, 〈신용불량자 231만명〉, 「한국일보」, 1999년 9월 23일, 11면.

조직폭력배의 자금원 노릇을 하고 있는 것으로 밝혀졌다.[107]

신용카드사의 앞날에 어두운 그림자가 드리워지고 있었지만 신용카드사들은 우선 당장은 즐거운 비명을 질렀다. 경제위기로 대부분 금융회사가 천문학적인 적자를 냈지만 신용카드사는 오히려 엄청난 흑자를 기록했다. 98년 LG는 360억 원(97년 60억 원), 삼성은 108억 원(97년 20억 원)의 이익을 올렸다. 이에 눈독을 들인 롯데, 현대, SK 등이 신규진출을 선언하자, 언론은 "카드대전"이 임박했다"고 했다.[108]

'채권추심 전문회사'들도 덩달아 호황을 누리자, 대기업들도 눈독을 들여 LG는 98년 미래신용정보사를 설립했고 다른 대기업들도 기웃거렸다. 채권추심자들은 자신들을 'IMF시대의 저승사자들'이라고 빗대 불렀다. 채무자의 인격을 모욕하는 방식으로 빚을 받아내는 게 정공법이었지만, 이런 경우도 있었다. 한 채권추심자는 "한참 상담하고 있는데 초등학생 꼬마애가 들어오더군요. 엄마가 아이의 도시락을 보여 줬는데 밥을 싸지도 않은 빈 도시락이었습니다. 돈 받을 생각이 싹 가셔 대신 슈퍼에서 쌀을 한 부대 사다 건네주고 돌아섰지요"라고 말했다.[109]

유통빅뱅 · 홈쇼핑 · 전자식전광판

여기에 유통산업이 생계의존형 유통구조에서 기업형 유통구조로 변화되는 '빅뱅'이 소비문화를 촉진했다. 96년 1월 1일 유통시장이 전면개방된 이래 까르푸, 월마트, 코스트코, 막스앤스펜서, 테스코 등 외국 유통업체들이 진출해 국내 유통업체들과 치열하게 경쟁하면서 국내 유

---

107) 김상협, 〈'카드깡' 소득탈루 연3조5천억〉, 「문화일보」, 1999년 10월 7일, 1면.
108) 이영이, 〈신용카드시장 '폭풍전야'〉, 「동아일보」, 1999년 4월 13일, B3면; 박홍환, 〈신용카드 시장이 술렁인다〉, 「뉴스피플」, 1999년 4월 22일, 22~23면.
109) 송창석, 〈"우리는 지금 빚 받으러 간다": 신용불량거래자 250만명 시대, 합법적 빚 추적의 서늘한 풍경〉, 「한겨레21」, 1999년 4월 15일, 34~36면.

통시장은 글로벌 시장으로 전환되었다. 이마트 등 국내 업체들과 외국 유통업체들 사이의 치열한 가격·서비스 경쟁으로 소비자들은 즐거워졌지만 영세상인들은 고래싸움에 새우등 터지는 격으로 몰락의 길로 내몰리게 되었다.[110]

편의점은 90년대 10여 년 동안에 체인본부와 가맹점 간의 분규(94년), 동일상권에서의 과다경쟁과 외환위기 등의 어려운 국면을 맞기도 했지만, 국내 도입 8년 만(97년)에 2,000호 점을 돌파하는 동시에 업계 총 매출 규모 1조 원을 실현했다.[111]

IMF 사태는 백화점의 집중과 대형화를 몰고 왔다. 롯데, 현대, 신세계 '빅 3'가 자금난에 시달리는 작은 백화점 인수 경쟁을 벌였기 때문이다. 그래서 이 '빅 3'가 백화점업계에서 차지하는 비중도 97년 47%이던 것이 IMF 사태를 거치면서 99년 75%로 껑충 뛰었다. 현대는 고급화, 롯데는 확장, 신세계는 할인점 전략으로 제2차 유통전쟁에 뛰어들었다.[112]

롯데백화점은 새천년 첫 세일을 시작하면서 이른바 'VIP 고객'들에게 10일 안에 3,000만 원어치를 사면 150만 원의 상품권을 주는 파격적인 '귀족 마케팅'을 실시해 계층 간 위화감을 조성한다는 비난을 사기도 했다. 상품권 혜택이 안내장을 받은 VIP 고객에게만 한정되었고 행사참여 브랜드도 샤넬, 까르띠에 등 수입 명품과 밍크코트 등 고가품에만 한정돼 더욱 욕을 먹었다.[113]

케이블TV의 홈쇼핑 채널도 인기를 끌었다. 39쇼핑이나 LG홈쇼핑은 24시간 내내 상품에 대한 기본정보는 물론이고 제품을 착용하거나 작동

---

110) 구동본, 〈"밀리면 끝장, 기선을 잡아라": 토종·외국계 대형할인점, 사활 건 기세싸움〉, 『주간한국』, 1999년 3월 25일, 18~19면.
111) 임복순, 〈유통산업: 생계의존형 유통구조에서 기업형 유통구조로 '빅뱅'〉, 『2006년 한국의 실력』(월간조선 2006년 1월호 별책부록), 237~240쪽.
112) 박재권, 〈'백화점 삼국지' 최후 승자는?〉, 『시사저널』, 1999년 11월 25일, 78~80면.
113) 안미현, 〈롯데 '귀족 마케팅' 논란〉, 『대한매일』, 2000년 1월 12일, 27면; 박순욱, 〈롯데, 고액 사은행사 VIP에만 안내장 보내 "일반고객 무시" 비판〉, 『조선일보』, 2000년 1월 12일, 11면.

330___한국 현대사 산책·1990년대편 ③

하는 과정을 자세하게 실연해 보았다. 백지숙은 "이제 그렇게 끊임없이 이어지는 스펙터클한 상품의 세계는 시청자들과 소비자들을 구별하지 않고 모두 일정한 불만족 상태로 몰아간다. 그리하여 친절하고 명랑한 어조로 상품의 이모저모를 소개하는 쇼 호스트들에 의해서 모든 상품들은, 단순한 물건이 아니라 현재의 삶을 불충분한 것으로 낙인찍고 편안하고 쾌적한 삶을 지향하게 만드는, 에로틱한 욕구의 대상으로 거듭난다"고 말했다.[114]

전자식 전광판도 '스펙터클한 상품의 세계'를 만드는 데에 일조했다. 94년부터 등장한 전자식 전광판은 98년 3월 현재 서울에만 총 74개가 등록되었다. 이무용은 "1998년 서울, 나는 더 이상 도심을 거닐며 사색을 즐길 여유가 없어졌다"고 했다.

"하나의 유령이 도심을 배회하고 있기 때문이다. 그것은 다름 아닌 서로 모순되고 상호 관련 없는 일련의 이미지군들이 도심의 스카이라인에 포진한 채 나의 시선을 무차별 공격하고 있는 '전자식 전광판'이라는 최근 새롭게 등장한 '전자 스펙터클'이다."[115]

전자식 전광판에 대해 찬반 양론이 있었다. 긍정적 의미 부여는 시간의 능동적 전유(즐거움과 정보습득), 도심공간의 세련화와 생동화, 스포츠 행사 중계의 경우처럼 집단정체성의 매개공간 창출 등이었다. 반면 부정적 의미 부여는 시선 전유를 통한 의식의 지배, 삭막한 미래도시로의 질주, 경관미학의 파괴, 매체의 일방성·반복성·단조성 등이었다.[116]

---

114) 백지숙, 〈뮤직비디오를 둘러싼 시선과 이미지들〉, 『현대문학』, 1998년 3월, 296~297쪽.
115) 이무용, 〈도심 속의 전자스펙터클: 전자식 전광판을 중심으로〉, 『문화과학』, 1998년 여름, 222쪽.
116) 이무용, 위의 글, 241쪽.

뷰티산업의 전성시대

뷰티산업도 전성시대를 맞았다. 한국갤럽의 조사에 따르면, "성형수술을 고려해 본 적이 있다"는 응답은 94년 13.9%에서 99년 59%로 4배 이상 증가했다.[117] 이화여대 교내 신문인 『이대학보』 99년 5월 25일자는 "과도한 치장으로 얼룩진 졸업사진 촬영"이라는 제목의 기사에서 "졸업사진을 위해 옷, 화장, 다이어트는 기본이고 심지어 성형수술까지 한다"고 지적했다.[118]

수술까지는 가지 않는다 하더라도 날씬한 몸매를 가꾸기 위한 노력은 처절할 정도였다. '부위별·시간별·체질별로 골라 다이어트하는 10가지 방법', '체험수기-나는 이렇게 살뺐어요', '먹으면서 날씬해진다', '결혼 한 달 전 살빼기 작전', '성공적인 다이어트를 위한 20가지 철칙' 웬만한 여성잡지엔 거의 매달 이런 종류의 기사가 빠지는 법이 없었다.

물론 다이어트는 기본이고 그 이후에 해야 할 일은 끝이 없었다. 시사주간지 『뉴스피플』 99년 6월 3일자는 "지난해 9월에 출시된 코미디언 조혜련의 '조혜련의 다이어트 댄스' 비디오도 최근 20여만 개가 팔렸다. 작고 땅딸막한 '조혜련도 해냈다'는 카피가 한몫 했다는 분석이다"며 "몸매 관리 비디오뿐 아니라 메이크업 비디오도 출시되고 있다. 잡지 혹은 책자에서 배우던 화장법을 비디오를 보면서 배우자는 것이다"고 했다.

"의상도 달라지고 있다. 각종 광고매체를 통해 옷으로 상당 부분 몸의 결점을 감출 수 있다고 선전하고 있고 디자이너들도 '날씬해 보이는 옷', '키가 커 보이는 옷', '다리가 길어 보이는 옷' 등을 디자인, 비싼 가격에 팔고 있다. …… 특히 요즘 인기를 얻고 있는 '몸매 보정 속옷'은 고객의 몸을 컴퓨터로 완벽하게 분석, 결점을 속옷으로 교정, 아름다운

---

117) 김현숙, 〈몸살앓는 몸〉, 박재환 외, 『현대 한국사회의 일상문화코드』(한울아카데미, 2004), 257쪽.
118) 이무영, 〈'졸업사진 위해 성형수술'〉, 『중앙일보』, 1999년 5월 26일, 27면.

몸매를 가꾸어 준다는 것이다. 앞에서 열거한 몇 가지 이외에도 뷰티 관련 산업은 일일이 나열할 수 없을 정도로 많다. 3만 가지 방법을 넘어서고 있다는 다이어트 시장, 500여 가지가 넘는 기능성 화장품 등이 아름다워지고자 하는 여성들의 구매 대상이 되고 있다. 피부관리 전문센터, 손톱관리 전문센터 등 뷰티산업은 전문화 · 세분화되고 있는 추세다."[119]

피어싱과 마니아

자신의 육체를 '미적' 목적에 굴복시키고 괴롭히는 노력은 이른바 '피어싱(piercing)'으로까지 이어졌다. '피어싱'은 귀와 코, 배꼽과 혀에 구멍을 뚫고 장식을 넣는 걸 의미했다. 한국 최대 기록 보유자라고 하는 테크노 뮤지션 김동섭은 "23개인가, 24개인가 뚫었는데 더 뚫을 곳을 찾고 있다"고 했다. 왜 그렇게 뚫어야 하는 걸까? 김동섭의 답이다. "옛날 사람들이 자연상태에서 편안함을 느낀 것처럼 요즘 사람들은 금속, 전자 기계와 더 친근하지 않은가요?" 김동섭은 뮤지션으로서 중요한 오감과 관련이 있는 부위에 피어싱을 함으로써 '힘'을 얻었다고 했다.[120]

『뉴스플러스』 99년 7월 22일자는 "특히 예술 분야에서 일하는 사람들은 공통적으로, 몸을 함께 '표현'하는 것이 예술적으로도 '효험'이 있다고 말했다. 문명화하지 않은 아프리카나 동양의 소수 종족들에게서 전해 내려오는 신체 훼손과 장식물의 주술적 믿음을 이들도 갖게 됐는지 모른다"며 다음과 같이 말했다.

"'허벅지밴드'의 안영노 씨는 '몇 달 전 염색을 했는데 음악적 능률이 올랐다'고 말했다. 얼마 전 '노랑머리'로 방송에 출연해 물의를 빚었던 언더록밴드 '노바소닉'의 김영석 씨도 '확실히 무대에서 효과가 있다'고

---

119) 〈맞춤 미인시대—당신도 관상용 미인?, 『뉴스피플』, 1999년 6월 3일.
120) 김민경, 〈나, 혀 뚫을래…왜? 그냥〉, 『뉴스플러스』, 1999년 7월 22일, 60면.

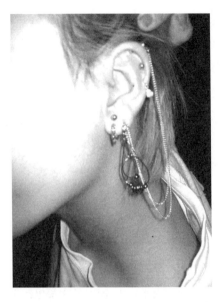

자신의 육체를 '미적' 목적에 굴복시키고 괴롭히는 노력
은 '피어싱'으로까지 이어졌다.

했다. 피어싱이나 염색, 문신, 삭발 등은 정도 차이는 있지만 어쨌든 내
적인 감정을 드러내기 위해 신체를 훼손하는 '의식'이라는 의미를 갖고
있다. 염색은 머리칼에 치명적인 결과를 가져오며 피어싱과 문신은 상당
한 고통을 수반한다. …… 실제로 미국의 의사들이 피어싱의 위험성을
경고한 바 있고 일부 국가에서는 18세 미만 청소년이 피어싱을 하려면
부모의 동의를 얻도록 하고 있다. …… 동덕여대 의상학과 최현숙 교수
는 '피어싱이나 삭발, 과도한 염색 등이 반전, 저항의 의미를 갖고 있기
도 하지만 우리나라에서는 동류 집단에의 소속감의 확인이란 의미가 크
다'고 말한다. 특히 우리나라에 피어싱이나 염색이 상륙한 과정이 록, 펑
크, 테크노 등의 클럽 문화와 동시에 이뤄졌기 때문에 이런 분석이 가능
하다."[121]

'마니아(Mania)' 시장도 커졌다. 시사주간지 『뉴스피플』99년 2월 11일

자 표지 기사는 '마니아'를 '대중문화의 신인류'로 부르면서 그들에 대해 다음과 같이 말했다.

"마니아를 드러내 놓고 의식하는 시장권은 출판가, 꼬집어서는 잡지 쪽이다. 서점 월간지 코너에는 보통사람들의 눈엔 '저걸 누가 사보나' 싶은 책들이 즐비하다. 자칭타칭 마니아를 노린 특수 전문지들이 착실히 세 확장을 해 가고 있는 중이다. 실총과 에어건에 관련된 것들을 다루는 잡지만도 『플래툰』, 『밀리터리 월드』, 『컴뱃 암즈』 등 4~5개는 된다. 또 프라모델 마니아들을 위한 『취미가』, 십자말풀이에서 일러스트 로직까지 퍼즐 문제로 도배된 『빅 퍼즐』, 컬트 만화팬을 대상으로 잡은 『히스테리』 등 다양하다. PC 마니아를 노린 게임 전문지들이야 말할 것도 없다. 『게임피아』, 『PC 플레이어』, 『PC 파워』, 『게임마니아』 등 줄잡아도 10여 개는 넘는다. 모두가 마니아가 아니고서는 돈주고 사볼 일이 없을 정도로 특수지들이다. 그럼에도 다달이 새 매체가 나오다시피하는 것은 장사가 된다는 방증."

---

121) 김민경, 〈나, 혀 뚫을래…왜? 그냥〉, 『뉴스플러스』, 1999년 7월 22일, 60면.

'노래방'에서 'PC방'까지

노래방 시장 5조 원

노래방이 폭증하던 92년 6월 정부는 풍속영업규제법을 발동해 10대들의 노래방 출입을 금지시켰지만, 업계의 반발로 7년 만인 99년 5월 말 연소자 전용공간을 갖춘 업소에 한해 밤 10시까지 청소년 출입을 허용했다.

이젠 노래방은 더 이상 '노는 아이'만 가는 곳이 아니었다. 노래방 전문지 『코러스』가 99년 6월 초 서울 남녀 중고생 600명을 대상으로 조사한 결과에 따르면 노래방을 이용해 봤다는 학생이 99%, 매달 3회쯤 이용한다는 학생이 34.5%, 1주에 1회 이상 이용한다는 학생이 18.5%에 이르렀다.[122]

노래방은 99년 5월 말 현재 전국에 걸쳐 2만 8,500여 업소가 성업 중

---

122) 강찬호, 〈중고생 '노래방 없이는 못살아'〉, 『중앙일보』, 1999년 7월 2일, 48면.

이었으며, 노래방 기기가 설치된 단란주점·룸살롱·나이트클럽 등의 업소도 2만 개소에 달했다. 노래방 시장 규모는 연간 5조 원(업계 추정)에 달하며 반주기 등 관련 시장 규모도 5,000억 원에 이르렀다.[123]

남녀노소를 막론하고 선풍적인 인기를 끌고 있는 노래방은 한국인의 대중문화이자 생활문화의 일부로 굳게 뿌리를 내렸다. 노래도 가요뿐만 아니라 동요와 가곡까지 부를 수 있게끔 다양화되었고, 전화 노래방에 인터넷 노래방까지 등장했다.

기술은 나날이 발전을 거듭해 대중을 사로잡았다. 어느 전자회사가 만들어 파는 CD-OK라는 노래방용 기기는 직경 12cm인 CD 한 장에 최대 3,000곡의 노래와 4,000컷의 사진 영상을 수록할 수 있다고 했다. 신문에 전면 광고까지 낸 어느 대기업의 노래방 시스템은 다음과 같은 광고 문구로 소비자들을 유혹했다.

"노래 부를 때 무대 기분. 48인조 오케스트라의 CD 원음을 즐긴다. 기존의 컴퓨터 노래방 시스템은 전자악기로 구성된 밴드 반주에 불과합니다. CDG 노래방 시스템은 48인조의 오케스트라 반주를 CD에 담아 생생하게 재생하며, 백코러스까지 갖춰져 마치 무대에서 노래하는 듯한 현장감을 느낄 수 있습니다."

99년 6월 한국을 방문한 '파리의 택시운전사' 홍세화는 〈20년 만의 귀국일지〉에서 '노래방'에 대해 다음과 같이 말했다.

"말로만 듣던 곳에 들어갔다. 나도 노래를 몇 곡 불렀다. 한국 사회를 알려면 꼭 가봐야 하는 곳. 스트레스를 풀고 신경질을 풀고 불안심리도 풀고 억압감정도 처리해 주는 아주 중요한 정신병원. 이 노래방이 없어지면 정신병자가 급증할 것이며, 폭력죄·소요죄·노상방뇨죄·고성방가죄 등의 범죄가 지금의 2배 이상으로 늘어날 것이다."[124]

---

123) 강찬호, 〈그래…노래로 풀자: 국내 도입 10년 '노래방 문화' 신난〉, 『중앙일보』, 1999년 7월 2일, 48면.
124) 홍세화, 〈20년 만의 귀국 일지〉, 『창작과 비평』, 제105호(1999년 가을), 348쪽.

'방(房)' 문화의 확산

노래방의 폭발적인 인기는 이른바 '방(房)' 문화를 만들어 내는 데에 선구자 노릇을 했다. 노래방의 성공 이후 각종 '방'이 많이 생겨났는데, 『국민일보』 99년 5월 21일자는 "'방'이 넘쳐난다. PC방과 게임방, 노래방, 비디오방, 휴게방, 만화방……. 어느새 '방'은 사람의 거처란 의미와 함께 돈 되는 신업종의 뜻까지 걸머졌다"고 말했다.

"'방' 구석을 헤매는 젊은 '방돌이'에 이들이 만들어 가는 '방 문화'까지 무엇이 한국의 젊은이를 '방'으로 끌어들이는가. '방'은 밀실이다. 화려한 도시 네온사인과 대비되는 어두침침한 조명. 2~3평의 좁은 공간이 '방'의 트레이드마크. '방'은 탈선과 일탈의 이미지로 10대와 20대를 유혹한다. '방'은 한편에서 정보화 사회의 최첨단 기지다. 더 많은 정보를 위해 이제 왁자지껄한 '광장'에 나갈 필요가 없어졌다. 거미줄처럼 얽힌 정보 네트워크가 밀실에 숨어서 세상과 만나는 걸 가능하게 했다. …… 방 문화의 뒤를 캐면 자본이란 배후세력이 버티고 있다. 좁은 도시에서 가장 효율적으로 이윤을 극대화하는 공간 활용법이 바로 '방'이기 때문."[125)]

문화평론가 김지룡은 "90년대 방 문화는 남의 시선에서 자유롭지 못한 사회의 특성을 보여 준다. 개방적인 신세대 성의식과 유교적 사회의식이 만들어 낸 불협화음이 바로 비디오방이다. 골방에 박혀 마이크 잡고 고함을 질러대는 노래방 문화도 남의 눈을 의식하는 양반문화가 만들어 냈다"고 했다.[126)]

한국의 방 문화는 자본의 이윤 극대화 욕망과 한국인의 이중성 외에 한국의 높은 인구 밀도와도 관련이 있었다. 인구 밀도가 낮은 지역에선

---

125) 이영미, 〈무엇이 '방' 문화를 낳았나〉, 『국민일보』, 1999년 5월 21일, 25면.
126) 이영미, 위의 글, 25면.

충분한 개인적 공간이 확보돼 있기 때문에 '방'에 집착할 필요가 없겠지만, 한국의 경우엔 그렇지 못했다. 도시 지역에선 어딜 가나 사람에 치일 만큼 인구 밀도가 높은 상황에서 2~3평에 불과할 망정 밀폐된 공간이 가져다주는 편안함에 매료되는 사람이 많다고 해서 놀랄 일은 아니었다.

PC방과 스타크래프트

노래방, 비디오방의 번성에 이어 99년의 '대박'은 PC방이었다. 93년 영국과 인도에서 인터넷카페로 시작한 PC방이 한국에 등장한 건 95년이었다.[127] 98년 9월 900여 개에 불과하던 PC방은 7개월 만인 99년 4월 5배가 넘는 5,000여 개(문화관광부 통계)로 급증했다.[128]

정부가 PC방을 인터넷 교육장으로 활용하자고 나설 정도로 정보통신 산업 육성 붐이 일면서 PC방은 2000년 2만 개를 돌파하고, 2001년엔 2만 2,500여 개로 정점에 도달하게 된다. PC방은 2004년에는 2만 개로 감소하게 되는데, 퇴조의 주요 이유는 가정 인터넷 환경의 개선과 더불어 '끼리끼리 문화의 퇴조'였다. 이와 관련, 『서울신문』 2005년 11월 26일자는 다음과 같이 말했다.

"PC방 붐을 이끌었던 이들은 이른바 신세대. 지금은 20대 후반~30대 초중반에 해당한다. 공동체의식이 강했던 1980년대 학번의 영향을 아무래도 많이 받은 이들이다. 그러다 보니 이들에게 있어 PC방은 단순히 게임을 하는 게 아니라 이를 매개로 '함께' 노는 곳이었다. …… 반면 'N세대'는 개인적인 성향이 강하다. 이들에게 게임은 혼자 즐거우면 그만이다. 이 때문에 각자가 경쟁하는 카트라이더나 와우3를 훨씬 선호한다. 떼지어 갈 필요가 없어졌다. 집에서 게임을 해도 된다. 교류는 싸이월드

---

127) 경향신문 특별취재팀, 『우리도 몰랐던 한국의 힘』(한스미디어, 2006), 76쪽.
128) 이영미, 〈무엇이 '방' 문화를 낳았나〉, 『국민일보』, 1999년 5월 21일, 25면.

노래방, 비디오방의 번성에 이어 1999년에는 PC방이 성행하였다.

등 미니홈피에서 해도 충분하다. 10대 후반~20대 초반인 이들이 바로 PC방의 주고객이다."[129]

98년부터 국내 게임 시장을 석권하기 시작한 스타크래프트도 PC방을 키운 힘이었다. 미국 블리자드사가 98년 3월에 출시한 스타크래프트는 한국에서 가장 큰 인기를 누렸다. 패키지 및 온라인용 게임인 스타크래프트는 '테란' · '저그' · '프로토스' 등 게임 캐릭터들의 대결로 짧은 시간(10~30분) 내에 게임 승부가 결정되고, 온라인 커뮤니티를 형성해 게임이 가능하며, 아기자기한 게임 캐릭터가 한국인 정서에 적합하다는 것 등이 한국인을 열광시킨 이유였다. 중앙대 경영학과 교수 위정현은 "스트크래프트의 인기가 PC방이 보급되는 데 결정적 역할을 했다"며 "PC

---

129) 이두걸, 〈PC방의 몰락: '1년 6억 수입'은 전설…사발면 팔아 유지〉, 「서울신문」, 2005년 11월 26일, 5면.

방이라는 인프라가 있었기 때문에 온라인게임 산업도 성장할 수 있었다"고 평가했다.[130]

2000년 7월 인터넷 포털사이트인 네이버와 한게임의 합병으로 탄생된 NHN의 공동대표가 된 김범수의 성공스토리는 PC방 역사의 한 페이지를 장식하기에 족한 것이었다. 서울대 산업공학과 86학번인 김범수는 졸업 후 삼성SDS에 다니면서 한양대 정문 앞에 '미션 넘버 1'이란 이름의 PC방을 냈다. 그게 98년 6월이었다.

"보증금 1억 2,000만 원에 70평짜리 3층 건물을 세냈습니다. 월 2부이자의 사채까지 끌어다가 당시 최고사양이었던 펜티엄급 PC 50대를들여놓았습니다."

월 1,000만 원 정도의 순익이 떨어지는 '대박'이었다. 그 해 9월 그는 삼성SDS에 사표를 던지고 2개월 후인 11월 7명의 직원과 함께 '한게임 커뮤니케이션(주)'을 차렸다. 그는 99년 여름 PC방 사업을 정리하고 프로그램 개발에 전념했다. 99년 12월 1일 '한게임' 상용서비스가 시작되었다. 이 또한 대박이었다. 두 달 만에 일일 접속자 수가 10만을 돌파했고, 투자제의도 30여 건이 쏟아져 들어왔다. 그 이후 순풍에 돛단 듯이 초고속 성장 가도를 달렸다.[131]

---

130) 홍주연, 〈'스타크래프트의 힘': 한국 게임시장 8년째 석권〉, 『중앙일보』, 2006년 2월 6일, 3면.
131) 2001년 3월 한게임의 부분 유료화 성공, 2002년 10월 코스닥 입성, 2004년 8월 NHN의 방문자 수가 '다음'을 제치고 1위에 오르는 등 세속 경사가 터졌다. 박상주, 〈'인터넷 남맥' 찾아 끝없는 도전: 미래를 보는 경영자 김범수 NHN 대표이사 사장〉, 『문화일보』, 2005년 8월 16일, 26면.

자세히 읽기

밀레니엄 신드롬

2000년대가 다가오면서 불안과 기대가 교차하는 가운데 이른바 '밀레니엄 신드롬' 또는 '세기말 신드롬'이 나타나기 시작했다. 97년 장석만은 7일 단위의 시간 양식과 함께 서력 기원의 사용은 서구적 생활 리듬과 기독교적 의미 체계를 한국에 뿌리박게 하는 데 크게 기여하였다고 말했다.

"서구 문화와 기독교가 떼려야 뗄 수 없는 관계라는 사실의 또 다른 확인, 그리고 100년, 1,000년 단위로 시작과 끝을 강박적으로 생각하게 되었다는 점은 서력 기원 사용의 효과들이다. 2000년을 코앞에 두고 앞으로 2~3년 동안 무수히 번성하게 될 종말의 담론은 우리 사회 구석구석까지 얼마나 서구적, 기독교적 세계관이 깊숙이 영향을 끼치고 있는지 보여 주는 좋은 척도를 제공하게 될 것이다."^{가)}

97년 3월 미국 캘리포니아주에서 발생한 '천국의 문' 신도 39명의 집단자살은 그 전조였다. 헤일-봅 혜성은 97년 3월 22일 오전 4시 지구에 가장 가까이 접근했는데, 그 다음날부터 '천국의 문' 신도들은 집단자살을 시작했다.

"'천국의 문' 사건은 일명 '도'라고 불리는 교주 마셜 애플화이트가 성경의 묵시록이나 뉴에이지 운동의 신비주의, 공상과학 소설을 기묘하게 혼합한 복음을 인터넷으로 상징되는 전자문명시대와 신비한 우주쇼를 펼치는 헤일-봅 혜성의 지구 근접과 결합시키면서 소위 '세기말적 징후'의 새로운 양상을 보여 주었다."^{나)}

가) 장석만, 〈한국 근대성 이해를 위한 몇 가지 검토: 누구의 근대성? 그리고 왜 근대성?〉, 『현대사상』, 제2호 (1997년 여름), 136쪽.
나) 고길섶, 『문화비평과 미시정치』(문화과학사, 1998), 240쪽.

'천국의 문' 교리가 말하는 '한 시대' 란 인간이 사용하는 서기의 1,000년 단위였다. 예수의 임무는 끝났고 새로운 1,000년 단위가 끝나는 지금 새로운 '대표'가 도착했는데, 그가 바로 애플화이트 자신이라는 것이었다.[다]

1,000년 단위가 바뀌면서 현실적인 문제로 등장한 건 Y2K 혹은 '밀레니엄 버그'였다. 컴퓨터에서 2000년 연도 표기의 문제였다. 하드웨어의 기억 용량을 줄이기 위해 연도의 마지막 두 자리만 사용한 컴퓨터의 프로그래밍 관행으로 인해 2000년이면 발생할 수 있는 컴퓨터의 혼란을 우려한 것이었다. 밀레니엄 버그는 1,000년을 일컫는 밀레니엄과 컴퓨터의 오류(에러)를 뜻하는 버그를 합성한 말이었으며, Y2K는 밀레니엄 버그의 별칭으로 'Y' 는 연도(Year)의 첫 글자이고 마지막 'K' 는 1,000을 뜻하는 킬로(Kilo)에서 비롯되었다. 이 모든 것이 주로 컴퓨터의 인식오류에서 시작된다고 해 '컴퓨터 모라토리엄' 이라는 말까지 나왔다.[라]

세계 모든 나라에 비상이 걸렸다. 일본은 95년 상반기부터 정보서비스산업협회에서 대책위원회를 발족시켰고, 미국은 98년 2월 대통령 직속 위원회를 설치했다. 한국 정부는 98년 3월부터 국무조정실에 대책 협의회를 설치했다. 그러나 이는 오히려 불안을 증폭시켰다. 컴퓨터 오작동시 초래될 엄청난 재앙을 다루는 기사들이 폭주했다.[마]

'밀레니엄 버그' 문제는 엄청나게 양산된 밀레니엄 담론의 일부에 불과했다. '세기말 징후' 담론은 공포, 불안, 환상, 종말, 광신, 신비, 전생, 영적 세계 등등의 언표들로 이루어졌다.[바] 동시에 낙관적 기대로 가득 찬 담론도 양산되었다. 언론매체들은 앞 다투어 2000년대의 비전과 더불어 지난 2,000년을 평가하는 기사들을 양산해 냈으며, 덩달아 온갖 종류의 세미나와 여론조사가 난무했다. 미래학, 세미나, 여론조사업계가 특수를

다) 고길섶, 『문화비평과 미시정치』(문화과학사, 1998), 243쪽.
라) 최진닥, 〈Y2K에 대한 대응책, 그 해결방법은 무엇인가〉, 『황해문화』, 1999년 여름, 324쪽.
마) 최진닥, 위의 글, 326~330쪽.
바) 고길섶, 위의 책, 244쪽.

만난 셈이었다.

법정은 『동아일보』 2000년 1월 5일자 '특별기고'를 통해 "새천년이 왔다고 여기저기서 귀가 따갑고 눈이 어지럽도록 떠들어대는 소란을 지켜보면서, 아직도 인간들은 철이 들려면 멀었구나 싶었다. 이런 호들갑은 숫자에 매달려 죽고 사는 서양의 물질문명에서 빚어진 유치한 발상이며 치졸한 논리다. 그런데 동양의 후예들마저 그런 장단에 놀아나고 있으니 한심스럽다"고 주장했다.[사]

'밀레니엄'을 말하기엔 한국 사회는 아직 해결해야 할 많은 문제를 안고 있었는데, 그 중의 하나가 바로 외국인 노동자에 대한 인권차별이었다. 20만 명의 외국인 노동자 중 23%를 차지하는 기술연수생에 대한 인권 침해가 심각했다.

『중앙일보』 대기자 김영희는 "단일민족국가는 축복이 아니라 다른 인종들과 더불어 사는 지혜를 박탈한 불행의 씨앗이다"며 "많은 중소기업들은 연수생들의 이탈을 막기 위해 여권을 빼앗아 보관하고, 기숙사 밖 외출을 통제한다"고 개탄했다.

"밤에는 아예 기숙사의 방문을 밖에서 잠그는 회사도 있다. 연수생들은 한국인 상사와 동료한테 구타당하고 폭언을 듣는다. 여성 근로자들은 성희롱과 성폭행의 대상이다. 성폭행으로 임신한 필리핀 여성은 임신했다고 추방됐다. 네팔 출신 근로자들이 5년 전 '우리는 노예가 아니다. 때리지 말라'는 구호를 들고 명동성당에서 농성을 했지만 사정은 달라지지 않았다."[아]

사) 법정, 〈지식이 지혜로 바뀌어야〉, 『동아일보』, 2000년 1월 5일, A7면.
아) 김영희, 〈단일민족의 불행〉, 『중앙일보』, 2000년 5월 3일.

스타벅스의 등장

　IMF 위기가 어느 정도 극복되면서 전혀 새로운 유형의 커피 전문점들이 생겨났다. 그 대표 주자가 바로 미국의 대형 커피 유통업체인 스타벅스(Starbucks)였다. 스타벅스는 새로운 생활양식을 대변했다.

　1960년 미국에서 커피의 시장 침투율은 70%였다. 이는 미국인 1인당 하루에 3.2잔의 커피를 마셨다는 걸 의미하는 것이었다. 그러나 1988년에 침투율은 50%로 하락했고 1인당 소비량은 1.67잔으로 떨어졌다. 그래서 많은 사람들이 이제 커피시장은 죽었다고 생각했다. 그러나 스타벅스의 등장 이후 커피 소비가 대폭 증가했다. 스타벅스가 다 죽어가던 커피시장을 되살려낸 것이다. 1999년에 미국의 커피의 시장 침투율은 79%로 상승했으며 1인당 소비량은 하루 3.5잔으로 늘어났다. 도대체 스타벅스가 뭐길래 그런 큰 성공을 거둘 수 있었을까? 마케팅 전문가 서지오 지먼은 스타벅스가 다음과 같은 4가지 일을 해냈다고 평가했다.

　첫째, 스타벅스는 커피 비즈니스 자체를 재정립했다. 커피숍에 가는 것은 원두커피를 갈기 위한 것이 아니다. 이젠 하나의 사회적 경험이 되었다. 둘째, 스타벅스는 커피 제품군 자체를 다시 포지셔닝했다. '커피주세요'라는 말은 이제 더 이상 통하지 않는다. 자체 블렌딩한 원두인지, 카푸치노인지, 아니면 에스프레소나 라떼인지를 결정해야 한다. 또 커피 말고도 저지방 머핀과 노트북 컴퓨터를 연결할 수 있는 테이블이 준비되어 있다. 셋째, 스타벅스는 소비자들이 커피에 다시 관여할 수 있도록 했다. 커피는 감각을 즐기고 세상을 발견하며 몰두할 수 있는 대상이 되었다. 넷째, 스타벅스는 커피에 대한 소비자들의 정열에 불을 당겼다. '내 커피는 내 방식대로 마신다. 어쩔래?'[가]

　1999년 7월 스타벅스는 신세계 그룹의 커피 전문 사업팀인 태스크포

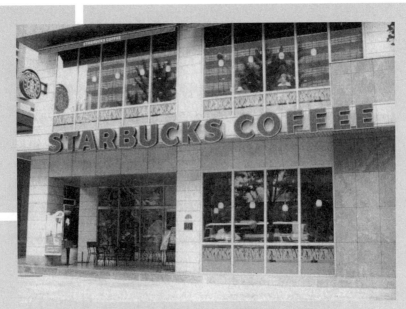

MF 위기가 어느 정도 극복되면서 새로운 유형의 커피 전문점들이 생겨났는데, 그 대표 주자가 스타벅스였다.

스와 제휴를 맺고 에스코 코리아를 설립하여 프랜차이즈 계약을 맺으면서 2,000억 원대에 달하는 한국 원두커피시장 공략에 본격적으로 나섰다.[나]

제휴 당시 스타벅스는 신세계 그룹의 태스크포스 직원을 미국 본사로 불러들여 3개월간에 걸친 연수를 실시했다. 이를 통해 경영 노하우를 전수했는데, 신세계 그룹은 상품 관리와 점포 경영의 노하우를 본사로부터 받는 대신에 그에 상응하는 로열티를 지불했다.[다]

스타벅스는 1999년 7월 27일 서울 신촌 이화여대 입구에 100석 규모

가) 서지오 지먼 외, 이승봉 옮김, 『마케팅 종말: 팔리지 않는 광고가 마케팅을 죽이고 있다』(청림출판, 2003), 135~136쪽.
나) 김경자, 〈신세계, 미 '스타벅스' 커피전문점 연다〉, 『매일경제』, 1997년 10월 3일, 14면.
다) 김영한·임희정, 『스타벅스 감성 마케팅』(넥서스 BOOKS, 2003), 35~36쪽.

로 1호점을 열었는데, 이는 국내에 들어온 첫 외국 커피전문점으로 기록되었다.[라] 『한국일보』는 "이곳에서는 카페라떼, 카푸치노, 드립커피 등 대표적인 스타벅스 커피 20여 종과 스타벅스 원두 및 티 20여 종, 머그잔 등 커피 관련 상품 및 액세서리를 판매한다"며 "2,000억 원대에 이르는 원두커피 체인점 시장을 둘러싼 토종·용병간 한판 승부가 예상된다"고 보도했다.[마]

'변화에 민감하고 수용 속도가 빠른 패션 리더들이 모이는 곳.' 스타벅스가 이화여대 앞을 한국 진출 1호점으로 선정한 이유였다. 그 후 스타벅스는 대학로, 강남역, 명동, 압구정동을 거쳐 삼성동 아셈빌딩과 여의도에까지 진출했다. 스타벅스의 개점 지형도는 젊은이들 문화의 중심이 어떻게 변해 가고 있는지 보여 주었다.[바]

스타벅스 진출 당시 국내 에스프레소 업계에 경쟁자가 없었던 탓에, 스타벅스는 빠른 시일 안에 시장을 선점할 수 있었다. 이렇게 발 빠른 시장 진출로 인해 결과적으로 국내 에스프레소 커피시장에서 리더로서 여러 가지 이점을 얻을 수 있었다.[사]

스타벅스는 '천천히 오래 볶은' 고급 원두커피를 더 저렴한 값에 선사한다는 마케팅 전략을 들고 나왔다.[아] 스타벅스는 동시에 자유롭고 편안한 매장 분위기, 테이크 아웃(take-out)의 활성화, 셀프서비스 등으로 새로운 커피 문화를 주도해 나갔다.[자]

이대 앞, 대학로, 강남, 명동, 코엑스 몰, 압구정동에 위치한 스타벅스 매장에서는 커피 한잔을 마시기 위해 사람들이 길게 줄을 늘어선 풍경을

라) 〈커피전문점 '토종·외제' 한판 승부〉, 『대한매일』, 1999년 7월 28일, 8면.
마) 박희정, 〈원두커피전문점 토종-용병 '맛대결'〉, 『한국일보』, 1999년 7월 30일, 23면.
바) 신을진, 〈커피는 움직이는 거야!〉, 『주간동아』, 2001년 3월 29일, 69쪽.
사) 김영한·임희정, 『스타벅스 감성 마케팅』(넥서스 BOOKS, 2003), 36쪽.
아) 이위재, 〈끓어오르는 커피전문점 경쟁〉, 『조선일보』, 1999년 7월 30일, 37면.
자) 이준희, 〈커피 '에스프레소' 인기 몰이〉, 『국민일보』, 2000년 6월 20일, 31면.

쉽게 접할 수 있었다. 이러한 현상은 새로운 문화를 받아들이고 확산시키는 속도가 빠른 젊은이들 사이에 하나의 트렌드로 자리잡기 시작했다.[차]

스타벅스는 "우리의 가장 중요한 광고 미디어는 매장과 사람들이다"라는 말처럼 매장 자체를 가장 중요한 미디어로 간주해 이를 거점으로 고객이 스스로의 오감 체험을 통해서 커피를 마시는 경험과 부가가치를 느끼게 하였다.[카]

바로 그런 이유 때문에 한국에서의 스타벅스는 그것이 '미국식'이라고 하는 사실이 소비자들에게 가장 중요한 의미를 갖는 것이기도 했다. 스타벅스는 커피는 물론 실내장식과 냅킨, 빨대, 종이컵까지 미국에서 직수입했다. 스타벅스에서 4,000원짜리 커피 한 잔을 마시면 200원은 미국 스타벅스 본사로 송금되었는데, 2006년 3월까지 국내 스타벅스 매장은 154개로 늘고 송금총액이 150억 원이 넘을 정도로 성공을 거두게 된다.[타]

차) 이준희, 〈커피 '에스프레소' 인기 몰이〉, 『국민일보』, 2000년 6월 20일, 31면.
카) 손형채, 〈미디어 컨버전스, 그 다양한 대안들〉, 『CHEIL COMMUNICATIONS』, 통권 356호(2005년 9월), 17~21쪽.
타) 김덕한, 〈스타벅스가 기가 막혀〉, 『조선일보』, 2006년 3월 23일, B1면.

소비주의와 신자유주의의 만남

노태우는 대통령 취임사에서 '희망찬 새 시대', '민족 웅비의 시대', '민족자존의 새 시대', '활력에 가득 찬 진보의 시대', '복지의 시대' 등 '시대'라는 단어를 19번이나 사용했다. 이전 시대와 구별되고 싶어하는 욕망의 반영이었을 게다.

그러나 그 욕망의 열차는 순항하지 못했고, 급기야 1990년 1월 22일 3당합당으로 90년대를 돌파하고자 했다. 3당합당은 통합을 지향한다고 했지만, 그건 우선적으로 민주화세력의 분열을 의미했다. 그 분열의 효과는 기존 '민주-반민주' 구도의 경계를 모호하게 만들었으며, 기존 도덕 체계마저 뒤흔들었다.

그러나 그 도덕은 소비사회 이전의 것이었다. 그렇게 해서 집권한 김영삼 정부는 '문민정부'를 내세웠으며, '문민' 상징은 때마침 나라 밖에서 불어오는 바람과 더불어 적어도 투쟁의 동력을 약화시켰다. 문화이론연구회가 지적했듯이, "투쟁의 깃발들은 민중운동의 약화 및 소련의 붕괴, '문민정부'의 수립과 함께 사라지고 '소비문화의 기호들'이 강력한 헤게모니로 대두하고 있다."[1]

소비문화의 일시적 파탄이라 할 IMF 환란을 물려받으면서 집권한 김대중 정부는 '국민의 정부'를 내세우며 IMF 환란을 극복했지만, 그건 다시 소비문화의 융성을 촉진했다. 신자유주의 물결도 거세게 밀려 들어왔다.

신자유주의에 대한 찬반 논쟁도 격렬하게 일어났다.

손호철은 "더 늦기 전에 현재의 종속적 신자유주의 정책 방향을 더 민중적이고 민족적인 방향으로 선회해야 한다"며 "그렇지 않을 경우, 김대중 대통령은 '한국의 루스벨트'가 아니라 '한국의 대처'라는, 김대중 정부는 '국민의 정부'·'중산층과 서민의 정부'가 아니라, '초국적 자본의 정부'·'제2의 이완용 정부'라는 역사적 평가를 피하기 어려울 것이다"고 했다.[2]

반면 최용식은 "99년 경제성장률은 10.9%에 이르렀고, 2000년에도 8.8%라는 세계 최고수준의 성장률을 기록했다"며 "세계경제사를 새롭게 써야 할 정도로, 실로 위대한 업적을 우리 국민이 남긴 것이다. 그런데 왜 우리 국민은 이런 업적을 스스로 비하하고 있는 것일까?"라고 했다.[3]

'우리'에서 '나'로

이른바 '양김'으로 불린 대표적인 두 민주화 지도자들의 집권과 더불

1) 문화이론연구회, 〈'신세대론'을 비판한다〉, 『문화과학』, 1994년 봄, 290쪽.
2) 손호철, 『신자유주의시대의 한국정치』(푸른숲, 1999), 244쪽.
3) 최용식, 『성세넉석블아 늘어라』(자인, 2001), 21쪽.

어 밖으로는 동구권의 몰락으로 촉발된 세계사적 변화와 안으로는 기술 발전에 의해 추동된 삶의 양식의 변화는 '통합'의 가치를 크게 떨어뜨렸다. 90년대의 시대정신은 그렇게 '통합'에서 '분열'로 이동하고 있었기에 거대담론의 필요성은 더욱 커졌다고 볼 수도 있다.

물론 1980년대에도 시민사회의 '원자화, 개별화, 고립화'를 우려하는 목소리는 있었다.[4] 한국인의 '경제 동물화'까지 거론되기도 했다. 그러나 그건 80년대의 정치적 상황에 비추어 본 대비 효과에 의한 평가의 성격이 강했다. 그래도 80년대엔 '우리'가 강하게 살아 있었지만, 90년대는 다른 양상을 보여 주었다. 그래서 '우리'는 있되 '나'는 없었던 시대가 80년대라 한다면, 90년대는 '나'는 있되 '우리'가 보이지 않았던 시대였다는 말까지 나오게 되었다.[5]

왜 그렇게 되었을까? 크게 보아 5가지 이유가 있었다.

첫째, 이념과 거대 서사의 퇴조다. '우리'를 내세워야 할 명분이 사라진 셈이다.

둘째, 다문화주의의 부상이다. 그간 이념과 거대 서사 밑에 억눌렸던 다양한 목소리들이 각자의 정당한 몫을 요구하고 나섰다.

셋째, 보편주의의 확산이다. 세계화로 날개를 단 보편주의는 한국인 특유의 '동질성', '밀집성'과 그에 따른 집단주의의 특수성을 인정하지 않고 의심하기 시작했다.

넷째, 생산방식의 변화다. 소품종 대량생산의 시대는 가고 다품종 맞춤생산의 시대가 왔다. 상품논리의 지배하에 있을망정 각자 튀는 개성을 고무·찬양하는 것이 시대정신이 되었고, 이는 정치사회 영역마저 지배하게 되었다.

---

4) 임혁백, 『시장·국가·민주주의: 한국민주화와 정치경제이론』(나남, 1994), 324쪽.
5) 이해영, 〈90년대와 80년대: 하나의 정신사적 고찰〉, 『문화과학』, 1999년 겨울, 123쪽.

다섯째, 정보통신 기술의 발전이다. 인터넷은 그 속성상 분열의 매체다. 통합 기능이 없는 건 아니지만, 상대적으로 빈약한데다 그마저 분열적 성격을 갖는 '작은 우리'들을 양산했다.

이 모든 변화들을 관통하는 한 가지 거대한 흐름은 바로 소비주의였다. 진보적 가치마저도 소비행위를 매개로 하지 않으면 안 될 만큼 소비주의는 전 사회의 모든 국면을 지배하는 문법이 되었다.

"20세기의 모든 '주의(ism)' 중에서, 모든 정치적 시스템의 기반이 되고 있는 한 가지 '주의'보다 더 성공한 것은 없는 것으로 판명이 났다. 바로 물질주의다. '물질'과 소유에 대한 사랑, 거래와 비축, 구매와 판매, 나아가 물건에 관한 대화에 대한 우리의 사랑이 현대의 정치적 시스템을 가능하게 만들고 있다."[6]

미국 광고학자 제임스 트위첼의 주장이다. 트위첼은 "끔찍하게 여겨질지 모르지만, 전 세계의 젊은이에게 자유가 무엇을 의미하는지 물어보면 대다수는 원하는 것이 있을 때 그것을 살 수 있는 자유와, 그것을 원하는 방법으로 사용할 수 있는 자유를 이야기한다"며 특히 미국인들이 그렇다고 주장했다.[7]

가족구조의 변화와 테크놀로지의 영향

90년대의 한국도 크게 다르지 않았다. 90년대가 끝나가는 시점에 유입된 스타벅스는 90년대의 마감을 알리는 상징이었다. 스타벅스가 이화여대 앞을 한국 진출 1호점으로 선정한 이유가 "변화에 민감하고 수용 속도가 빠른 패션 리더들이 모이는 곳"이었듯이, 이후 2000년대는 변화

---

6) 제임스 트위첼, 김철호 옮김, 『욕망, 광고, 소비의 문화사』(청년사, 2001), 19~20쪽.
7) 제임스 트위첼, 김철호 옮김, 위의 책, 26~27쪽.

에 민감하고 수용 속도가 빠른 패션 감각이 한국 사회의 활력을 주도하는 주요 동인으로 떠오르게 된다.

무엇보다도 가족구조의 변화로 시간이 늘었다. 1980년대에 가임 여성 1명당 2.83명이었던 출산율이 1990년대에는 1.59명으로 낮아졌다.[8] 자녀에게 쏟아 붓던 시간은 다른 곳으로 돌려져야 했다. 미시(missy)의 탄생은 필연이었다. 유통산업과 광고산업은 그걸 포착하고 부추겼을 뿐이었다.

'통합'에서 '분열'로의 이동엔 특히 인터넷을 비롯한 정보 테크놀로지의 영향이 컸다. 경영학에선 '시장 세분화'라고 불려져 왔던 마케팅 전략은 모든 매체에까지 파급되었다. 라디오와 케이블TV는 그런 세분화 또는 전문화에 적합한 매체로 기능했으며, 매체의 수용에 있어서도 개별화가 이루어졌다. 가전업체들은 새로운 수요 창출을 위해 각종 제품의 이용 단위를 가족에서 개인으로 바꾸는 마케팅 전략을 구사했다. 그래서 이제 더 이상 '가전(家電) 제품'이 아니라 '개전(個電)'이라는 말이 나왔으며, 이런 변화에 부응해 각종 방(房) 문화가 대중의 일상적 삶을 깊숙이 파고들었다.

90년대에 이루어진 이른바 '마이카시대'는 분열을 재촉했으며, 사회경제적 이동성이 어려워진 세상에서 이제 그것은 '마이카족'의 대열에 참여하는 것으로 성취되었다. 개인주의를 미덕으로 삼는 신세대는 새로운 감각 구조로 영상문화를 포용하고 소비문화를 긍정했다.

대중문화와 소비문화의 경계가 모호해지는 가운데 드라마가 광고가 되고 광고가 드라마가 되기 시작했으며, 트렌디 드라마는 이런 흐름을 주도했다. 서태지의 '자유와 도전'은 소비주의 문화를 긍정하면서 진보의 개념을 재정의했다.

---

8) 김주영, 〈'일등품' 유아 만들기〉, 박재환 외, 『현대 한국사회의 일상문화코드』(한울아카데미, 2004), 116쪽.

'통합'에서 '분열'로의 이동은 전 세계적인 현상이었다. 미국 비평가 데이비드 셍크는 1997년에 출간한 『데이터 스모그』에서 정보 테크놀로지와 소비문화의 결혼으로 인해 자신의 작은 관심 분야에만 몰두하는 '극소화', 그래서 전체 국민의 동시적 경험의 가능성이 축소되는 '비동시성'이 심각한 사회적 문제로 대두되고 있다고 주장했다.

"이러한 방식으로 극소화와 '비동시성'은 현대 미국을 괴롭히는 사회적 극단화를 근심스러운 수준에까지 이르게 하였고, 중요한 쟁점에 대한 의견 불일치, 그리고 합의 도출을 위해 국민을 끌어 모으지 못하는 무능함에 대한 근본적인 원인이 되고 있다."[9]

역설이지만, '통합'에서 '분열'로의 이동 때문에 '나'로 존재하는 대중은 더욱 '우리'에 갈증을 느끼게 되었고, 황영조·박찬호·박세리로 대변되는 집단주의 지향적 영웅들에 대한 열광도 여전했다. 2000년대에 들어서면서 정략적 이용의 자원으로서의 민족주의, 국가주의 효용은 전 세계적으로 더욱 커지게 되었다. 한국에선 그 하위 체계라 할 지역주의도 여전히 기승을 부리게 되었다.

통합과 분열의 게임은 '뫼비우스의 띠'

2000년 1월 24일 오전 10시 총선시민연대는 공천반대인사 명단을 발표했고, 텔레비전은 그걸 생중계했다. 이를 지켜보던 한 정치학자는 "모든 순서가 끝나고 마지막으로 100인 유권자 위원회의 대표가 '정치인과 국민에게 드리는 글'을 발표할 때 내 얼굴에는 뜨거운 눈물이 흘러내렸다"고 했다.[10]

---

9) 데이비드 셍크, 정태석·유홍림 옮김, 『데이터 스모그』(민음사, 2000), 160쪽.
10) 조기숙, 『지역주의 선거와 합리적 유권자』(나남, 2000), 7쪽.

2000년 1월 12일 총선시민연대 발족 기자회견 모습.

　그 정치학자의 눈물엔 90년대에 이미 사라진 걸로 여겨졌던 80년대의 기운이 다시 살아난 것에 대한 감격이 묻어 있었을지도 모른다. 그러나 많은 이들을 감동시킨 낙선운동은 지역주의만큼은 피해갔다. 그렇게 하지 않으면 안 될 만큼 지역주의는 여전히 강고했던 것이다.

　당연히 2000년 4·13 총선도 예전처럼 지역주의가 판도를 결정한 선거였다. 투표율 54.3%를 기록한 가운데 전국 227개 선거구에서 한나라당은 112석, 민주당 96석, 자민련 12석, 민국당 1석, 한국신당 1석, 무소속 5석을 획득했다(전국구 포함하여 한나라당 133, 민주당 115, 자민련 17, 민국당 2, 한국신당 1, 무소속 5). 무소속은 전남 2, 전북 1, 광주 1, 울산 1이었으며, 민국당과 한국신당은 각기 강원과 충남에서 1석을 얻었다. 자민련은 충남 6, 대전 3, 충북 2, 경기 1로 나타났다. 한나라당과 민주당

이 각각 지역별로 얻은 의석은 다음과 같았다.

서울(한나라당 17/민주당 28), 부산(17/0), 대구(11/0), 인천(5/6), 광주(0/5), 대전(1/2), 울산(4/0), 경기(18/22), 강원(3/5), 충북(3/2), 충남(0/4), 전북(0/9), 전남(0/11), 경북(16/0), 경남(16/0), 제주(1/2).

한나라당은 4 · 13 총선 전략 구호로 "부산민심 하나되어 빼앗긴 정권 되찾자"를 내걸고 영남의 '복고적 지역주의'를 자극하였으며, 이에 호남은 '방어적 지역주의'로 맞섬으로써 한나라당은 호남에서 민주당은 영남에서 단 1석도 얻지 못하는 결과가 나타나고 말았다.

통합과 분열의 게임은 '뫼비우스의 띠'와 비슷했다. 3당합당이 그랬던 것처럼 통합 속에 분열이 내장돼 있었고, 또 모든 분열은 늘 통합을 지향한다고 했다. 그러나 과거와 같은 통합은 이미 가능한 것이 아니었다. 세계화로 인한 개방의 물결은 개인주의 정서를 고양시켰고, 그 기운을 흡입한 '신세대'는 소비문화를 긍정하면서 새로운 삶의 방식을 선보였다. 그들의 막강한 구매력과 뜨거운 정열은 전 사회를 그들이 원하는 방향으로 끌고 가기도 했다.

IMF 환란이라는 절체절명의 위기가 불러온 '금 모으기 운동'과 같은 애국주의 정서는 통합지향적인 사회를 만들어 냈지만, 그건 스쳐 지나가는 바람이었다. 물론 그 바람은 수시로 불었고 또 앞으로도 불 것이지만, 그건 분열 사회로 잃는 것에 대한 향수나 보상 심리 욕구와 비슷한 것이었다.

'분열'은 우리의 운명, '연대'는 나의 운명

인정투쟁마저 분열의 소용돌이에 휘말려 들었다. 개인주의가 미덕으로 칭송받는 '나르시시즘의 문화'가 사회의 전 국면을 지배하게 되었다. 이는 "자기 실현을 인생의 주요 가치로 삼고서 외재적인 도덕의 요구나

타인에 대한 진지한 의무에는 별로 관심을 두지 않는 생활 태도"로, 바로 이 '나르시시즘의 문화' 때문에 "우리의 삶은 갈수록 의미를 상실하게 되고, 우리는 타인의 삶이나 사회에 대해 점점 더 무관해"졌다.[11]

인터넷과 휴대전화는 나르시시즘의 민주화를 몰고 왔다. 그것들은 나만의 세계와 내가 비교적 대접받을 수 있는 공간을 창출했다. '공주병'과 '왕자병'은 그런 공간 변화의 산물이기도 했다. 대중문화는 그런 변화의 흐름을 놓치지 않았다. 권태호가 지적한 것처럼, "1990년 채시라는 '프로는 아름답다(베스피벨리 광고)'며 당당한 자존감을 내비쳤다. 2000년 아이 얼굴을 한 송혜교는 (거울 보며) '오빠 오는데 이렇게 안 예뻐서 어떡하니?(드라마 〈가을동화〉)'라고 읊조렸다."[12]

2000년대에도 여전히 '나'는 있되 '우리'가 보이지 않았지만, 바로 그렇기 때문에 '우리'의 재발견 욕망은 커졌다. 디지털 문화에 빠져들수록 아날로그 문화에 대한 향수를 느끼는 것처럼, 늘 '나'로 격리된 사람들은 가끔 '우리'가 되고 싶어하는 잠재적 욕망을 품고 살아가기 마련이었다.

그 잠재적 욕망의 대폭발은 2002년의 '월드컵 신드롬'으로 나타나게 되었다. 그걸 가리켜 "현실을 망각한 집단적 히스테리 증상"이니 "뉘른베르크의 나치대회를 연상케 하는 획일화된 전체주의적 태도"니 하는 비판이 나오기도 했지만, 그건 그만큼 '우리'에 굶주려 있었다는 증거일 뿐 한곳에 모였던 군중은 다시 '나'만 있는 일상으로 돌아갈 수밖에 없는 사람들이었다.

'우리'로 대변되는 통합은 2000년대가 열리면서 꿈이 되어 갔다. '나'로 대변되는 분열이 우리의 운명이 되었다. 통합은 좋고 분열은 나

---

11) 인용은 찰스 테일러의 말, 홍영두, 〈한국 민주주의와 공동체주의〉, 학술단체협의회 엮음, 『민주주의는 종료된 프로젝트인가: 현 단계 한국 민주주의와 이념, 현황, 전망』(이후, 2003), 117쪽에서 재인용.
12) 권태호, 〈'동안' 권하는 사회〉, 『한겨레』, 2006년 2월 22일, 22면.

2002년 '월드컵 신드롬'처럼 예외적인 바람의 기운을 타고 대통령에 당선된 노무현은 달라진 세상 문법을 상징했다.

뻔가? 아니다. 그 내용이 중요하다. 좋은 내용으로 사회가 분열보다는 통합 지향적으로 가면 좋겠다는 건 모든 이들이 원하는 바였다. 그러나 이젠 그건 결코 쉽지 않은 일이었다.

'월드컵 신드롬'처럼 예외적인 바람의 기운을 타고 2002년 대선에서 대통령에 당선된 노무현은 바로 그렇게 달라진 세상 문법을 상징했다. 90년대에 이루어졌던 '문민정부'와 '국민의 정부'라는 차별화 또는 구별짓기 시도는 이제 '참여정부'라는 구호로 바뀌었다. 훗날 밝혀진 바와 같이, '문민정부'와 '국민의 정부' 하에서도 도청이 광범위하게 저질러지고 부정부패가 만연하는 등 구시대의 문법은 상당 부분 건재했기에, 노무현은 그들과 선을 그으면서 새로운 시대를 구축하고자 했다.

노무현의 전략은 '해체'였다. 그의 국정운영은 통합을 내걸면서도 끊임없이 분열을 추구했고, 분열이 명분과 만나 뿜어내는 열기로 정권의 몸을 덥혔다. 노무현은 집요하게 기존 제도와 조직을 불신하면서 국민과의 직거래를 추구했지만, 그가 만나는 국민은 늘 인터넷에 접근할 수 있는 사람들로 국한되었다. 3당합당 이상의 분열을 내장한 통합 시도였다.

2000년대 중반의 한국인에게 분열은 우리의 운명이 되었다. 분열은 우리의 운명이라는 걸 인식하는 건, 이제 우리의 목표가 '통합'이 아니라 '연대'가 되어야 한다는 깨달음을 줄 수 있다. 자꾸 되지도 않을 통합을 목표로 삼기 때문에 필요 이상의 갈등과 증오도 일어나는 것이다. '분열'은 우리의 운명이지만, '연대'는 나의 운명이다. 그게 90년대의 한국 사회가 우리에게 주는 교훈일지도 모른다.